成长股的投资之道

如何通过只买入最好的公司持续获利

INVESTING for GROWTH

How to make money by only buying the best companies in the world
- An anthology of investment writing, 2010-20

[英]**特里·史密斯** Terry Smith 著　凌波 译

中国青年出版社

图书在版编目（CIP）数据

成长股的投资之道：如何通过只买入最好的公司持续获利 /（英）特里·史密斯著；凌波译.
—北京：中国青年出版社，2022.3
书名原文：Investing for Growth:How to Make Money by Only Buying the Best Companies in the World–An Anthology of Investment Writing, 2010–20
ISBN 978-7-5153-6561-9

Ⅰ.①成… Ⅱ.①特…②凌… Ⅲ.①股票投资—基本知识 Ⅳ.①F830.91

中国版本图书馆CIP数据核字（2022）第023567号

Investing for Growth: How to make money by only buying the best companies in the world–An anthology of investment writing, 2010–20
Copyright © Terry Smith
Originally published in the UK by Harriman House Ltd. in 2021. www.harriman-house.com.
Simplified Chinese translation copyright © 2022 by China Youth Press
All rights reserved.

成长股的投资之道：
如何通过只买入最好的公司持续获利

作　　者：	[英] 特里·史密斯
译　　者：	凌　波
责任编辑：	肖　佳
特约编辑：	饶玉涵
美术编辑：	张　艳
出　　版：	中国青年出版社
发　　行：	北京中青文文化传媒有限公司
电　　话：	010-65511272 / 65516873
公司网址：	www.cyb.com.cn
购书网址：	zqwts.tmall.com
印　　刷：	大厂回族自治县益利印刷有限公司
版　　次：	2022年3月第1版
印　　次：	2024年11月第3次印刷
开　　本：	787mm×1092mm　1/16
字　　数：	290千字
印　　张：	20.5
京权图字：	01-2021-2970
书　　号：	ISBN 978-7-5153-6561-9
定　　价：	69.00元

版权声明

未经出版人事先书面许可，对本出版物的任何部分不得以任何方式或途径复制或传播，包括但不限于复印、录制、录音，或通过任何数据库、在线信息、数字化产品或可检索的系统。

中青版图书，版权所有，盗版必究

献给亨德里克斯（Hendrix）和菲利克斯（Felix）

Fundsmith基金①的创始人员,现在都是合伙人。在2010年该基金成立时的合影。

---

① 由特里·史密斯(Terry Smith)于2010年创办的基金。

目录

011　　　导读 / 刘建位

020　　　序言 / 莱昂内尔·巴伯

024　　　前言：前十年的经验教训 / 特里·史密斯

034　　　基金管理费
　　　　　《实话实说》，2010年9月28日

038　　　2010年度致股东的信
　　　　　Fundsmith，2011年1月

045　　　股票回购——朋友还是敌人
　　　　　《投资周刊》，2011年4月11日

047　　　ETF比我想象的更糟糕
　　　　　《每日电讯报》，2011年5月24日

050　　　加速股票回购
　　　　　《实话实说》，2011年7月4日

052　　　默多克应该放弃对新闻集团的控制
　　　　　《投资周刊》，2011年7月13日

053　　　新闻集团：一个家族企业
　　　　　《卫报》，2011年7月18日

056　　　瑞银的崩溃凸显了ETF的危险
　　　　　《投资周刊》，2011年9月16日

058　　　伟大的竞争者——"冒烟乔"·弗雷泽如何定义了一个时代
　　　　　《金融时报》，2011年11月12日

061	2011年度致股东的信	
	Fundsmith，2012年1月	
069	交易员是零售银行的毁灭者	
	《卫报》，2012年7月1日	
071	华尔街大崩盘的教训	
	《独立报》，2012年10月24日	
074	环法自行车赛对于投资的启示	
	《金融时报》，2012年11月23日	
076	2012年度致股东的信	
	Fundsmith，2013年1月	
086	无回报风险——为什么无聊是最好的	
	《金融时报》，2013年1月18日	
089	投资的十大黄金法则	
	《金融时报》，2013年2月15日	
093	择时交易：不要尝试	
	《金融时报》，2013年3月1日	
096	分清良莠	
	《金融时报》，2013年3月15日	
098	永远不要为了避税而投资	
	《金融时报》，2013年3月28日	
101	太多股票会破坏投资组合	
	《金融时报》，2013年4月12日	
103	控制成本以保护你的投资	
	《金融时报》，2013年4月29日	
106	如果他们使用这些词语，请不要购买他们的股票	
	《每日电讯报》，2013年10月18日	
109	为什么为优质公司多付点是安全的	
	《每日电讯报》，2013年11月22日	

112	一切又似曾相识	
	《金融时报》，2013年12月6日	
115	2013年度致股东的信	
	Fundsmith，2014年1月	
128	权衡投资时只要事实	
	《金融时报》，2014年1月24日	
131	页岩：奇迹、革命还是潮流	
	《金融时报》，2014年2月7日	
134	投资者是自己最大的敌人	
	《每日电讯报》，2014年2月14日	
137	蓝色巨人的投资者可能没有赢家	
	《金融时报》，2014年2月24日	
140	曾祖父，你在一战前投资了什么	
	《金融时报》，2014年3月8日	
142	金砖四国基金的表现	
	《金融时报》，2014年4月11日	
144	新兴市场漫游指南	
	《金融时报》，2014年8月1日	
147	投资者如何忽视了乐购的警告信号	
	《金融时报》，2014年9月6日	
150	尤里卡！我发现了基金的命名方式	
	《金融时报》，2014年10月3日	
153	我为什么不投资银行股	
	《金融时报》，2014年11月1日	
155	这会是下一个乐购吗	
	《每日电讯报》，2014年11月29日	
158	让上市公司一起跳"霍基-科基舞"	
	《金融时报》，2014年12月5日	

161	2014年度致股东的信	
	Fundsmith，2015年1月	
170	"股东价值"究竟是什么意思	
	《金融时报》，2015年1月9日	
173	股东价值是结果，而不是目标	
	《金融时报》，2015年2月6日	
176	通往天堂的三个阶梯	
	富达基金，2015年2月27日	
179	牛肉在哪里	
	麦当劳不确定的复苏	
	《金融时报》，2015年5月22日	
182	投资者可以从亚历克斯·伯德的500场成功投注中学到什么	
	《每日电讯报》，2015年6月12日	
185	投资者可以从弗格森爵士的成功中学到什么	
	《每日电讯报》，2015年6月19日	
188	债券替代股：你能承受不持有它们吗	
	《金融时报》，2015年6月26日	
191	股息收入不再像以前那样	
	《金融时报》，2015年7月17日	
194	关注投资成果：总回报才是最重要的	
	《金融时报》，2015年7月24日	
197	如果没人看会计账目，为什么还要做假账呢	
	《金融时报》，2015年9月24日	
201	提供好产品或服务的公司是投资的关键	
	《每日邮报》，2015年11月9日	
203	过去五年我在Fundsmith基金学到的东西	
	《金融时报》，2015年11月21日	

209	2015年度致股东的信
	Fundsmith，2016年1月
216	如果你在2016年用你的资金做一项投资
	《金融时报》，2016年1月15日
218	投资者不应放弃债券替代股
	《金融时报》，2016年9月8日
221	漂亮50对债券替代股的启示
	《金融时报》，2016年9月14日
224	专注于"已知的已知事物"
	《每日电讯报》，2016年10月29日
227	2016年度致股东的信
	Fundsmith，2017年1月
235	新兴市场ETF和死亡之颚
	《金融时报》，2017年2月17日
238	权益类投资的独特优势
	《金融时报》，2017年4月20日
240	阿斯利康开始看起来很像乐购
	《金融时报》，2017年8月4日
244	2017年度致股东的信
	Fundsmith，2018年1月
265	ESG？SRI？你的绿色投资组合真的绿色吗
	《金融时报》，2018年1月18日
267	在全球股票投资组合中加入小盘股
	可在不增加风险的情况下增加价值
	《金融时报》，2018年8月31日
271	谁需要股息收入
	税收和更高的市场价格意味着股息再投资并不划算
	《金融时报》，2018年10月3日

275	股票会跑赢债券吗 大多数股票注定令人失望 ——你需要找到少数不让你失望的 《金融时报》，2018年11月7日
278	2018年度致股东的信 Fundsmith，2019年1月
299	基金管理的谬论 《全球金融毛里求斯》，2019年11月
302	2019年度致股东的信 Fundsmith，2020年1月
317	疫情期间致股东的一封信 Fundsmith，2020年3月31日
320	永远不要浪费一场危机 《金融时报》，2020年4月30日
323	市场中只有两种投资者 《金融时报》，2020年7月2日
326	为了第一个到达终点 《全球金融毛里求斯》，2020年8月

导读

英国史密斯模仿巴菲特并且13年长期业绩超过巴菲特的关键：高质量投资三步走

刘建位　央视《学习巴菲特》10集节目主讲人、
《巴菲特选股10招》作者

奇了，英国史密斯模仿巴菲特，而且近13年业绩超越了巴菲特

巴菲特是全世界最成功的投资人，管理伯克希尔-哈撒韦公司这个以保险资金为核心的投资平台，股票投资与企业并购投资两翼齐飞，业绩持续增长，过去58年推动公司股价累计上涨4万多倍。

人人想学巴菲特，模仿巴菲特的人非常多，却极少有人长期业绩超过巴菲特。

就这样过了很多年，英国有个特里·史密斯，比巴菲特年轻20来岁，先是进入证券公司工作多年，认真阅读巴菲特，模仿巴菲特，不断精进。2010年创立Fundsmith基金公司，旗舰基金Fundsmith股票基金业绩一年又一年持续上升。

Fundsmith股票基金创立于2010年11月1日，自2011年1月1日至2023年12月31日，13年度净值累计上涨543.6%，年化收益率15.4%。同期标准普尔500指数上涨303%，年化收益率11%。巴菲特管理的伯克希尔-哈撒韦股价这13年上涨355%，年化收益率12.4%。其股东权益13年上涨257%，年化收益率10%。

同样是1元钱投资买入持有13年，Fundsmith股票基金给你赚5.5元，巴菲特管理的伯克希尔-哈撒韦股票给你赚3.55元，标普500指数给你赚3元。

是不是因为史密斯买的都是小盘股呢？不是。史密斯多年重仓持有的股票，比如微软、Meta、诺和诺德，多是属于标普500的大盘股。

是不是因为史密斯管理的基金规模特别小呢？也不是。Fundsmith股票基金2024年三季度末的管理规模是236亿英镑，折合约308亿美元，折合人民币约2196亿元，是英国最大的主动股票基金，接近中国目前管理规模最大的五个基金经理管理规模之和（截至2024年二季度末）。

史密斯的基金规模相当大，持有的也多是大盘股，长期业绩还能这么好，非常难得。他这十几年一直学巴菲特，用巴菲特，基金业绩堪比巴菲特，基金规模又是英国主动股票基金第一大，在英国大名鼎鼎，人称英国巴菲特，确实也名副其实。

史密斯模仿巴菲特，竟然13年长期业绩明显超越巴菲特，凭什么？

英国史密斯模仿巴菲特并且业绩超越巴菲特的秘诀：三步走

看看史密斯本人写的这本书就知道了。史密斯这本书，其实是一部文集，收录了他历年发表的文章，和他每年写给投资人的信。

其中最重要的是那篇雄文《通过天堂的三个阶梯》，鲜明地提出了史密斯的股票投资三步走基本策略："我们Fundsmith股票基金的基本投资步骤就是三步走：第一步，只买好公司；第二步，买价别太贵；第三步，一直不要动。"①

说起来容易做起来难，史密斯是一直坚持这样三步走的吗？

史密斯在基金成立第五年回顾说，三步走五年不变而且永远不变："我们基金是最近五年期间表现第三好的基金，年复合回报率为17.2%，而MSCI全球

---

① 详见本书《通过天堂的三个阶梯》，第176—178页。本导读中部分引文与正文如有不一致，是导读作者在正文基础上做了调整。——编者注

股票指数为9.9%。我们仍然采用五年前推出的三步走投资策略：第一步，只买好公司；第二步，买价别太贵；第三步，一直不要动。我们已经有了一个良好的开局——然而我们的投资期限是无限的。我们不会改变这种合理的投资方法，并继续努力提供长期优于市场的业绩表现。"①

从此之后史密斯每年致投资人的信就着重讲他如何三步走，步步分明。2021年度依然如此："正如你已经知道的，我们有一个简单的三步走投资策略：第一步，只买好公司；第二步，买价别太贵；第三步，一直不要动。下面我将依次审查我们对每个步骤的执行情况。"

我知道，你可能一边读，一边在笑：三步走，这太简单了吧。《道德经》写道："下士闻道，大笑之，不笑不足以为道。"巴菲特有句名言："看起来很简单，并不代表做起来很容易。"早睡早起，管住嘴迈开腿，简单吧？你长期做到了吗？

既然英国史密斯最近13年业绩能够跑赢巴菲特，就值得我们学习和研究，他这三步走到底是怎么做的？和巴菲特相比，哪些地方相同，哪些地方不同？最大的特点是什么？

英国史密斯三步走股票投资策略与美国巴菲特比较

整体比较：史密斯三步走与巴菲特完全相同

英国史密斯一直在学习美国巴菲特："30多年来，我一直在阅读沃伦·巴菲特每年致伯克希尔-哈撒韦股东的信。"②正是学习模仿巴菲特30多年，他后来才逐步形成自己的三步走股票投资策略。其实这跟巴菲特本人一再重复说的股票投资策略主要步骤其实完全一致。不信？我们来对比一下：

---

① 详见本书《提供好产品或服务的公司是投资的关键》，第201—202页。
② 详见本书《这会是下一个乐购吗》，第155—157页。

"每当我和芒格为伯克希尔公司控股保险公司购买上市公司流通股的时候,我们安排这些股票交易就如我们要整体收购一家私有企业一样。

"我们先看这家企业的经济发展前景,以及负责经营管理这家企业的管理层;(第一步,只买好公司)

"再看看我们必须支付的收购价格是否公允合理;(第二步,买价别太贵)

"我们根本不考虑以后什么时候或者以什么价格转手卖出。事实上我们愿意无限期持有股票不动,只要我们预期这家企业的盈利能够持续增长,推动企业内在价值以令人满意的速度持续增长。做股票投资时,我们把自己看作企业分析师,不是市场分析师,不是宏观分析师,甚至不是证券分析师。"(第三步,一直不要动)[①]

这个英国史密斯的过人之处在于,抓住了巴菲特股票投资策略的精髓,概括成简单明了的三步走。上至老翁,下至顽童,一听就懂。

但是英国史密斯股票投资三步走,具体是怎么做的呢?他和巴菲特哪些地方完全相同,又有哪些地方有所不同呢?我们一步一步来看。

第一步,只买好公司

这一点史密斯完全模仿巴菲特:"传奇投资者巴菲特在伯克希尔-哈撒韦1979年致股东的信中将已动用资本收益率描述为'公司管理业绩的主要检验标准'。我们的投资组合整体看成一家'公司',这一比率为29%,而市场平均为18%。对于我们投入的每1英镑资本,我们持股组合整体看成一家'公司'产生的利润为29便士,而市场平均则为18便士。"[②]

[①] 引自巴菲特1987年致股东的信。
[②] 详见本书《2014年度致股东的信》,第161—169页。

第二步，买价别太贵

史密斯这样估值："事实上，我们很少关注市盈率，通常只是利用市盈率来做一些比较，因为其他市场评论员使用这一指标。评估我们的投资持股时，我们更愿意使用自由现金流收益率，因为并非所有的盈利都是平等的。"[①]

这一点和巴菲特也高度一致，巴菲特在2000年度致股东信中说：价值评估唯一正确的公式是现金流量折现模型，和市盈率、市净率等估值指标无关。

两人的共同之处还有一点，都是质量第一，价格第二。为什么？巴菲特在1989年度致股东的信中说："以公平合理的中等价格，买入一家非常出色的高质量企业，长期投资回报要远远高于以非常便宜的低价格买入一家普通平常的中等质量企业。查理·芒格很早就明白了这个质量第一价格第二的道理，我却是慢慢才明白这个道理。"史密斯也引用巴菲特合作伙伴查理·芒格的话说："从长期来看，从一只股票上获得的收益率很难高于该企业的资本收益率。如果该企业在40年内的资本收益率为6%，你持有40年，那么你将会获得与6%相差无几的收益率——即使你最初以巨大的折扣价格购买了这只股票。相反，如果一家企业在20年或30年内获得18%的资本收益率，即使你付出了看似昂贵的价格，最终也会获得不错的结果。"[②]

第三步，一直不要动

史密斯像巴菲特和芒格一样高度强调质量第一价格第二，这两步谁先谁后至关重要，他也马上指出了不可缺少的第三步，长期持有不要动。"如果你不是一个长期投资者，我不知道在股市中你在做什么，有一天你也会有这样的疑问。"[③]

---

① 详见本书《2013年度致股东的信》，第115—127页。
② 详见本书《投资者不应放弃债券替代股》，第218—220页。
③ 详见本书《债券替代股：你能承受不持有它们吗》，第188—190页。

可是长期投资，具体时间是多久？至少是10年。巴菲特说："如果你不愿意持有一只股票10年，就不要持有10分钟。"[①] 史密斯说的更加明确："我知道10年（120个月）将是一个漫长的等待时间，但如果你的投资期限比这短，我建议你不要投资于股票市场。你当然也不应该投资于Fundsmith基金。"[②]

持有年限倒过来就是换手率。这是投资管理行业公认的基金交易活跃程度衡量指标，交易越活跃，持有期限越短，换手率自然越高。

以上三步走比较下来，英国史密斯与美国巴菲特投资策略高度一致，但是两人最大的不同是什么？这才是过去13年史密斯业绩更胜一筹的关键。

英国史密斯与美国巴菲特的差异：更加强调高质量，更加放宽低估值

我个人认为，第三步长期持有10年不动，两人完全相同，不过英国史密斯相对美国巴菲特而言，更加高度强调第一步企业高质量，更加放宽第二步股价低估值。

史密斯本书前言总结"前十年的经验教训"，认为他的投资策略更准确的说法不是所谓的价值投资，而是高质量投资："最近，在其他投资者手中，价值投资变成了一种过分简单化的方法，即投资（市盈率等）低估值股票，这不是一回事——因此我称其为"所谓的"价值投资。一只股票的（市盈率等）估值可能很低，但内在价值甚至可能更低。购买这样的股票并不是投资成功的秘诀。无论是成长股投资还是高质量投资（我相信后者是对Fundsmith基金投资方法的更准确描述），不考虑估值的话，都是无法获得最好结果的。但是，在购买优质公司股票时，代表真正好价值的（市盈率等）估值水平可能会高得让你吃惊。"

---

① 引自巴菲特1996年致股东的信。
② 详见本书《前言：前十年的经验教训》，第24—33页。

接着史密斯给出两大证据：第一，MSCI全球质量股票指数从未在滚动10年120个月周期内跑输MSCI全球指数。第二，2012—2021年，Fundsmith股票基金T类累计份额10年上涨了306%，跑赢基准MSCI全球指数131%。史密斯一针见血指出："正是许多低估值股糟糕的企业基本面表现导致了其相对于高质量股票的糟糕市场表现。"

你凭什么这样说，英国史密斯比美国巴菲特更加强调企业高质量？

你看看他对巴菲特买入乐购和IBM的不同看法，你就明白了。

不过有一点，你管理什么类型的资金最终决定你采取什么样的投资策略。巴菲特管理的是保险公司保险资金，必须保证及时全额赔付，所以首先稳定压倒一切。而史密斯管理的是公募基金，刚性兑付压力小多了，可以更多追求发展是硬道理。

那么我们要学习模仿英国史密斯高质量投资三步走，关键点是什么呢？

英国史密斯高质量投资的关键点也是其最大难点

英国史密斯特别强调的是第一步，只买高质量好企业，这是三步走最关键的一点，也是最难的那一点。

高质量投资策略的关键点是如何看准高质量企业

巴菲特说："投资的关键是确定你所选择任何一家企业的竞争优势，而且能确定这种竞争优势的持续性，那些所提供的产品和服务具有强大的竞争优势的企业，能够为投资者带来满意的回报。"[1]

英国史密斯直言："投资者和管理层需要认识到，创造股东价值是结果，

---

[1] Warren Buffett: "Mr. Buffett on the Stock Market", Fortune, Nov. 22, 1999.

而不是目标。"①

史密斯和巴菲特一样更关注企业竞争优势："所有这些分析师似乎都对财务管理感兴趣。他们似乎没有意识到，如果一家企业不能卖给客户想要的东西，再多的财务魔法也无法创造持久的价值。……我建议你先观望，直到遇到一位谈到以基本方式改进公司产品或服务的CEO是可以回答牛肉在哪里这个问题的人，再继续考虑是否投资。"②

所以高质量投资并不是你想像的那么简单，只要会算几个财务指标，就能快速学成史密斯和巴菲特了。过去的企业业绩高成长，已经兑现为企业过去的股价高增长了。你买入股票之后，企业未来业绩确实符合你预期地高成长，才会推动企业未来股价高增长。但是预测企业未来长期业绩很难，不信你预测一下你自己未来10年的收入，你就知道有多难了。

如果人人都能看准真正高质量企业，都能抓住市场机会以公允合理价格水平买入股票，都能长期持有股票10年一动不动，那么人人都是英国史密斯和美国巴菲特了。难，特别难，所以才特别可贵。

高质量投资重仓股质量差别对组合长期业绩影响很大

因为高质量投资，是集中投资，而且是长期投资，所以你选择的企业质量高低差别，对组合长期业绩影响很大。

从业绩贡献最大个股来看，巴菲特是2016才选中并开始重仓买入苹果，才持股8年。而英国史密斯选中并且重仓持股微软超过10年。史密斯买微软比巴菲特买苹果早得多，而且过去10年微软业绩表现和市场表现要比苹果更好，这是他10年业绩跑赢巴菲特的关键因素。

---

① 详见本书《股东价值是结果，而不是目标》，第173—175页。
② 详见本书《牛肉在哪里：麦当劳不确定的复苏》，第179—181页。

高质量投资重仓股选股出错对组合长期业绩影响也很大

巴菲特说他最大的投资错误就是看错了企业,多次在致股东信中反思自己看错企业基本面质量的错误。

史密斯也在每年致基金投资人的信中反思自己选择企业的错误。

网球大师,并非不会出现击球失误,并非不会出现比赛失利,关键是不断反思不断改进,长期下来整体失误比率和失利比率相对更低。巴菲特和史密斯两位股票投资大师也是如此。怕失误怕失败,你就不要打球,也不要投资。唯一的成功之路是从失败中学习,不断反思不断改进。桥水基金达利欧说得好:痛苦+反思=改进。

结语:建议你学习美国巴菲特的同时也学习一下英国巴菲特

人称英国巴菲特的史密斯股票投资策略跟美国巴菲特高度一致,而且简化成只有三步走,比巴菲特的更加简单明了。

还有巴菲特管理伯克希尔-哈撒韦用的是保险资金,既做股票投资又做并购投资,相当复杂难学。而英国史密斯就是基金经理,管理的是公募基金,只做股票投资,一般股票投资人和基金经理更容易模仿。

英国史密斯股票投资三步走,简单好学,长期业绩优异,值得学,应该学,我们一起学吧。

序言

莱昂内尔·巴伯

2011年11月,也就是Fundsmith基金成立一年后,特里·史密斯问我,《金融时报》是否会考虑发表他为乔·弗雷泽(Joe Frazier)写的悼念文章。这是一位前重量级拳击冠军,并以凶狠的左勾拳闻名于世。

这是一个不寻常的请求,但所有优秀的报纸编辑都知道读者喜欢惊喜。此外,我知道特里对拳击比赛充满着热情,更重要的是,他是一位资深的拳击迷。(他曾经试图怂恿我站上拳击台为慈善事业筹款,我明智地拒绝了这个建议。)

《金融时报》随后发表的悼念文章体现了生活中的一个真理。特里写道,让乔·弗雷泽如此伟大的原因在于他的对手——乔治·福尔曼和穆罕默德·阿里——以及他们的较量所具有的意义。我们最好记住,我们是由我们的竞争对手定义的。

那些欣赏特里·史密斯的人,就像我过去15年对他的一贯欣赏那样,知道他是一个很有竞争力的人,无论是在阿尔卑斯山骑自行车上坡,在海滩露台上打跆拳道,还是准备迎战作为竞争对手的经纪人和基金经理。他也被他的对手所定义,那些伟大的、好的和不太好的竞争对手。但让他与众不同的不仅仅是他可怕的连胜纪录,还有他选择和坚持的投资原则。

在40多年的金融职业生涯中,特里在将竞争对手逼入困境方面就像"冒烟乔"[①]一样致命。他对那些在他看来能力欠缺、混淆视听或通过采用复杂营销或

[①] 冒烟乔(Smokin' Joe),乔·弗雷泽在拳击赛上充满活力且战术凶狠,使人一下子联想到蒸汽机车。因此,人们送给他一个绰号"冒烟乔"。

会计伎俩误导投资者的人毫不留情。他是"质量"投资的不折不扣的拥护者，他认为，质量是真正价值的代名词。

特里始终坚持行胜于言。他单枪匹马地组织了在伦敦为基思·帕克爵士（Sir Keith Park）建造一座纪念碑。基思·帕克爵士是生于新西兰的王牌飞行员、不列颠之战的幕后英雄。特里将德利万邦公司（Tullett Prebon）打造成了卓越的交易商经纪公司，然后从那儿离开成立了Fundsmith基金，在那里他致力于投资优质公司，并证明了一个成功的公式，尽管这个成功公式还不太流行。或者用他更简洁的话说是：

……一家拥有好产品或服务，强大市场份额，好的盈利能力、现金流和产品开发的好公司。

Fundsmith基金是在十年前，不太有利的市场环境下推出的。诚然，由于中央银行史无前例的干预，2007年至2009年的全球金融危机已经消退。但距离经济复苏还很远，欧洲当时正处于主权债务危机之中。在接下来的几年里，Fundsmith基金蓬勃发展并挑战了许多关于基金管理行业的（偷懒的）假设。

谬论一： 算法已经占领了世界，除了被动投资之外，没有其他更好的选择，交易所交易基金（ETF）的兴起就是一个例子。这些基金确实呈指数级增长，与所谓的"主动"投资相比，表面上提供了更可靠的回报。但Fundsmith基金已经证明，在存在贝莱德（BlackRock）、富达（Fidelity）和先锋（Vanguard）这样的基金巨头的情况下，市场上还有一个有利可图的利基市场。

谬论二： 所谓的价值投资已经走到了尽头。支持这种观点的人最喜欢的一个例子是尼尔·伍德福德（Neil Woodford）[①]，他长期以来被誉为英国金童。伍德福德当然在景顺（Invesco）度过了他的高光时刻。但在2014年离开景顺开始单干之后，他的战绩看起来更像另一个金童：比利·沃克（Billy Walker），这是一位英国重量级拳击手，他最终放弃了他的拳击生涯，开始了短暂的电影生

[①] 伍德福德是英国最有名的基金经理之一。他曾在景顺基金公司任职长达25年，管理的资产规模曾达到330亿英镑，是当时英国管理资金量最大的个人基金经理。他离职的消息使景顺基金公司当天股价下跌了6%。

涯。事实上，伍德福德的陨落更多是因为狂傲自大和对缺乏流动性的股票的过度依赖，但这并不意味着精明的选股者的终结。

谬论三：资产配置胜过一切因素，在投资组合中添加小/中盘股构成了不可接受的风险水平。事实上，正如特里在2018年8月《金融时报》的一篇专栏中所说的那样，"毫无疑问，在投资组合中添加小/中盘股可以实现看似不可能的良好业绩，即在降低风险的同时产生额外回报"。毫无疑问，人们对特里推出的中小盘基金Smithson半信半疑，但该基金随后的表现再一次说明了一切。

谬论四：蓝筹公司值得受到一定程度的尊重，它们坚不可摧、不可批评。特里一次又一次地表现出挑战传统智慧的意愿。他曾带有批判性地分析美国的IBM和英国的乐购（Tesco）等巨头公司，无情地探究它们的潜在业绩和盈利能力。回想起来，事实证明他的批判性分析非常具有先见之明。

我相信，特里"无所畏惧、不偏不倚"的选股方法与我自己的新闻从业方法之间存在一定的相关性。我们既是历史的学生，也是直接的口头交流和简洁的书面文字的实践者。2005年底，我与特里第一次打交道，当时我们解决了我从前任那里接手的一个棘手的法律纠纷。这部分定义了我的早期编辑工作。

特里教给我的，我想也是教给其他许多人的，是冒险进入投机行业几乎没有什么好处。许多事情本质上是不可知的。当然，这并不能阻止很多人，尤其是记者，成为不切实际的预测者。在社交媒体时代，新闻和观点得到实时的大规模传播，太多人倾向于对未来发表意见，他们不仅是为了预测事件，而且还试图影响事件。这样说并不是反对言论自由，而是对于空洞的言论和无意义的讨论的善意提醒。

这为我提供了一个完美的借口，可以让我不必评论Fundsmith基金在未来十年可能会发生的事情。作为一个担心自由民主状况的大局观者，我现在必须保持沉默。关于英国脱欧及其对英国的意义，我也不能提出太多有智慧的观点。最后，作为一名业余经济学家，我对有关通胀回归的辩论也几乎没有贡献。我只想补充一点，本着艾萨克·牛顿爵士第三物理定律的精神，在某些时候，中央银行的异常行动必将产生相反（即便不一定相等）的作用力。

与此同时，对于投资者和崇拜者来说，只有五个字很重要。Fundsmith，生日快乐。

莱昂内尔·巴伯
（Lionel Barber）
《金融时报》总编辑
2005—2020年

前言

前十年的经验教训

特里·史密斯

我决定以出版该书来纪念Fundsmith基金成立十周年。它包括我在这十年期间发表的文章以及我写给Fundsmith股票基金投资者的年度信函。

Fundsmith基金从一开始就认为,与投资者的直接沟通很重要,因为这让我们有最好的机会,解释我们的投资策略、我们的表现以及我们正在做什么,而不需要中介的干预。当事情进展不顺利时(这也是在所难免的),这种直接沟通就显得尤为重要,因为这可能会阻止投资者采取对他们自己和我们基金有害的行动。为此,我们不仅每年向投资者发布一封年度信函,还会举行一次年会,投资者可以在年会上提出问题,并看到我们现场公开地回答他们的问题。这不是强制性的,我们是英国唯一一家这样做的共同基金。它已成为英国参与人数最多的年度股东大会。本书旨在为这种直接交流的传统做出贡献。

我将利用这个前言来阐述我们在过去十年中吸取到的一些经验教训。

其中的一条就是Fundsmith基金的投资策略是可行的。在截至2020年8月的过去10年中,我们的T类累计份额——这是我们最受直接投资者欢迎的类别,也是我投资的类别——价值增长425%或每年18.4%,其比较基准MSCI全球指数①的回报率为193.5%或每年11.6%,富时100指数的回报率为54%。

---

① 摩根士丹利资本国际公司所编制的证券指数。

如果你阅读过金融媒体和来自不同投资顾问的评论，你可能会对该策略为什么是可行的感到困惑。你可能已经看到自2008年至2009年金融危机以来的低利率时期，以及央行和政府购买大量金融资产的量化宽松的影响，他们说我们所投资股票类型（我也可以说其他股票）的表现因此受益。你可能看到某些流行词语，例如"债券替代股"[①]——我们所投资的像债券那样产生可靠利润和现金流的股票。债券在此期间表现得非常好，因此当债券收益率接近或低于零时，投资者将我们喜欢的那类股票作为投资替代品。在Fundsmith基金成立的早期，有很多人谈论我们的策略全都涉及必需消费品，而实际上，这些股票在其巅峰时期从未超过投资组合的一半。最近，又说我们的策略全都涉及科技股——被认定为即将破灭的泡沫，而实际上，这些股票从未接近我们投资组合的一半。有人告诉我，Fundsmith基金的表现在很大程度上要归功于它推出时的幸运时机，而也正是他们在起初告诉我当时是推出基金的糟糕时机。我很少听到关于这个问题的正确解释，所以我希望借此机会来澄清这个问题。

其中一些反对者是有关所谓的价值投资的持续辩论的主角，他们将其与成长股投资或高质量投资进行对比。价值投资至少可以追溯到《聪明的投资者》（*The Intelligent Investor*）和《证券分析》（*Security Analysis*）的作者本杰明·格雷厄姆（Benjamin Graham），他是沃伦·巴菲特（Warren Buffett）的导师。对于格雷厄姆以及投资生涯早期的巴菲特来说，价值投资意味着买入价格低于内在价值的股票，并以此作为最重要的投资原则，然后等待两者趋同——希望通过股价上涨而不是内在价值下降。最近，在其他投资者手中，价值投资变成了一种过分简单化的方法，即投资低估值股票，这不是一回事——因此我称其为"所谓的"价值投资。一只股票的估值可能很低，但内在价值甚至可能更低。购买这样的股票并不是投资成功的秘诀。无论是成长股投资还是高质量投资（我相信后者是对Fundsmith基金投资方法的更准确描述），不考虑估值的话，

---

① "债券替代股"是指具有安全、可预测回报率，但收益率高于大部分债券市场的股票。

都是无法获得最好结果的。但是，在购买优质公司股票时，代表良好价值的估值水平可能会让你感到惊讶。下图显示了我们投资的一类股票的"合理"PE（市盈率）。这是什么意思呢？我们分析的周期为1973年至2019年，MSCI全球指数产生了6.2%的年回报率。我们计算出投资者在起初为这些股票支付的市盈率，使其在此期间能够取得7%的年回报率，因此可以跑赢指数。

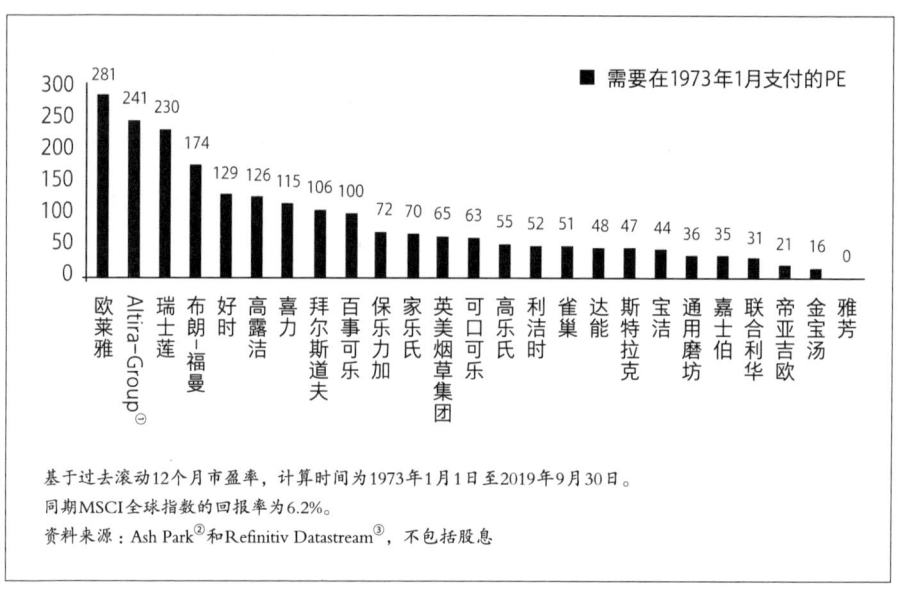

为获得7%的年复合收益率，你需要在1973年1月支付的PE

你在1973年为欧莱雅支付281倍的市盈率，或者为高露洁支付126倍的市盈率，为可口可乐支付63倍的市盈率，就可以跑赢指数。显然，这种方法并不适合那种变异了的价值投资——简单地要求估值必须低。然而，即使用某些

---

① 该公司为技术产品和优势服务提供风险投资，以帮助应对当今能源行业的复杂挑战。
② 是一个总部在伦敦的投资团队，该团队主要运营一只包含大约20只股票的基金，投资组合主要是全球高品质的品牌消费公司。
③ Datastream是Refinitiv（路孚特，原汤森路透旗下处理金融与风险业务板块）公司的跨品种的全球经济、金融深度历史数据库。

令人瞠目舌结的估值指标来衡量，这些股票也具有良好的价值，这一事实很难辩驳。

正如沃伦·巴菲特所承认的那样，增长是估值的一个组成部分。增长可以提高或降低公司的价值——在回报率不足的情况下扩大业务规模，那简直是在花冤枉钱。但是，当一家公司的已动用资本回报率很高，并且增长来源使其能够将大部分回报进行再投资时，结果将是其价值和股价随着时间的推移而复合增长。重要的是要认识到这是长期的。在某个特定时期，Fundsmith基金投资的那类股票可能会跑输那些我们回避的低估值股票，这些股票属于周期性很强的行业、杠杆率高、商业模式有缺陷或过时，并且（或者）因此具有糟糕的盈利能力、回报和现金产生量。俗话说，凡人皆有得意日，上涨的潮水会浮起所有的船。在强劲的牛市中，尤其是在从经济低迷中复苏的时候，这类公司的表现往往会跑赢我们持有的优质公司的股票。毕竟，高质量的公司没有什么可复苏的。如果这会让你担心，那么Fundsmith基金的投资方法可能不适合你。

毫无疑问，当这种情况发生时，我们会听到所谓的价值投资者和评论员自鸣得意的欢呼，他们当然会忘记提及，如果你听从了他们的建议，并几乎放弃投资我们在过去十年中一直持有的那类优质股票，这只会对你不利。我可以追溯到首次谈及此观点的2012年8月12日出版的《投资顾问》(Investment Adviser)："从市盈率来看，有大量证据表明，从相对角度来看，今天的优质股票可能被认为是昂贵的。"从那一天起，Fundsmith股票基金T类累计份额上涨了306%，跑赢基准MSCI全球指数131%。如果你听从他们的建议，在估值低、质量差的企业表现好的时候（1天或1年），你可能会获得一些短期的额外业绩，但是，如果你希望在更长的时间内（在更长的时间内，高质量企业的表现再次胜出）取得出色业绩，你将需要良好的时机选择、钢铁般的意志和重新投资高质量企业的意愿。

高质量投资相对于价值投资的相对成功不能完全或主要归因于我之前列出的因素——低利率、量化宽松、债券替代股、消费或科技股。事实上，正是许多价值股糟糕的基本面表现导致了其相对于优质股的糟糕股市表现。

下表比较了两类股票的表现,一组是"价值"股(根据其2015年的低市盈率简单地定义为"价值"股,正如价值股常常被如此定义),另一组是高估值的成长股(没有为了迎合我的观点而对股票和日期进行选择)。

成长股如何成为价值股,但价值股却没有

	LTM EPS[①] 2015年1月	LTM EPS 2020年8月	变化(%)	历史市盈率 2015年1月2日	历史市盈率 2015年1月2日价格/2020年8月 LTM EPS	股价表现 从2015年1月1日至2020年8月31日
埃克森美孚	7.6美元	1.68美元	-78%	12	55	-36%
通用电气	1.5美元	-58美分	-139%	16	-42	-65%
汇丰银行	42英镑	-1.6英镑	-104%	15	-385	-26%
马莎百货	31英镑	1.2英镑	-96%	15	380	-68%
沃达丰	42英镑	-2.7英镑	-106%	5	-81	-31%
奥多比	53美分	7.58美元	+1330%	136	10	723%
亚马逊	-52美分	26.01美元	不适用	(593)	12	1195%
脸书	1.10美元	8.19美元	+645%	71	10	337%
奈飞	9美分	5.93美元	+6489%	554	8	1164%
PayPal[②]	46美分	2.18美元	+374%	88	19	581%

从2020年往回看,可以明显看出,"价值"股的收益非常差,以至于它们未来5年的市盈率远低于较低水平——事实上,大多数情况下,现在没有收益。相比之下,看起来相当昂贵的成长股的收益表现要好得多,至少到目前为止,它们看似昂贵的起始估值是合理的。如果你选择了"价值"股,你将经历收

---

① LTM EPS, Last Twelve Months EPS, 过去12个月每股收益。
② 总部在美国加利福尼亚州圣荷塞市的在线支付服务商。

益下降速度甚至超过股价的双重打击，从而使你手中的股票现在看起来很贵。啊，但我现在听到专家们的"塞壬的歌声"①，他们在说，那是因为它们现在是复苏股……这与低利率、量化宽松或债券替代股无关。

再强调一遍：

- 低估值不等于好价值。
- 高估值不等于昂贵价格。

在过去10年中，对于预测的价值，我们并没有变得更有信心。让我们仍然感到吃惊的是那些做出预测的人。最近，我听到人们热烈讨论从新冠肺炎疫情中复苏的形状将是V型、U型、W型（第二波疫情和经济封锁后的复苏）、浴缸型还是耐克"对勾"型（这不是我编造的）。我喜欢经济学家约翰·肯尼斯·加尔布雷思（J. K. Galbraith）在这个问题上的观点："经济预测的唯一功能是让占星术看起来值得尊敬。"这不仅适用于经济预测。在过去10年中，我们不断看到预测员的一些预测：

- 英国脱欧不会发生；
- 纳伦德拉·莫迪（Narendra Modi）不会（两次）成为印度总理；
- 唐纳德·特朗普不会成为美国总统；
- 黄金将被加密货币取代；
- 这次不同，航空股将成为不错的投资。

在某些情况下，预测员根本无法准确预测，这似乎是由于某种程度的角色混淆造成的。似乎一些民意调查员、评论员和预测员已经决定，他们的工作不是预测或报道事件，而是影响事件。在我看来，他们的方法可以用西蒙和加芬克尔（Simon & Garfunkel）的《拳击手》（*The Boxer*）中的歌词来概括："一个人只听他想听的，而忽略其他的。"这不是一种可能产生准确预测的方法。

即使他们在预测事件结果时没有受到有色眼镜的影响，那些希望依赖预

---

① 塞壬是希腊神话中女人面孔鸟身的海妖，拥有美丽的歌喉，常用歌声诱惑过路的航海者而使航船触礁沉没。

测的人仍然会面临市场是二阶系统的问题。为了使预测有用，它不仅必须准确（包括时机的把握），而且你还需要知道市场的预期，以便有机会预测市场将如何对事件做出反应并从中受益。但是，他们所预测的，将在英国脱欧公投之后发生的衰退或特朗普获胜之后发生的市场崩盘在哪里？

回到加尔布雷思："市场中有两类预测者：不知道的人，以及不知道他们不知道的人。"我们属于前一个阵营，只要许多其他投资者依赖于后一个阵营中的人，这就会给我们带来优势。

具有讽刺意味的是，正如通用电气前董事长伊恩·E.威尔逊（Ian E. Wilson）所说，"即便你再老练，也无法改变这样一个事实：你所有的知识都是关于过去的，而你所有的决定都是关于未来的"。鉴于我们承认未来是不可知的，我们如何设法选择未来表现良好且优于我们的基准的公司进行投资呢？

简短的回答是仔细选择。很少有公司能通过我们的过滤系统并成为潜在投资，而能进入我们的投资组合的公司则少之又少。

更长的回答是，尽管我们寻找财务业绩优异的公司，但这应该是它们运营的结果，而不是它们的主要目标。我们寻找的是为客户提供卓越产品和（或）服务的公司，这能使它们产生出众的财务回报并防止竞争侵蚀它们。我很难想象一家主要专注于推动财务业绩的公司，尤其是那些痴迷于将季度收益与"华尔街"预期进行比较的公司，能够发展成为一家伟大的公司和投资。我在前面引用通用电气的一位前董事长的话，这颇具讽刺意味，因为通用电气本身就是一个警世故事。在杰克·韦尔奇时代，通用电气季度收益"超预期"稳定得令人怀疑，在此之后通用电气就没落了。

我们尽量不让股价告诉我们有关企业的信息，而是相反。如果你回顾一下前面的"成长股如何成为价值股，但价值股却没有"那张表格，它表明"价值"投资者陷入持有其中一些股票的陷阱的原因是，他们认为低估值和股价是最重要的信息。并非如此。企业的基本面业绩才是最重要的。

当Fundsmith基金购买微软的股票时，我们收到了一些刺耳的评论——许多来自我们的投资者——并要求我们卖掉微软，其中大部分评论听起来像是对微软的临终祈祷。当我们以每股25美元左右的价格购买微软的股票时，一家领先的金融报纸分析专栏（我相信是由其技术分析师撰写的）写到没有人应该以这个价格持有微软的股票。他们是对的，尽管不是以他们所指的方式，因为我们首批购买的微软股票已经让我们赚到了将近十倍的钱。我认为这给我们的启示不仅是你需要忽略这种噪声并关注事实，而且有些人实际上是一个有用的反向指标。

这说明的一个教训是，你可能只有在企业出现问题时才能以低估值投资于真正好的企业。我们对微软的投资恰逢其困境时期（当时由前任CEO领导），当时它在移动设备企业竞争中排在第三位，在在线搜索企业竞争中排在第二位。我们的工作是确定这些问题只是暂时的（从而对投资者来说是个机会）还是对微软而言生死攸关的问题。

这与我们得到的另一个教训非常接近，即每个公司都有问题。例如，

- 制药公司——专利到期和政府药价控制。
- 快餐——肥胖税。
- 食品和饮料——肥胖税。
- 婴儿配方奶粉——出生率下降。
- 医疗设备和器械——诉讼风险。
- 支付公司——诸如欧盟支付服务修订法案这样的项目，欧盟支付服务修订法案旨在建立一个比现有支付系统更便宜、更安全的支付网络（我在想这些目标是否相互冲突）。
- 社交媒体——控制和使用客户数据、竞选活动以及言论自由VS言论封杀的问题。
- 科技公司——由资本出资的初创企业，资本似乎除了要求最终出售或首次公开募股外，不需要任何回报，因此它们可以忽略盈利。
- 烟草公司——我们从哪个问题开始说起？

虽然我们总体上不会轻视这些问题，但我们认为，如果你能找到一家不面临任何竞争、监管或其他威胁的公司，请告诉我们，因为我们还没有找到这样的公司。发现问题并不难。对公司产品、服务、管理、竞争定位和前景的评估应该引导你确定你愿意为其股票支付的价格，而不是相反。下图说明了该策略如何随着时间的推移是一直有效的。

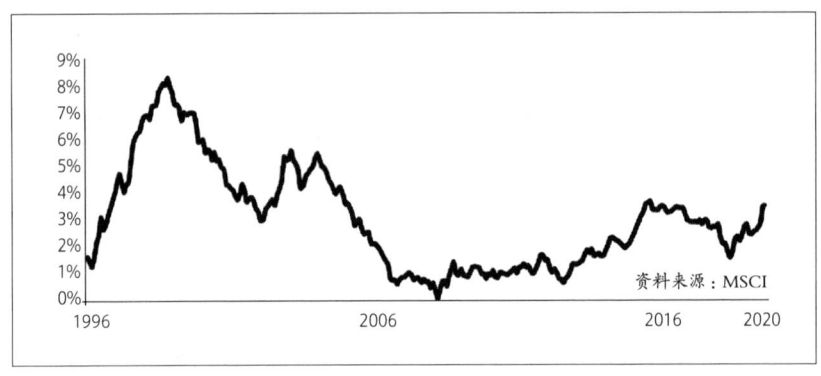

滚动120个月超额总回报：
1996年3月至2020年4月MSCI全球质量指数超出MSCI全球指数的回报

它将两个指数在24年间的业绩表现进行了比较，一个是我们寻求持有的那类公司的MSCI全球质量指数（MSCI World Quality Index），另一个是MSCI全球指数（MSCI World Index）。在此期间，全球质量指数从未在滚动120个月周期内跑输全球指数。请记住，在此比较中，质量指数的表现是受到影响的，因为全球指数中也包含优质股票，因此这并不能完全说明持有优质股票相对于其余股票的业绩优势。我知道10年（120个月）将是一个漫长的等待时间，但如果你的投资期限比这短，我建议你不要投资于股票市场。你当然也不应该投资于Fundsmith基金。

当我开车时，有时会看到一辆冰激凌车，它的背面印有广告标语"质量很重要"。冰激凌供应商似乎已经找到了股票投资的重要原则之一。他的冰激凌甜筒售价才99便士，因此与大多数专家相比，他已经有了两个优势。

在过去的10年中，我们惊叹于业绩"指引"的重要性的提升，上市公司会向分析师提供对其收入和利润前景的猜测。这已成为分析界的麻醉剂，似乎没有它就无法运作了。我们更喜欢史赛克（Stryker）首席执行官令人耳目一新的坦率，这是一家自Fundsmith基金成立以来我们就一直投资的医疗设备和器械公司，他在新冠肺炎疫情封锁期间表示，"我们不提供业绩指引的原因，是我们也不知道将来会发生什么"。一位分析师对雀巢给出2%至3%的年度收入增长指引不满意，称其为"区间范围太宽"。你可以叫我们老古董，但我们认为提供"指引"的人应该是分析师。

我们已经学会对那些在报告数据时进行大量调整的公司保持警惕。亿滋（Mondelez）曾将27份公认会计准则（GAAP）报表调整为非公认会计准则报表和8页随附的文本，主要是为了说服我们，税前利润实际下降42%应该被视为"调整后的固定汇率每股收益"增加18%。我怀疑这其中的调整不是巧合，你会看到由于调整而省略的东西总是成本和借项。有些公司似乎将我28年前写的《为增长而做的会计处理》（*Accounting for Growth*）视为指导手册。

最后，我经常被问及Fundsmith基金和我的未来。我敏锐地意识到，人们制订计划只会让上帝发笑。但是，如果命运允许，我打算在未来的许多年里继续经营Fundsmith基金。我无意停止现在的工作。尽管如此，我希望并期待我们已经准备妥当的继任安排将使Fundsmith基金在我离开很久之后继续为投资者提供卓越的回报。当被问及公司能坚持多久时，我喜欢引用《玩具总动员》（*Toy Story*）中巴斯光年的那句话："飞向宇宙，浩瀚无限！"

特里·史密斯
2020年9月

基金管理费

《实话实说》，2010年9月28日

最近有一些媒体报道了Fundsmith基金发行的消息，这是我创立的一家新的基金管理公司。由于基金发行的消息提前走漏，关于Fundsmith基金为投资者提供的产品有哪些特点，外界有很多猜测。其中的一个关注焦点就是费用。

我不打算肯定或否定费用将成为Fundsmith基金的一个主要关注领域（我们希望至少为基金发行保留一些秘密）。我认为如果我对基金投资者目前所遇到的一些关于费用（和成本）结构的问题发表评论，投资者可能对即将发行的基金如何收费提前有个大致了解。

零售分销审查制度

最近有很多关于基金管理费的文章，特别是关于零售分销审查制度的影响。这项制度将于2012年底生效，此后将阻止投资顾问（独立理财顾问、理财经理和私人客户股票经纪人）获得基金经理所收取的数额惊人的前端费用的部分费用（许多基金经理收取的前端费用高达投资总额的5%），并且（或者）阻止投资顾问从基金经理收取的年度费用中获得"尾随"佣金。

从2012年开始，投资顾问将需要通过直接向客户收取咨询费来获得报酬。如果是向客户收取费用，而不是在基金经理从客户的投资中提取这些费用之后，再由基金经理支付给投资顾问，这可能更难以证明其收费的合理性。

似乎很少有人意识到，在2012年及更早的时间里，客户在进行基金投资时仍会向投资顾问支付尾随佣金。这就产生了一个明显的问题。我们了解到英国金融服务管理局正在监控基金换手率,以试图发现"频繁交易"行为,导致"频繁交易"的可能是有些投资顾问在2012年底之前让他们的客户投资于此后仍将支付尾随佣金的基金。

这将导致一个更有害的隐患：2012年之后这些基金没有换手率。虽然频繁交易通常被视为良好投资业绩的敌人,但如果在2013年之前,投资顾问让他们的客户投资于支付尾随佣金的基金,许多投资顾问就不会突然被发现缺乏换手率。这需要像频繁交易一样加以防范。

2%和20%

2%和20%是对冲基金行业的标准费用公式。

这是让人无法支持的。

很多人并没有意识到这一业绩费用结构的影响,他们的人数之多并没有让我感到大吃一惊。我在这里不是在谈论这样一个事实,这样的业绩费用结构显然导致许多基金经理在信贷泡沫允许的范围内尽可能多地增加他们的基金规模,并且下出即使在拉斯维加斯的许多赌徒看来都很离谱的赌注,因为他们知道他们的收益几乎没有下行空间却有20%以上的上行空间。

我曾经与许多投资行业的资深专业人士进行过讨论。我下面将要展示的数学运算,他们要么不知道,要么根本不相信。

正如你所知道的,沃伦·巴菲特（Warren Buffett）在过去45年的投资表现出色,年复合回报率为20.46%。如果你在巴菲特1965年开始经营伯克希尔-哈撒韦公司时投资了1000美元,那么到2009年末,你的投资将增值到430万美元。

但是,如果巴菲特没有将伯克希尔-哈撒韦公司作为他与你共同投资的公司来运营,而是将其设立为对冲基金,并收取基金价值的2%作为年费,再加收所获收益的20%,在这430万美元中,其中400万美元将属于作为基金经理的巴菲特,只有30万美元属于你,即投资者。如果你的对冲基金经理的业绩与巴菲特持平，这就是你会得到的结果。相信我，他（她）不会达到巴菲特这种业绩水平。

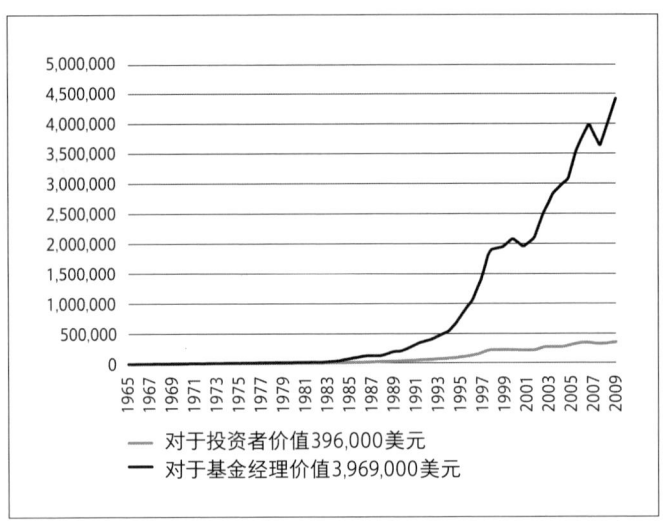

1965年投资1000美元

2%和20%行不通。这并不意味着1.5%和15%就可以，甚至并不意味1%和10%就可以。这一业绩费用结构行不通，它提取了过多的回报并鼓励冒险行为。让你的基金经理专注于业绩且不给他（她）大部分回报的唯一方法就是，确保他（她）以完全相同的条件将其大部分净资产与你一起投资于该基金。

总费用比率和成本

关注基金的总费用比率（total expense ratio）是合理的，总费用包括基金经理向基金收取的费用，而不仅仅是基金管理费。但是，有一项不计入基金费用的主要成本：相关投资的交易成本。

根据英国金融服务管理局的研究，英国的基金经理平均每年的换手率为80%，因此这一成本并非无足轻重。这增加了三层额外成本：1. 经纪人和投资银行收取的交易佣金；2. 买卖股票的价差；3. 没有基金经理拥有足够的好的投资想法来保证每年买卖其投资组合的80%。

关于所有这些问题，我们很快就会看到Fundsmith基金是怎么做的……

2010年度致股东的信

Fundsmith, 2011年1月

这是写给Fundsmith股票基金投资者的第一封年度信函。Fundsmith基金于2010年11月1日成立,我们对衡量短期投资业绩的行为持批评态度。两个月不是很短的时间,这是一个短得出奇的时间。但是,我认为这封信函是一个很好的机会,可以让你了解在未来我们的业绩报告是什么样子。

从2010年11月1日到12月31日,Fundsmith股票基金在扣除费用后上涨了6.14%。它与一些常见的基准比较如下:

Fundsmith股票基金	6.14%
MSCI指数①	7.99%
MSCI EAFE指数②	5.76%
富时100指数	4.40%
长期债券(10年期英国国债)	-2.57%

如果使用足够长的时间尺度,比较基准对于衡量业绩很有用。当基金经理开始将它们用于构建投资组合时,问题就出现了。在Fundsmith基金,我们不致力于跟踪任何指数或尽量减少我们与任何指数之间的"跟踪误差"(甚至是当一个主动型基金经理使用"跟踪误差"这个表达,也可以看出其有着错误的思维)。

该基金的表现落后于MSCI指数,优于MSCI EAFE指数——不同之处在于美国股票的表现,美国股票包含在前者之中,但未包含在后者之中。该基金的

---

① MSCI指数,是摩根士丹利资本国际公司编制的证券指数。
② MSCI EAFE (Europe Australia Far East) Index, MSCI欧澳远东指数,由除美国及加拿大外的其他发达国家组成。

表现优于富时100指数和长期债券。

对该基金业绩贡献排名靠前的公司分别为：

1. 德尔蒙食品（Del Monte Foods）①

2. 美国BD公司（Becton Dickinson）②

3. 达美乐比萨

4. 雀巢

5. 史赛克（Stryker Corp）③

主要贡献者是德尔蒙食品公司。德尔蒙几乎可以成为研究投资机会如何产生的一个案例。我们被德尔蒙的主要产品所吸引：宠物食品。

宠物食品是我们寻求投资的典型产品。它是一种不耐用的小额消费品。作为一种小额商品，无须信用额度即可购买。消费者没有机会讨价还价——超市或宠物店显示的价格就是你支付的价格。消费者通常具有品牌忠诚度，一旦消费完毕，就必须进行补充购买——没有机会通过延长产品的使用寿命或所有权来推迟购买，比如像汽车等耐用消费品那样。此外，有研究清楚地表明，如果生活拮据，消费者会减少他们自己或孩子的食物支出，而不会减少宠物的食物支出。

然而，大多数投资者并不知道宠物食品是德尔蒙的主要产品线这一事实，很多投资者评估这家公司是基于他们对公司过去的水果和蔬菜罐头产品系列的记忆。就其可能的财务表现而言，自由现金流收益相当可观。这就产生了购买德尔蒙股票的机会。有一次，彭博（Bloomberg）发表了一篇来自《加尔维斯顿县每日新闻》（Galveston County Daily News）的文章，关于新鲜德尔蒙农产品（Fresh Del Monte Produce Inc.，这是一家与德尔蒙完全不同的公司，销售新鲜农产品）的罢工。这导致对德尔蒙的误解进一步加深。此类事件可以创造以好的价格购买优秀公司的机会。

---

① 总部位于美国加利福尼亚州旧金山的著名食品制造及经销公司。
② 世界上最大的生产和销售医疗设备、医疗系统和试剂的医疗技术公司之一。
③ 世界领先的医疗技术公司之一，致力于提高医疗保健水平。在骨科、医疗和外科、神经科技和脊柱方面提供创新产品和服务。

Fundsmith基金成立18天后，我们购买了德尔蒙的首批股票，而私募股权公司KKR集团①以比我们的买入价高出很多的价格出价收购这家公司。

我们不喜欢我们的投资获得的是现金溢价，这么说可能不太礼貌。但此类事件并非没有缺点，因为我们必须为我们的现金找到相应的投资品种。事实上，我们真的希望持有我们投资组合中公司的股票，并从它们产生的良好资本现金回报中受益。我们不是简单地希望以更高的价格卖出股票。这改变了对收购之类事件的看法。

正如我们建议你不要对股价上涨过于热情，即使是我们持有的股票上涨，并且有人愿意以溢价用现金购买我们的持股，溢价代表了我们的良好投资回报，我们也希望你能够理解，当投资组合中的股票价格下跌时，这通常会代表着一个投资机会，这时股票估值将更有利，而不是一个自我反省和自责的机会。经常但不总是。

对该基金业绩贡献排名靠后的公司分别为：

1. 信佳集团（Serco Group）②

2. 帝国烟草（Imperial Tobacco）③

3. 胡椒博士（Dr Pepper Snapple）④

4. 利洁时（Reckitt Benckiser）⑤

在任何情况下，我们都不认为价格下跌会改变我们对投资的看法（除了我们希望我们是以更低价格买入的），我们也不认为它反映了企业内在价值的不利变化。

该基金在年底的历史股息收益率为2.47%。收益的股息覆盖率超过2.5倍。该基金中只有一只股票目前不支付股息。这很重要：从历史上看，股息占权益

---

① KKR集团，老牌的杠杆收购天王，金融史上最成功的产业投资机构之一，全球历史最悠久、经验最为丰富的私募股权投资机构之一。
② 信佳集团是英国的一家外包服务公司，成立于1929年，业务涵盖国防、司法和移民、交通、健康和公民服务领域的服务。
③ 帝国烟草公司是一家业务主要集中于英国、经营规模居世界第四位的大型跨国烟草公司。
④ 美国知名饮料制造商。
⑤ 诞生于1823年，是以生产各种快速消费品而著称的全球性企业，专注于健康、卫生和家居护理消费者产品。

类投资总回报的很大一部分。该基金目前的股息收益率可能无法完全反映其派息能力，因为一些公司还施行了股票回购。如果使用得当（在没有更好的投资机会出现时，购买被低估的股票），这些回购可以为股东创造价值。

2010年底，我们持有包括德尔蒙在内的22只股票的投资组合。我们投资组合中的公司平均成立时间为1883年。我们投资的企业在很长一段时间内都表现出了极好的韧性——它们大多经受住了两次世界大战和大萧条的考验。

该基金的自由现金流收益率约为7%。自由现金流可用于股息分配、股票回购，或由公司进行投资以产生更多回报。由于我们投资组合的营运资产平均回报率为50%，因此，现金流的再投资应该会为作为股东的我们带来复合价值。

该基金的自由现金流收益率与标准普尔500指数的自由现金流收益率进行对比，后者的数值略低于7%。标准普尔指数中，自由现金流收益率的中位数（第250位）为6.6%。

我们可以很确定地说，我们投资组合的自由现金流收益率高于市场平均水平。然而，在我们看来，如果说在寿命、韧性、可预测性、利润率、营运资本回报率和利润转换为现金方面，其质量不高于平均水平，这是绝不可能的。简而言之，这意味着我们持有质量高于市场平均水平，但估值低于市场平均水平的企业股票。虽然这不是成功投资的完整解决方案，但对我们而言，它至少是一个好的开始。

我们希望通过持股享受到企业产生的现金流量。在该基金中，我们寻求投资那些能够产生高资本现金回报率的公司，并将部分回报作为股息进行分配，将剩余部分以类似的回报率进行再投资。我们希望在这些公司的回报率被充分低估并且最大限度上没有得到合理估值的情况下，以更有优势的价格买入它们的股票。

我们不认为股票投资是一种击鼓传花的复杂游戏——购买我们不理解的公司的股票，这些公司可能表现不佳和（或）估值过高，并希望在其成为市场热点、股价高涨的时候将它们卖给更大的傻瓜。

我打算在每封年度致股东的信中，只就投资相关的一个主题进行一次深入讨论。坦率地说，鉴于大部分财富/资产管理行业的行为，我认为这是在目标丰富的环境中进行自我约束的示范。

今年深入讨论的是对交易所交易基金（ETF）的误解和滥用的警告。我认为这是与投资密切相关的一个主题，因为Fundsmith股票基金的推出有点逆势而行。我们是在一个十年末推出了一只主动型股票基金，在这个时点，股票表现不佳，主动型基金经理普遍再次跑输指数，股票市场的糟糕表现使股票基金的表现变得更糟。

面对这种主动投资管理的失败，投资者放弃主动管理并转向成本更低的被动替代方案也就不足为奇了。因此，ETF的兴起已成为近些年来投资格局的一个主要特征。到2010年第三季度，共有2379只ETF，在45家交易所挂牌5204只，管理着11,813亿美元的资产。

那么问题是什么呢？我怀疑普通投资者会将所有ETF视为另一种形式的指数基金，其中许多ETF确实如此。但其中还有很多ETF并不是指数基金，因此存在误解的可能性，甚至会导致更糟糕的后果。

一些ETF确实通过购买由某个指数的全部或大部分成分股构成的加权组合来复制指数的表现。但许多所谓的合成型ETF并未这样做，而是使用所谓的掉期协议。在掉期协议中，交易对手同意提供与潜在资产类别或ETF跟踪的指数相匹配的货币回报。

任何研究过信贷危机事件的人都应该能够在这里发现一个潜在的问题：如果提供掉期的交易对手违约怎么办？这种风险也许曾经被认为是理论上的，但在雷曼兄弟倒闭以及需要拯救AIG[①]以防止违约蔓延之后，它肯定不再是理论上的风险了。诚然，ETF应该持有针对此类违约的抵押品，但即使在持有抵押品的情况下（并非在所有情况下都是如此），抵押品也是一门不完善的科学。

---

① 美国国际集团（American International Group, AIG）是一家以美国为基地的国际性跨国保险及金融服务机构集团，总部设于纽约市。

此外，合成型ETF通常用于进入散户投资者无法直接进入的市场（例如中国A股市场）或流动性较差的投资市场（例如一些新兴市场的股票）。在这些情况下，ETF的表现有可能偏离相关资产的表现，从而偏离投资者的预期，这似乎是显而易见的。对于这样一种想法，即交易对手将为你提供与你无法直接持有的非流动资产的回报相匹配的协议，你应该暂停考虑——关键在于，交易对手将如何履行这些义务，例如在极端市场波动和流动性危机（不太可能的组合）的情况下。

当然，并非所有ETF都用于简单地匹配指数的表现。还有使指数表现成倍放大的杠杆ETF、复制指数中空头头寸的反向ETF，当然还有杠杆反向ETF。这些ETF的问题在于它们的回报每天都会呈复合变化。这些问题可以通过以下表格来更好地说明：

	第1天	第2天	第3天	第4天
指数	100	125	90	103
每日变化		25%	−28%	14%
累计变化		25%	−10%	3%

	第1天	第2天	第3天	第4天
杠杆ETF（2倍）	100	150	66	85
每日变化		50%	−56%	29%
累计变化		50%	−34%	−15%

第一个表格显示了一个指数在剧烈波动时期的走势，在这段时期内它先是急剧上升然后下跌，在此期间最终仅上涨了3%。第二个表格显示了2倍杠杆ETF在同一时期的表现。通过每日的复利作用，杠杆ETF在此期间累计亏损了15%的价值，而指数则上涨了3%。

反向ETF会如何表现呢？

	指数	变动（%）	空头头寸	ETF（看空）
第1天	100		100	100
第2天	80	−20.0%	120	120
第3天	60	−25.0%	140	150
第4天	55	−8.3%	145	162.5
第5天	100	81.8%	100	29.5

在该指数先下跌，然后到周末又回升到周初水平时，在每日复利的作用下，反向ETF将亏损70.5%。你可以想象出杠杆反向ETF会是怎么样的表现！

我敢打赌，很大一部分ETF投资者没有意识到杠杆和反向ETF会产生这些明显反常的结果。这类ETF确实是日内交易工具。如果持有它们超过一天，它们将开始偏离相关指数或资产类别的表现。然而，如果在许多情况下不当使用这类ETF——比如把它们当作指数基金——那么得到反常的结果也就不足为奇了。

ETF的投资者在最大限度地避免主动投资管理方面可能很合乎逻辑，但他们的许多ETF并不像他们想象的那样非主动。

最后，回到我们自己的主动基金，我们十分期待未来一年的表现。这并不是因为我们相信主要经济体会持续复苏，或者我们认为股票总体上是便宜的，或者股票市场整体上具有良好的价值，再或者我们有能力跟踪企业盈利能力的改善（这种情况有可能并不会出现）。

首先，因为我们相信我们的基金包含一个由伟大企业构成的投资组合，而我们是以合理的或更好的价格购买了这些股票，并且我们打算长期持有这些股票，以使它们带来投资的收益。

其次，因为我们喜爱经营Fundsmith股票基金。沃尔玛董事长、沃尔玛创始人山姆·沃尔顿的儿子罗布森·沃尔顿曾经说过："我父亲并没有打算让沃尔玛成为世界上最大的零售商。他的目标只是让沃尔玛每天都变得更好，他一直在思考如何做到这一点。"

请放心，我们管理Fundsmith基金也是如此。

股票回购

——朋友还是敌人

《投资周刊》，2011年4月11日

在我出版《为增长而做的会计处理》（Accounting for Growth）一书近20年之后，我将揭露会计规则中的另一个漏洞，该漏洞使公司看起来似乎创造了价值，但实际上却没有。

今天我发表了一篇论文，详细研究了当下流行使用的股票回购——它们是股东的朋友还是敌人？它们会创造价值还是会破坏价值？

你可能认为答案很明显，但请重新思考一下。问题是当一家公司回购股票时，这些回购项目会从资产负债表中消失，这可以被用来扭曲公司业绩的衡量标准。

简单地通过执行股票回购而不是支付股息，上市公司可以提高其每股收益（EPS），并且这种做法被普遍认为为股东创造了价值，但大多数情况下显然没有。

资本分配决策是上市公司管理层代表股东做出的最重要的决策之一。然而，投资者和市场评论员，甚至可能是上市公司管理层，都没有充分理解股票回购。

一个一直被忽视的最重要的事实是，只有当回购的股票价格低于内在价值，并且现金没有更好的可以产生更高回报的用途时，股票回购才会创造价值。

大多数股票回购会破坏剩余股东的价值，管理层之所以能这么做，是因为当前对股票回购的会计处理掩盖了它们的真实影响。那么需要做出哪些改变呢?

1. 应该要求管理层参考股票回购所支付的价格与隐含回报,并将其与现金的其他用途进行比较,来证明股票回购的合理性。

2. 投资者和市场评论员分析股票回购时,应该就如同分析该公司购买另一家公司股票一样分析。

3. 投资者和市场评论员应该使用净资产收益率来分析股票回购的影响,而不是每股收益的变动。

4. 管理层由于受到每股收益增长的激励而进行股票回购时,投资者需要以高于平均水平的怀疑态度看待股票回购。

5. 股票回购的会计处理方法应该进行改变,使回购的股票仍作为股东资金的一部分,并且在计算回报时应该作为资产负债表上的权益类账户资产。

ETF比我想象的更糟糕

《每日电讯报》，2011年5月24日

1月11日，我向Fundsmith股票基金的投资者发表了我的第一封年度信函。在其中，我对交易所交易基金（ETF）的投资热潮提出了一些批评。

我的基本担忧之一在于，我认为ETF存在被错误销售的危险。

我怀疑很多散户投资者认为ETF与指数基金相同。其中一些ETF确实如此，但许多并不是。特别是，看空ETF和杠杆ETF的表现可能与投资者的预期发生明显背离，有些投资者认为它们只是指数基金。

不难举例说明，如果市场在经过一段时间的大幅波动之后上涨，投资者会在杠杆看多ETF上发生亏损；或者市场如果在发生了一些急剧反弹后下跌，他们会在持有看空ETF时发生亏损。问题在于ETF的每日复利作用。

此外，许多ETF不包含它们试图跟踪的一揽子标的证券或资产。相反，它们与交易对手（通常是作为ETF发起人的银行）签订资产掉期协议，旨在复制相关指数或资产的表现。这种安排在交易对手风险和抵押品领域存在明显的危险，这在信贷危机期间造成了非常多的问题。

PEK（纽约证券交易所上市的中国A股ETF）就是一个很好的例子，能够说明这其中存在的潜在风险。没有获得许可牌照的外国投资者购买在上海或深圳上市的A股是违法的。因此，该ETF与被许可持有相关股票的经纪人进行掉期交易。如果PEK持有A股流通量的很大一部分，并且其持有人试图快速清算，那可能会导致很有趣的后果。

一些市场评论人士称，我们不必太过担心散户投资者对ETF的误解，因为至少在欧洲它们主要被机构投资者使用。

这当然错过了几个关键点。一个关键点在于，其中许多机构投资者的潜在客户是个人投资者——他们真的了解自己的私人理财经理在使用ETF时所面临的风险吗？

此外，《金融时报》FTfm增刊[①]于5月9日发表了一篇文章，指出在欧洲ETF缺乏个人投资者的参与。就在同一天，东方汇理（Amundi）[②]ETF就在该增刊刊登了环绕式广告。那天，进入伦敦的通勤者会收到有关东方汇理ETF的宣传册和一个印有如下标语的精致的塑料信用卡/季票钱包：

东方汇理ETF：不仅仅是另一只指数基金。

的确如此。

按照这个速度，我们可能很快就要担心个人投资者参与ETF。

然而，ETF还存在另一个可能比误解或错误销售更有害的危险。

ETF实际上是一种混合工具，它结合了开放式基金（或共同基金）与封闭式基金的特点。就投资者购买或赎回所谓的创设单位[③]而言，它们就像开放式基金。但它们也可以在二级市场交易，因此表面上提供实时流动性。

二级市场交易活动带来了市场参与者自己做空ETF的可能性。对于卖空没有限制，这在ETF中是不可能的，就像在股票中一样。

在普通股票中，卖空受限于卖空者借入股票的能力，以便他们能够交付股票以完成卖出交易。在ETF中，卖空者总是可以依靠在ETF中创设份额的过程来确保他能够交付。这导致ETF份额的买家可能从卖空者那里购买，并且尚未创设新的份额。

从卖空者那里购买的投资者不拥有该ETF中对标的一揽子证券或掉期的权利；他们应该交付由卖空者提供的ETF份额。

这导致的问题是，由于此过程不会在ETF中创设新的份额，因此ETF的资

---

① FTfm为全球顶级资产管理公司和专业投资者提供必需的新闻和敏锐的分析。
② 欧洲资管巨擘。
③ 指投资者进行ETF实物申购、赎回申报的基本单位，又称"最小申购赎回单位"。

产可能会明显低于未完成的大量累积买单所暗示的数量。鉴于有报道称，某些ETF的卖空率高达1000%，这是一个重大问题。

你可能认为，一种一次性克服其中所涉及风险的方法是，让ETF发起人创设由累积购买头寸代表的份额，但这说起来容易做起来难。

以IWM[①]这样的ETF为例，其中的空头头寸最近超过100%或150亿美元（93亿英镑）。IWM投资于罗素2000美国小盘股指数。将150亿美元投资于所涉及的一揽子股票需要大约一周的交易时间——如果ETF创设是这些股票的唯一交易。轧空的空间是巨大的。

最终结果是，在整个ETF资产类别中，ETF购买者认为已通过创设新份额投资于ETF的部分资金，实际上已经借给了对冲基金。ETF持有的资产并非全部由投资者期望的资产支持，即使他们了解ETF旨在跟踪哪些股票指数。

也许这些鲜为人知的结构性问题解释了，为什么在2010年5月的闪电崩盘中，70%的取消交易都发生在ETF中，而ETF仅占美国已发行证券的11%。

此外，对于PEK等一些ETF，由于做空中国A股是违法的，很难理解PEK的空头头寸究竟代表着什么。

最近我在工作中遇到的该行业问题的另一个例子是，为一家从事ETF交易的企业募集资金。我们当然应该让它保持匿名，但它在ETF中进行交易、套利和定价，特别关注那些较少交易的ETF。该公司将自己描述为"资本相当薄弱的实体"。从中我们可以觉察到信贷危机中平行银行系统（The Parallel Banking System）[②]的意味。

它还将ETF领域的发展速度描述为"极速"（breakneck）。我只想知道谁的脖子最终会被折断。

---

① 罗素2000指数ETF。
② 平行银行系统，又称为影子银行系统（The Shadow Banking System），由美国太平洋投资管理公司执行董事麦卡利首次提出并被广泛采用。"影子银行"是美国次贷危机爆发之后所出现的一个重要金融学概念。它是通过银行贷款证券化进行信用无限扩张的一种方式。按照金融稳定理事会的定义，影子银行是指游离于银行监管体系之外、可能引发系统性风险和监管套利等问题的信用中介体系（包括各类相关机构和业务活动）。

加速股票回购

《实话实说》，2011年7月4日

本周，导致股东价值受到破坏的股票回购有了新的进展。

今年迄今为止，花旗集团估计美国市场已经进行了26次加速股票回购（accelerated share repurchase），总额达85亿美元。

加速股票回购是指上市公司在与一家投资银行或一个小群银行的单笔交易中执行全部或大部分股票回购计划，而不是根据市场的交易量在较长时间内执行该计划。投资银行对该上市公司进行卖空，借入股票，交付给上市公司。

当然，在某个时间点，投资银行需要购买股票以回补其空头头寸，并将借入的股票返还给股票出借人。投资银行并不以免费做事而著称，当然也不会仅仅为了协助上市公司而建立空头头寸。毕竟，股票回购至少可以在短期内导致股价上涨，而且加速股票回购存在的部分理由确实是在短期内引发更大的股价上涨。面对这种可能性，任何理智的机构都不会做空股票。因此，上市公司必须与投资银行达成协议，以弥补其在购买股票以回补空头头寸时遭受的损失。

在IBM于2007年5月进行的1.188亿股的加速股票回购中，它以每股105.18美元的初始价格购买了投资银行在卖空交易中借入的总计125亿美元的股票，然后又以每股2.95美元或总计3.51亿美元弥补了投资银行的损失，因为投资银行最终以每股108.13美元的较高价格平掉了其空头头寸。

我在商业生活中发现的规则之一就是，当管理层在做他们不想被审查的事情时，他们会使用委婉的说法来掩饰实际情况。因此，IBM向投资银行支付的这笔款项在其账目中被称为"调整"，而不是"额外成本"甚至"亏损"。

对于一家公司来说，这确实是一件令人惊讶的事情。我之前曾讨论过

(《股票回购——朋友还是敌人》，第45—46页)，许多公司似乎很少注意到股票回购的隐含回报，甚至对它们回购股票的价格也很少注意。在执行加速股票回购的时候，它们实际上并不知道自己会以什么价格回购股票。它们实际上同意向投资银行开出一张空白支票，以支付最终购买股票的成本。这怎么能被接受呢？当然，除了最愚蠢的管理层之外，所有人都必须接受这样一种观点，股票回购的价格对于回购是否为剩余股东创造或破坏价值具有一定影响。这意味着管理层对股东价值缺乏理解和关心，这在我看来等同于渎职。

此外，加速股票回购为投资银行从这些上市公司的不幸股东那里获取资金提供了更多方式。毫无疑问，卖空会产生佣金和买卖差价，然后是股票借贷的利息和经纪费用，然后是最终购买的进一步佣金和买卖差价。谁知道呢，也许有一些公司会愚蠢到为投资银行支付关于加速股票回购的咨询费。让我们提醒自己，对于投资银行来说，这是无风险的交易。我们也不要忘记，如果上市公司派息（这是其他完全可以接受的现金分配方式），投资银行从中获得的收益为零。

默多克应该放弃对新闻集团的控制

《投资周刊》，2011年7月13日

新闻集团增加股票回购的公告显然是对股东的安抚。他们有理由质疑默多克家族对公司的控制是否真的符合他们的最佳利益。

决定股票回购是否为剩余股东创造价值的主要标准是：1. 股票的交易价格应低于内在价值；2. 不应该有比回购更好、带来更高回报的现金用途。

考虑到新闻集团近年来收购活动的结果，毫无疑问，回购将比收购其他公司更有价值，例如对MySpace①的收购（新闻集团支付了5.8亿美元，然后以3500万美元出售），或者对道琼斯的收购（以57亿美元的价格收购，迄今为止已减值28亿美元）。

新闻集团的股价是否便宜更加难以确定。与迪士尼、时代华纳或维亚康姆等同行相比，新闻集团的估值肯定较低，但鉴于窃听丑闻以及这对天空电视台的未来造成的不确定性，其基本面前景肯定比通常更难以确定。

更一般地说，看看新闻集团的表现，投资者肯定会问为什么鲁珀特·默多克（Rupert Murdoch）认为控制新闻集团的最佳人选必须一定是默多克家族的人。

到目前为止，在其家族的控制之下，过去5年中产生了平庸的10%的已动用资本回报率（return on capital employed），而且股价在过去15年中一直跑输标准普尔500指数。

几乎可以肯定的是，新闻集团赋予没有投票权的A类股（默多克家族不持有此类股票）投票权，这将比回购创造更多的价值。

---

① 为全球用户提供了一个集交友、个人信息分享、即时通信等多种功能于一身的互动平台。

新闻集团：一个家族企业

《卫报》，2011年7月18日

上周，当时我在纽约，我在福克斯新闻的新闻编辑室接受了天空电视台关于窃听丑闻的采访，这是一次不同寻常的经历。我在鲁珀特·默多克美国新闻帝国的中心接受了一家卫星电视频道的采访，他的儿子詹姆斯是该频道的董事长。至少直到上周，其母公司新闻集团正在试图收购天空电视台。采访中的内容披露了这一丑闻事件中尚未得到充分关注的一些问题。

在我看来，天空新闻的采访记者安娜·琼斯（Anna Jones）表现出了支持默多克的倾向。我向她提出了一种观点，作为一家上市公司的CEO，如果我做出以下行为，我认为股东会解雇我：

1. 花费5.8亿美元（3.6亿英镑）收购MySpace，然后以3500万美元（2200万英镑）的价格出售；

2. 花费57亿美元（35亿英镑）收购道琼斯，然后减值了28亿美元（17亿英镑）；

3. 花费6.15亿美元（3.82亿英镑）收购我女儿的企业，这被外界描述为一个"公然裙带关系"的例子；

4. 我公司的股票在长达15年的时间里一直跑输标准普尔500指数；

5. 在我负责管理期间，我的几名员工从事电话窃听和贿赂警察的犯罪活动，并且我的管理层掩盖了这些犯罪活动。

所以，我有一个疑问，为什么默多克没有被解雇？答案当然是，没有人可以解雇鲁珀特·默多克，因为默多克家族通过差别投票权控制了新闻集团。

新闻集团有两类股本：A类股没有投票权，B类股拥有全部投票权。默多克家族拥有40%的B类投票权股份。由于数量多得多的A类股没有投票权,因此默多克家族能够控制一家他们仅拥有已发行总股本(即A类股和B类股的总和)的13%的上市公司。

因此,当新闻集团斥资6.15亿美元收购伊丽莎白·默多克(Elisabeth Murdoch)的公司Shine①时,她的父亲实际上主要是用其他投资者的资金购买了这家公司——众所周知,花别人的钱更容易。类似的,其他在价值损失方面的灾难,其影响主要落在了新闻集团那些长期遭受痛苦但没有投票权的A类股股东身上,因为他们投入了大部分资金。

我对默多克所处局面的回应显然不是天空新闻采访记者所期望或想听到的。她为鲁珀特·默多克在建立"大帝国"方面的成就进行了辩护。我提醒她,要成为商业帝国,新闻集团需要产生可观的资本回报,但它未能做到这一点。

已动用资本回报率是衡量上市公司业绩的最重要指标之一——它是管理层以股东提供的资本获得的利润回报。在过去五年中,新闻集团管理层获得的已动用资本回报率非常低,每年仅为10%。可比公司的表现要好得多:美国传媒公司维亚康姆的年回报率为20%,每日邮报和通用信托集团(Daily Mail and General Trust)的年回报率为30%。

采访记者最后打断了我,说她想带我了解詹姆斯·默多克和伊丽莎白·默多克的成就。我欢迎在电视直播中就此进行辩论。当然,天空网的采访片段删掉了采访记者的提问和评论。

如果在默多克家族完全拥有该公司之前,天空电视台在编辑独立性和职业操守方面就是这样的水准,那么他们在完全获得所有权后会发生什么事情?想想就让人觉得可怕。

从电话窃听、警察贿赂到与两大政党的政治家们打得火热,总的来说,这

---

① 一家由伊丽莎白·默多克创立的电视制作和发行公司。

都是滥用权力的例子。新闻集团的股东投票结构也是如此。

新闻国际公司（News International）最终在报纸上为窃听丑闻道歉。鲁珀特·默多克应该亲自向股东就他造成的损害道歉，因为行动胜于雄辩，新闻集团应赋予没有投票权的A类股（默多克家族不持有此类股票）投票权。然后新闻集团的股东可以对他的行为做出判断。

瑞银的崩溃凸显了ETF的危险

《投资周刊》，2011年9月16日

据称一名流氓交易员让瑞银Delta One部门①蒙受了20亿美元的损失，这再次引发了对一些问题的关注，例如，在交易不透明工具时的银行（缺乏）风险控制，将投资银行业务和零售银行业务分开的需求，以及ETF中的固有风险等。

在过去的一年里，我写过关于ETF未被重视的风险的文章，现在可能是时候更新这些想法了。许多投资者把ETF视为与指数基金相同的投资品种。但它们显然并不相同：

1. 一些ETF并不持有它们想要跟踪的那种实物资产。它们是"合成的"并持有衍生品。这会产生交易对手风险，正如我们在瑞银事件中看到的那样，在提供一揽子衍生品的交易对手中存在一些风险。

如果（当）此类ETF交易导致交易对手遭受非常巨大的损失，而交易对手没有足够的资本来承担损失并根据衍生品合约进行支付，这会导致什么后果？答案就是：这个ETF会破产。

2. ETF并不总是以人们期望的方式匹配相关市场的表现。由于复利作用，当市场在一段时间内上涨，但其间出现大幅下跌，如果你持有杠杆看多ETF，就会产生亏损。

同样，当市场在一段时间内下跌，但其间出现一些急剧上涨，如果你持有反向ETF（提供空头敞口），也会产生亏损。这正是2008年在一些反向ETF上真实发生的事情。我强烈建议人们不要期望在市场上涨时持有杠杆看多ETF，或

---

① Delta One是金融衍生品行业的重要业务类型之一，大多数的国际投行都专门设立了Delta One部门，其中高盛的Delta One业务规模常年位居行业前列。《金融时报》曾将Delta One业务形容为"投行最热门的业务之一"。

在下跌时持有看空ETF。

3. 因为这些基金可以在交易所进行交易，所以它们被对冲基金和银行用来建仓和做空。因为它们显然可以依靠创设单位来交割它们的空头，所以有一些数据表明，ETF的空头头寸高达1000%，即一些市场参与者的空头头寸是ETF的10倍。

如果ETF处于流动性不足的板块，你是否真的可以依赖于创设单位？要知道，你可能无法在流动性有限的板块中买进（或卖出）相关资产。

在过去的一周里，有人告诉我，IWM ETF（罗素2000指数ETF）的借贷成本（借入股票以进行卖空直到你通过回购平掉空头头寸为止的成本）高达每年14%。在几乎是零利率的环境中，并且应该能够通过在ETF中创设无限单位来交割标的证券，现在为什么有人要支付14%的年利率呢？

我怀疑，答案是卖空者无法创设单位，因为该ETF所处市场的流动性有限（罗素2000是美国小盘股指数）。

在一个可能无法通过回购股票来结束交易的领域，空头头寸达到基金价值的数倍之多，允许卖空的危险是显而易见的——但令人惊讶的是，在我参与的这场辩论中，各种ETF支持者竟然声称做空ETF没有这种风险。他们显然不了解自己兜售的产品，如果他们都不了解，那么散户投资者又有多人机会能够了解呢？

4. 虽然ETF被标榜为低成本，但它们也是许多基金公司最赚钱的资产管理产品。为什么会出现这种明显的矛盾呢？答案是管理ETF的费用只是一部分成本。

基金公司在ETF的合成和衍生交易中还存在隐藏成本。由于所有这些原因，我一直认为并指出过ETF肯定会被错误地销售给零售市场，并且在运营、构建、交易和持有它们时所产生的风险也没有得到充分了解。在瑞银事件之后，我认为这应该算是不争的事实。

伟大的竞争者
——"冒烟乔"·弗雷泽如何定义了一个时代

《金融时报》，2011年11月12日

> *我再也见不到像他那样的人了。*
> *——《哈姆雷特》，第一幕，第二场*

用莎士比亚的话来概括"冒烟乔"·弗雷泽的职业生涯似乎显得有些奇怪，这位前重量级冠军拳击手在本周因肝癌去世，享年67岁。

让乔·弗雷泽如此伟大的原因在于他的对手——乔治·福尔曼和穆罕默德·阿里——以及他们的较量所具有的意义。我们都应该记住，我们是由我们的竞争对手定义的。

一个拳击时代要想创造出伟大的拳击手，它至少需要有三个愿意互相争斗的竞争者。为什么只有两个不行呢？A击败B，B击败C，所以当A与C对战时，胜负就一定成定局了吗？C也许已经输给了B，但仍然可能有办法在震惊世界的冷门中击败A。

弗雷泽、福尔曼和阿里正是如此。在阿里因在越南战争期间拒绝服兵役而被剥夺冠军头衔之后，弗雷泽赢得了冠军头衔。但弗雷泽在阿里1971年复出时击败了阿里。这是阿里的第一次失利，在第15回合被弗雷泽所擅长的左勾拳击倒。弗雷泽在1973年输给了福尔曼。福尔曼于1974年在扎伊尔①的"丛林之战"中与阿里对决，阿里利用他的"倚绳"战术②，重新夺回了桂冠。

此后，一些其他拳击手成功地创造了这种戏剧性的紧张局势，其中几位竞争者进行了一系列史诗般的对决，其中最著名的是20世纪80年代中量级选手舒格·雷·伦纳德（Sugar Ray Leonard）、托马斯·赫恩斯（Thomas Hearns）、罗伯特·杜兰（Roberto Durán）和马文·哈格勒（Marvin Hagler）。但这种最好的拳击手之间的交手现在很少见了，原因在于体育赛事的电视报道及其带来的相关利益。如果一个频道预付给一位拳击手数千万美元来举办一系列比赛，它就不会让他与最佳竞争者打比赛，因为这会给投资带来风险。因此，我们仍在等待小弗洛伊德·梅威瑟（Floyd Mayweather Jr.）和曼尼·帕奎奥（Manny Pacquiao）这两个世界上最好的次中量级选手之间备受瞩目的对决。这是拳击组织机构激增的原因之一，每个机构都颁发自己版本的冠军头衔。如果世界上最好的拳击手不打算为世界冠军而战，也许他们都能得到一个版本的冠军头衔。而弗雷泽与阿里和福尔曼交手的年代，只会产生一个世界冠军。

许多运动员（现在有经纪人）从电视网络和赞助商那里捞钱，他们会发现，正如弗雷泽所经历的那样，赚钱并不是一件难事——守住财富才是难事。和他之前的许多拳击手一样，弗雷泽去世时身无分文，住在费城贫民窟的拳击馆楼上。有多少前明星银行家、交易员和对冲基金经理会在大自然的再分配机制下兴旺或衰落？

尽管在其他时期，存在过三名左右的世界级竞争者为冠军而战的情况，但阿里、弗雷泽和福尔曼之间的碰撞超越了运动本身。它们发生在美国种族隔离剧变和越南战争动荡的背景之下。这为阿里的斗争赋予了超越拳击的意义。阿里在解释他为什么拒绝入伍时说道："我和越共没有争吵。他们从来没有叫我

---

① 1997年恢复国名为刚果民主共和国至今。
② 倚绳战术（rope-a-dope），在与福尔曼的比赛中，阿里放弃了教练邓迪赛前为他制定的游动加刺拳的战术，而是决定靠在拳绳上抵抗福尔曼的重拳进攻，抓住机会反攻，最终取得了成功。

黑鬼。"

这些因素的结合意味着他们的对决要比之前或之后的更加意义重大。这几次对决有着史诗级的名字：世纪之战（弗雷泽VS阿里，1971年）、丛林之战（福尔曼VS阿里，1974年）、马尼拉的震颤（阿里VS弗雷泽，1975年）。阿里是这个星球上知名度很高的人。在有线电视和卫星直播之前的时代，如果你想观看拳击比赛，你要么去现场，要么去电影院看闭路电视直播。现在很难再看到拳击具有如此大的吸引力了，更难看到运动员拥有超越其运动本身的精神高度。

弗雷泽是这样一个非凡的人，在马尼拉的震颤赛事期间，当他的场边教练埃迪·法奇问他是否还能看到阿里时（他的一只眼睛部分失明，另一只眼睛被阿里的拳头打得睁不开了），他说："不能，但是我仍然能感觉到他。"这体现了弗雷泽的风格：始终向前进攻，足够接近以感觉到他的对手。拳击手不需要在拳台上寻找弗雷泽。他是一位真正的冠军，他永远会坚持从凳子上站起来再打一个回合。但正如一句拳击谚语所说："你需要勇敢的拳击手，而不是勇敢的场边教练。"场边教练的职责是照顾好他的拳击手，而法奇确实这样做了，其代价就是弗雷泽永远不会原谅他停止这场比赛。

也许，用与弗雷泽对战过的人——福尔曼的话作为结尾最合适不过："我想成为世界冠军，但我一直希望弗雷泽会发生一些意外。我不想和他打比赛。铃声响起，他击出了那记左勾拳，差点打中我。那听起来像一颗子弹，我很紧张。我把他击倒，我说，他现在要杀了我。我又把他击倒了，我说，哦，他现在疯了。我再次把他击倒了。我不停地把他击倒，他不停地站起来。在第六次之后，我获得了世界冠军。当他们停止比赛时，他仍在试图击败我。"

我们可能再也见不到像他那样的人了。

2011年度致股东的信

Fundsmith，2012年1月

这是写给Fundsmith股票基金投资者的第二封年度信函。Fundsmith基金于2010年11月1日成立，并于2011年10月31日完成了其第一年的运营。我们今年提供了两组业绩数据——自成立以来的业绩和上一年度的业绩。

我们仍然对短期内衡量投资业绩的做法持批评态度。即使是一年的时间也太短了——这是地球绕太阳公转一周所用的时间，与投资或商业周期没有自然联系。

然而，尽管是在短期内衡量，Fundsmith股票基金2011年在扣除费用后上涨了8.4%。该基金的表现与一些相关基准的比较如下：

	自成立以来	2011年
Fundsmith股票基金	15.0%	8.4%
MSCI全球指数（英镑）	3.2%	-4.5%
MSCI EAFE指数（英镑）	-6.1%	-11.2%
富时100指数	2.8%	-1.5%
富时精算英国金边债券指数	14.7%	15.6%

2011年该基金跑赢MSCI全球指数12.9%，MSCI全球指数是我们认为最相关的比较基准。

这对我们来说是一个很好的业绩。我们是在这样的背景下实现的该业绩：很多人逐渐意识到2008年至2009年的金融危机并未解决，而是转化为主权债务危机：如果2008年是政府拯救银行的一年，那么2011年的主要问题是谁将拯救

政府。在这种背景下，股票市场和基金普遍表现不佳也就不足为奇了。

2011年，投资管理协会（IMA）[①]全球增长板块（该基金被归类到该板块）中其他获得正回报的基金只有六只。这一年的表现使该基金在晨星全球股票基金业绩排名中位居第三。

对该基金业绩贡献排名靠前的公司分别为：达美乐比萨、菲利普莫里斯（Philip Morris）[②]、帝国烟草、高露洁和联合利华。

对该基金业绩贡献排名靠后的公司分别为：信佳集团、史赛克、通力电梯（Kone）[③]、美国BD公司和洲际酒店（InterContinental Hotels）[④]。

该基金在2011年的换手率为15%。这比我们理想中的要高，但仍显著低于大多数基金。

这一换手率的一部分是非自愿的。我们在KKR集团的现金收购结束之前卖出了德尔蒙食品，并在卡尔·伊坎[⑤]给出收购报价之后卖掉了我们在高乐氏（Clorox）中的持股，我们正确地判断出其收购报价不会导致实际收购，但将股价推高到了一个我们认为过高的估值水平。

不包括德尔蒙食品和高乐氏的交易，我们基金的换手率为4%，这更接近我们希望的水平（理想情况下为零）。

这一年唯一的自愿换手率是卖出我们在金佰利公司（Kimberly-Clark Corporation）和达美乐比萨公司的持股。在我们对资本回报率增长情况进行定期计算时，我们发现金佰利公司的情况不是很好。我们以很小的利润卖出了该股票。它们随后的基本面表现不佳，尽管其股价一直相当坚挺。我们更愿意通过财务报表而不是股价来判断我们的投资。达美乐的股价在这一年里上涨了

[①] 全称为Investment Management Association，后改名为Investment Association，投资协会，是英国投资管理行业的行业协会。
[②] 菲利普莫里斯是世界领先的跨国烟草公司之一，总部在纽约市。
[③] 通力电梯是世界上最大的电梯公司之一，于1910年成立，总部位于芬兰。
[④] 洲际酒店是一个全球化的酒店集团，成立于1777年，拥有洲际、皇冠假日、假日酒店等多个国际知名酒店品牌。
[⑤] 卡尔·伊坎（Carl Icahn），美国知名主动投资者、对冲基金经理。伊坎以凶狠的收购作风和不达目的誓不罢休的强硬性格而闻名华尔街，被称为"华尔街之狼"，但他自己更愿意被称作"激进投资者"。

113%，已经达到不再代表良好价值的水平。达美乐还对2014年到期的债务进行了再融资。达美乐的表现没有让我们对此感到丝毫担忧，但提供再融资的银行系统存在很多问题。因此，我们希望有机会再次成为达美乐的投资者。

最终结果是该基金的总费用率为1.2%。我们希望在未来能够降低这一数字。

该基金在2011年年底的历史股息收益率为2.4%。收益的股息覆盖率为2.6倍。该基金中只有一只股票目前不支付股息。这很重要：与1982—2000年和2003—2007年的股票牛市相比，股息在未来的股票总回报中显然可能占有更大的比例。

该基金目前的股息收益率可能无法完全反映其派息能力，因为一些公司还施行了股票回购。在这一年中，我们发表了一些关于股票回购的研究，其中我们得出的结论是，回购很少伴有合理的理由；无论支付的价格或隐含的估值如何，人们几乎都普遍认为回购是一件好事，并会为股东价值做出贡献，这是根本不可能的；在许多情况下，进行股票回购的时机都很差。

在这一年里，我们写信给投资组合中那些进行股票回购的上市公司的管理层，询问他们进行回购的理由。我们收到了各种回应，有迅速的、个性化的（由首席执行官回复）、理由充分的回应，也有完全忽视我们询问的。我们认为我们的投资者面临的最大风险——除了我们明显有可能购买了错误的股票或者为正确的公司股票支付了过高的价格之外——是再投资风险。因此，我们寻求买入以现金形式实现高资本回报率的公司。管理层如何处理这些现金回报是影响我们投资组合未来回报的主要因素之一。

管理层在处置这些现金回报时面临三个主要选择：向股东返还现金、为了有组织地发展业务进行投资或者进行收购。他们在这些选项之间进行选择时所用的标准很重要。他们实施每个选项的方式也同样重要。

例如，如果已经决定将部分收益返还给股东，管理层如何在股息和回购之间做出决定？在许多情况下，我们不知道，因为管理层没有给出任何详细的理由，我们怀疑答案取决于为他们提供建议的投资银行家会得到什么"好处"，如果建议公司进行回购，他们可以获得费用、佣金、买卖价差，也许还有自营交易利润，但如果派发股息，他们则一无所获。不用猜都知道，他们的建议会向哪个方向倾斜。

2011年年底，我们持有一个由24只股票构成的投资组合。

平均而言，我们投资组合中的公司成立于1894年。我们继续投资于那些在长期内表现出强大韧性的企业。

2011年年初的自由现金流收益率约为7%，年末约为5.8%。自由现金流收益率的下降是由投资组合中股价上涨、投资组合变化、投资组合公司投入的资本性支出和营运资金增加共同造成的。该自由现金流收益率的比较基准，标准普尔500指数的自由现金流收益率中位数为6.1%。顺便说一下，我们使用了中位数，因为平均值会因包含像美国银行股票这样高达76%的自由现金流收益率而扭曲。然而，在你急于购买美国银行股票之前，你应该知道银行的现金流量与非银行企业的现金流量不同。例如，在计算美国银行的现金流量时，计算中加回了从利润中扣除的坏账和减值资产准备金。这是完全正确的——准备金是非现金项目——但它意味着以这种方式将银行与其他公司的现金流量进行比较，确实就像将苹果和丑橘（ugli fruit）进行比较一样［我选择了一种在字母表上距离苹果（apple首字母为A）更远的水果，而不是常用作比较的梨（pears，首字母为P），这体现了我们对银行股的看法］。

我们投资组合的自由现金流收益率与市场平均水平大致相同。然而，在我们看来，如果说它在寿命、韧性、可预测性、毛利率、营业利润率、营运资本回报率和利润转化为现金等方面的质量不高于平均水平，这是绝不可能的。简而言之，这意味着我们拥有质量高于市场平均水平的企业股票，而其估值与市场平均水平大致相同。

2011年，我制定了一项政策，允许自己在每封年度致股东信中就与投资相关的一个主题进行一次深入讨论。我想提供一下2011年讨论的主题的最新情况。2011年，我就交易所交易基金（ETF）的风险发出了警告。接下来发生的事情甚至让我感到惊讶（我原以为面对金融服务行业的各种伎俩，我早已失去了这种情绪）。

ETF行业的从业者的反应是愤怒，这只能是由两个因素引起的：1. 我的批评是准确的和（或）触动了他们的神经；2. 它使一些人面临着失去轻松赚钱的美差的危险。

一些ETF从业者指出，我之所以批评ETF，是因为担心ETF的增长会对整个主动基金管理行业，尤其是对Fundsmith基金产生影响。这种回应不仅是错误的，而且是荒谬的，有以下两个原因：

1. Fundsmith基金在主动基金管理行业中的市场份额非常小，小到计算器小数点后面0的数量之多以至于计算器都显示不出来。ETF可能会继续增长到取代大多数主动基金的程度，使Fundsmith基金在主动基金行业中的份额中仍然微不足道，因此它们不太可能影响到我们。

2. 长期以来，我一直公开认为，大多数时候对大多数投资者来说，最好的股票投资是指数基金，因为它的成本低廉，而且其表现优于大多数主动型基金经理。

为了清楚起见，我对ETF的批评是：

1. ETF几乎肯定会被错误销售。我对投资专业人士的初步调查表明，许多投资者认为ETF只是指数基金。但实际上许多ETF并不是指数基金。合成型ETF不持有它们应该复制的市场或行业的相关股票。即使其跟踪的市场板块下跌，反向ETF也可能会亏损，而杠杆看多ETF则在其市场或行业上涨时可能会亏损。这些都与简单指数基金的表现不一致。

2. 合成型ETF尤其值得关注。如果一只用"合成""衍生""掉期"和"交易对手"等词汇来描述的基金没有让你感到担忧，我建议你多仔细研究一下过去四年的信贷危机事件。

3. 因为ETF可以在市场上交易（与共同基金不同），交易者可以卖空。依靠在ETF中创设更多份额以完成对这些空单的平仓，某些ETF的空头头寸甚至达到了相关ETF资产规模的十倍。在这种情况下，普通ETF投资者可能不知道他们持有的ETF中只有10%是他们期望的资产类型——另外90%是卖空者承诺交割的单位。一切都会运行良好，除非卖空者发现很难或不可能购买足够的标的证券来交割所需的ETF份额，而这在一些流动性差的指数或行业ETF中是完全可能的。

我对ETF发出警告之后，英格兰银行、英国金融服务管理局、国际货币基金组织和美国证券交易委员会等机构也陆续发出了警告——这是一个罕见的"羊未亡，先补牢"的例子。虽然监管机构在信贷危机之前对金融部门的宽松监管受到了很多批评，但是由于这些警告而批评他们是不礼貌的，而忽视这些警告则是愚蠢的。

在这场辩论中，我发现ETF的另一个问题变得愈加明显。ETF通常代表着低成本投资。然而，2011年发表的研究表明，ETF是一些银行最大的利润来源之一。这似乎有悖常理：低成本产品如何成为主要的利润来源呢？答案当然是合成型ETF为银行提供了无数从ETF中"赚取好处"的方式。ETF投资者支付的费用仅占运营ETF所获得的总收入的很小一部分。他们还交易ETF，提供持有合成头寸的掉期合约（我想知道谁能算出银行是否提供了一个公平的价格？），并可能赚取杠杆、主要经纪、托管和注册服务费用。银行还为想要交易ETF的对冲基金和交易员进行交易。从这个角度来看，我开始意识到为什么我对ETF的批评会引起如此大的愤怒。

我对这个问题的建议很简单。宽基指数基金通常是你可以在股票市场上进行的最佳投资。但是，如果你认为这是正确的，请精准地购买指数基金，而不是ETF。实物ETF（坦率地说，这是你应该考虑的唯一类型，除非你喜欢交易对手风险和合成衍生品掉期风险）和指数基金之间的唯一区别是ETF可以在市场上进行交易，就像其名称中"交易所交易"所指的那样。我看到的每一项研究以及我所有的经验都表明，频繁交易是良好投资业绩的敌人。那么为什么要去购买ETF而不是指数基金呢？你可以每天交易大多数指数基金。唯一想比这更频繁地进行交易的人是对冲基金、高频交易者、算法交易者和傻瓜（这些术语并不相互排斥）。为什么要加入他们呢？如果你不想要主动管理，而且大多数情况下你也不应该进行主动管理，那么请购买指数基金。

2010年，Fundsmith基金还推出了SICAV[①]和美国LLP[②]。这些都不会影响你对Fundsmith股票基金的投资，但我认为你应该了解这一点，这让我有机会提出另一个主题——货币。

SICAV以欧元计价，位于卢森堡。它是一只所谓的"子"基金——它持有的唯一资产是Fundsmith股票基金中的单位。美国LLP以美元计价，位于特拉华州，其投资策略与Fundsmith股票基金完全相同，但不能作为子基金运行。

我们根据投资者的需求推出了这两只基金。美国投资者在投资英国基金时会面临巨大的税收劣势，因为英国基金无法发放用于美国国家税务局报告的K1表格，而离岸投资者想要一个非英国的投资工具。但在这两种情况下，以英镑以外的货币计价的基金面值都不会影响投资的货币敞口。

投资者经常问我们是否对冲货币。答案是坚决"不会"。我们会怎样做？我们是否应该以公司上市所在国家的货币为基础？这显然行不通。公司上市所在国家与其经营地区之间可能没有联系。其注册地或总部所在的国家与其经营地区之间可能也没有联系。雀巢（Nestlé）是我们在说明这个问题时经常引用的一个例子。尽管它的总部设在瑞士，在瑞士上市并以瑞士法郎发布报告，但它只有大约2%的收入产生于瑞士，因此通过卖出瑞士法郎兑英镑远期合约对冲我们的持股肯定达不到对冲目的。公司以不同于其总部或上市所在国家/地区的货币发布报告也是为大家所知道的。

也许我们应该根据每家所投资公司获得收入所在的国家/地区对冲货币？

---

① SICAV, société d'investissement à capital variable, 可变资本投资公司，是指在法国和卢森堡注册的，可发行包括对冲股份在内的不同类别的股份的投资公司。可变资本投资公司以发行股票的方式向投资者募集资金，并将所募资金依法进行证券投资。投资公司的资本即为公司的净资产值。投资者（股东）可随时要求以净资产值购买和赎回投资公司的股票，因此投资公司的资本也会随之变化。按照规定，可变资本投资公司的原始资本不应低于5000万法国法郎。
② LLP, Limited Liability Partnership, 有限责任合伙（公司），企业除了必须至少有一位合伙人要对企业承担无限的连带责任外，其他不参加企业实质运作的股东可以为有限责任合伙人，这部分股东仅以其出资额或保险责任为限对公司债务承担有限责任。

这种方法有两个问题。首先，大多数公司供应低价值商品，因此在本地或至少在区域内制造和销售。没有哪家公司出口大量笨重的低价值商品，例如洗涤剂。因此，风险敞口（如果有的话）仅与利润率有关。其次，公司财务主管可能已经为这些利润的转换和（或）传递进行了货币对冲，因此我们的任何货币对冲实际上都会造成风险敞口。

关于货币敞口和对冲有很多荒谬的观点。我们以欧元和美元计价的新基金不会改变这些基金的货币风险，这些风险是由相关投资驱动的。对于那些不相信这一点的投资者，我们准备推出一个新的基金类别，该基金会每年将其货币面值转换为表现最差的货币。2011年，它就是以土耳其里拉计价——已经上涨32%。但是，由于你在卖出基金单位时会收到这种贬值的货币，因此你不会变得更加富有。如果你认为你会变得更富有，请告诉我们，我们将设立该基金的货币幻觉（Money Illusion）类别。

我们带着一些不安来看待未来的一年。金融危机的许多主要参与者似乎还没有意识到，你无法通过借贷和消费来摆脱过度杠杆造成的危机，而且没有比政府更高的权力机构（其信用目前存疑），政府可以提供更多资金以提供无痛的"解决方案"，甚至可能是暂时的喘息机会。这一现实的曙光肯定会产生一些非常痛苦的后果。

相比之下，雀巢的信用违约掉期在一段时间内一直低于欧洲政府和美国财政部债务违约的保险成本。我们并非相信市场永远是正确的，但这确实表明，如果你有足够的耐心、毅力和流动性能经受住股价的波动（在这样的环境下波动是很可能发生的），持有大的、融资保守的公司的股票是相对安全的，这些公司从大量日常的、稳定的小额商品消费中获利。这正是我们基金的投资目标和投资方式。

交易员是零售银行的毁灭者

《卫报》,2012年7月1日

  市场爆出巴克莱银行交易员一直在操纵伦敦银行同业拆借利率的消息,英国银行家协会对此的反应——他们自称感到"震惊"——让人想起电影《卡萨布兰卡》中的场景,雷诺上尉关了里克的店并说道"我很震惊,这里有赌博",而同时将他赢的钱收了起来。

  如果英国银行家协会真的不知道正在发生的伦敦银行同业拆借利率操纵行为,那么它的官员需要多出去看一看。鉴于巴克莱银行的董事长同时担任英国银行家协会的主席,这让英国银行家协会的声明看起来更加荒谬,而且如果发现更多银行从事这种做法并且发现其他基准利率受到操纵(看起来很可能),那么它的声明将越发令人难以置信。

  一位伟大的银行家,已故的布赖恩·皮特曼爵士(Sir Brian Pitman)曾经说过,大多数银行都能很好地为其员工服务,但很少能为客户或股东服务。毫无疑问,他是对的,就像他对大多数事情的看法都是正确的一样。但是我们应该从这个最新的案例中得出什么结论呢?

  首先,反对将零售银行和投资银行分开的论点是站不住脚的。现在它们肯定无法回答。只要我们允许投资银行交易员参与零售银行业务(这是经济基本功能——信用创造和支付系统——的核心),交易员就会压倒零售银行家,结果将损害重要的零售银行业务。我们在导致信贷危机的原因中看到了这一点,当时投资银行家设计了一批包含大量字母代码的有毒产品——CDO[①]、CLO[②]、

[①] CDO(Collateralized Debt Obligation),指担保债务凭证。
[②] CLO(Collateralized Loan Obligation),指担保贷款凭证。

CDO-squared[①]——并将它们出售给银行的客户。交易员参与操纵伦敦银行同业拆借利率的行为,让我们再次看到了这一点。

需要采取什么措施呢?英国和美国必须通过《格拉斯-斯蒂格尔法案》[②](1933年大危机后通过的银行法案,规定将商业银行和投资银行分开)并将零售银行和投资银行分开。维克斯[③]委员会提出的"围栏"[④]将不起作用。正如这次伦敦银行同业拆借利率丑闻所表明的那样,人们会找到越过、钻入和绕过"围栏"的方法。似乎唯一游说反对这种分离措施的人是银行家。我们为什么会听他们的游说呢?政府在这方面失败了——它与企业的密切关系使它能够被那些投资银行家的特别诉求所说服,而那些投资银行家正在经营着我们的众多银行。

其次,我们需要废除金融大爆炸(Big Bang)[⑤]允许银行、投资银行和经纪公司的业务相融合的一些政策,这些政策允许它们为自己的账户进行交易并同时充当客户的代理。在这样的组织结构中,客户总是处于不利地位。

此外,我们需要吸取关于应该允许谁经营银行的重要教训。绝不应该允许交易员经营银行。交易员倾向于短期交易,他们的"近视"导致他们为了短期利润而做事,从长远来看,这可能会导致毁灭。在我看来,每家让交易员负责管理的银行都有破产的风险。不信可以看看所罗门兄弟、贝尔斯登和雷曼的例子。

回顾英国银行在投资银行业务冒险之后陷入问题之前的时代:他们的领导来自零售银行背景——像苏格兰银行的布鲁斯·帕图洛和彼得·伯特,汇丰银行的威利·珀维斯,渣打银行的马尔科姆·威廉姆森,当然还有劳埃德银行的布莱恩·皮特曼。他们是银行王国的骑士,从来没有出现过任何有损他们荣誉的问题。他们是真正的银行家,这是一种赞美。

---

① CDO-squared,指双重担保债务凭证,是一种CDO中的CDO,其资产池系由其他的CDO所构成。
② 1999年,美国废除了1933年制定的《格拉斯-斯蒂格尔法案》有关条款,从法律上消除了银行、证券、保险机构在业务范围上的边界,结束了美国长达66年之久的金融分业经营的历史。其结果是商业银行开始同时大规模从事投资银行的活动,如花旗集团和摩根大通。
③ 约翰·维克斯(John Vickers)是英国银行业独立委员会(Independent Commission on Banking)主席。
④ 即通过把零售银行业务和投资银行业务隔离开的结构性改革来有效隔离风险,维护储户等债权人利益。
⑤ 金融大爆炸是指英国在1986年由撒切尔政府领导的伦敦金融业政策变革。该变革旨在大幅度减少监管。改革后,外国财团被允许购买英国上市企业,伦敦金融城的投资银行和经纪公司的构成和所有权发生了翻天覆地的变化。

华尔街大崩盘的教训

《独立报》，2012年10月24日

哲学家乔治·桑塔耶拿（George Santayana）说过："那些忘记历史教训的人注定要重蹈覆辙。"我们正处于2007年开始的金融危机的第六个年头，正在经历的问题不禁让人想起大萧条（The Great Depression）时期，经济增长缓慢、失业率高启、通货紧缩，以及严重受损且依然摇摇欲坠的银行系统。

因此，评论员和政策制定者会从大萧条时期吸取教训，了解应该做什么和应该避免什么，这并不奇怪。

然而，为了从大萧条中吸取教训，我们需要牢牢把握当时的背景。我听到或读到的大多数评论都是这样的："大萧条是由华尔街崩盘引发的，它本身就是自由资本主义的结果。由于政府未能采用后来被称为凯恩斯主义的措施来刺激需求和坚持金本位制度，导致大萧条进一步加剧。当富兰克林·D.罗斯福上任并实施罗斯福新政时，美国才开始从大萧条中复苏过来，因为这些凯恩斯主义方法刺激了需求。"

可悲的是，这样的评论更多的是神话而不是现实。首先，认为放任式的自由市场政策是大崩盘和随后大萧条的根本原因的想法与现实相去甚远。事实上，在罗斯福上任之前，也就是1932年之前，时任总统赫伯特·胡佛的经济政策被罗斯福批评为"鲁莽和奢侈的支出"和"认为我们应该控制华盛顿的一切"，他在1930年引入了《斯穆特-霍利关税法》（Smoot-Hawley Tariff），阻止了许多进口。美联储始于1929年的货币供应急剧收缩，自1928年以来的利率上升导致并加剧了大崩盘的影响。这不仅仅是资本主义或自由市场的失败。它得到了政府的很多帮助。胡佛政府是干预主义的，而不是放任式的，它的干预造成了问题并使事情变得更糟。

但在罗斯福说"除了恐惧本身，我们无所畏惧"（这不是原创——这是从19世纪作家亨利·梭罗那里引用的一句话）之后，这一切肯定会有所改变吗？当政府年收入为30亿美元时，罗斯福宣布支出100亿美元，政府支出在1933年至1936年间增长了83%，而联邦债务增长了73%。

同时，实施了许多拖累经济活动的措施。引入最低工资的《社会保障法》将许多不熟练的工人排除在劳动力市场之外。《农业调整法》导致农作物和牲畜遭到破坏。国家复苏管理局（NRA）大大增加了企业经营成本：缩短了工时，提高了工资。夜间工作被禁止。引入了五百个NRA代码，管理从内衣到避雷针的各种物品的生产。所谓的"残酷"定价被禁止——一名裁缝因按35美分而不是NRA规定的40美分熨烫一套西装而被判入狱。这些反竞争和官僚措施会如何促进经济活动，这是一个谜。最终结果是，在NRA生效后的六个月内，工业生产下降了25%。

与此同时，罗斯福的民政工程署（Civil Works Administration，CWA）从事着一些毫无意义的活动，例如研究安全别针的历史和使用气球吓唬鸟类远离公共建筑。当民政工程署成为公共事业振兴署（Works Progress Administration，WPA）时，类似的无意义活动还在继续，例如对菠菜的烹饪方法进行编目。

这些措施远远没能结束大萧条，反而延长了它的持续时间——阻止劳动力寻找真正的工作。

随之而来的是一系列反商业和"榨取富人"的税收规定。所得税的最高边际税率先升至79%，然后升至90%，个人免税额降至每年600美元，遗产税升至70%，赠与税升至52.5%。还提高了公司税，对未分配利润征收附加税。

不出所料，1938年经济再次陷入萧条，1937年至1938年股市再次腰斩，这几乎不可能是自由资本主义的结果。罗斯福的追随者声称这是由于最高法院宣布国家复苏管理局为不合法，并过早地试图削减开支和平衡预算。但据估计，由此导致的GDP减少量仅占1%左右，这个数值太小了，根本不会引起问题——就像现在紧缩政策不可能成为导致英国问题的原因一样。自联合政府上台以来，政府支出继续不可阻挡地增加。

到1941年战争爆发时，失业率仍为17%。凯恩斯主义政策的两个总统任期几乎没有胜利可言。

那么是什么让美国摆脱了大萧条呢？是第二次世界大战吗？美国的参战是独一无二的。引用罗斯福的话，美国直到战争开始两年后才加入战争，这使美国能够从盟国的重整军备中受益。即使在参战时，它也没有像其他盟国那样遭受资产和基础设施的破坏，除了珍珠港袭击以外，因此在重整军备的需求方面享有所有好处，也没有由其他参战方导致的破坏。

战争之后是杜鲁门政府，其反商业政策远不及罗斯福政府。这些因素的组合是复苏的原因。

如果我们不想重蹈覆辙，就必须从历史中吸取教训，但如果历史经验被大量编辑以适应偏见，那么我们将一无所获。我们需要被告知真相。

环法自行车赛对于投资的启示

《金融时报》，2012年11月23日

今年的环法自行车赛经常上新闻，英国人首次赢得了环法自行车赛冠军。兰斯·阿姆斯特朗（Lance Armstrong）因涉嫌使用兴奋剂而被剥夺了冠军头衔。

你可能会问这与投资有什么关系。巡回赛至少可以为成功投资提供一个重要的教训。明年将举行第100届环法大赛，但从未出现过赢得每个赛段冠军并最终夺得总冠军的车手，将来也永远不会出现。

那是因为赛车手就像投资产品一样，是为不同的目的而打造的。想象一下，比赛中的主车团就像大量的指数基金。在每个阶段（季度或年度），它都会产生一个冠军，但每个阶段的冠军都在不断变化。在高山阶段，爬坡手是那些在不利的市场条件下表现出色，但在疯狂的牛市中表现不佳的防御性基金。冲刺手是专为速度而生的高频交易者。杠杆和衍生品相当于投资领域的EPO（促红细胞生成素）和类固醇——它们可以提高业绩，但需要付出代价，并增加风险。

赛事分为三个不同的阶段。在平地阶段，骑手聚集在主车团中，通过紧跟周围骑手的方式来节省体力并获得优势。

在计时赛阶段，骑手使用三杠握把的赛车，他们将手臂放在上面，这样他们的姿势就更加符合空气动力学。他们穿紧身衣是因为他们不能像在主车团那样紧跟周围骑手。他们单独出发，所以是对骑行能力的考验。

然后是强度剧烈到感觉肺快炸裂的山地阶段，车手必须在阿尔卑斯山通道和道路上骑行。在这个阶段，主要考验耐力。

没有哪位车手能够拥有全面的身体素质并赢得所有三种赛段的冠军。获胜的方法是在一种赛段表现出色，在其他赛段也并不差，并且需要与你的团队密切合作。

寻找能够在所有报告期和不同市场条件下跑赢市场的投资策略或基金经理，就像试图寻找能够赢得巡回赛的每个赛段冠军的骑手一样毫无意义。但这正是许多投资者所做的事情。我们坚持在每个报告期内检查我们基金的表现，每个季度检查一次，有时当基金经理表现不佳时退出市场。

必须要对投资业绩在一个时间段的表现进行衡量，这是合乎情理的。但一个季度太短，无法合理判断业绩，甚至一年也只是地球绕太阳公转一周的时间。这么短的时间无法有效衡量任何企业或投资的业绩。要想评估投资策略或基金，你需要在牛市和熊市的整个经济周期中查看其结果。

有大量证据表明，当投资者在基金和投资策略之间进行切换时，他们选择的时机几乎总是错误的。以捐赠基金和养老基金受托人的形式存在的专业投资者，他们与散户投资者犯了同样的错误。他们经常在业绩不佳的情况下抛弃基金经理，结果后来发现这些基金经理恢复了他们的盈利能力，而他们所选择的那些基金经理又开始表现不佳。这就像天空车队放弃了一个未能赢得山地赛的骑手，却看到他在计时赛中获胜一样。

表现更糟糕的是那些依赖于择时交易因素的策略。俗话说，市场中只有两种投资者：无法把握市场时机的投资者，以及不知道自己无法把握市场时机的投资者。和巡回赛一样，投资是对耐力的考验，赢家将是找到好的策略或基金并坚持执行或持有的投资者。

2012年度致股东的信

Fundsmith，2013年1月

这是写给Fundsmith股票基金投资者的第三封年度信函。我们今年展示了三个时期的业绩数据——上一年度的业绩、自成立以来的业绩、年化回报率。

总回报（%）	2012年	成立至2012年12月31日	年化
Fundsmith股票基金（英镑）	12.5	29.4	12.6
MSCI全球指数（英镑）	11.4	14.8	6.6

我们仍然对短期内衡量投资业绩的尝试持批评态度。即使是一年的时间也太短了。这是地球围绕太阳公转一周的时间，除了农业企业以外，与投资或商业周期没有自然联系。

然而，在一年的时间限制条件下，我们在2012年的表现如何呢？

该基金在2012年上涨了12.5%，跑赢市场1.1%（我们以英镑计价，在股息再投资情况下的MSCI全球指数作为比较基准）。

非常让我吃惊的是，我们在本报告期内的表现居然优于市场。2012年是所谓的风险资产表现良好的一年。在这一年里，发达国家的主要央行通过量化宽松计划提供越来越多的流动性，越来越拼命地试图保持适度的经济增长，这并不令人感到意外。所有这些流动性都必须流向某个地方。央行购买债券提供的流动性有助于推动投资者购买风险更高的资产，有着创纪录低利率的政府也是如此，并且更快出现。

在这种环境下，我没有预料到我们的基金相对于市场表现良好，因为流动性的上升浪潮浮起了所有的船，其中的许多股票我们并不会考虑持有。

另外，有人认为这一年的特点是：一些承诺或（更少见的）行动帮助我们解决了自2007年以来一直存在的金融危机。这个观点在我看来有些天真。我看不出流动性可以解决因过度杠杆和破产造成的危机。《金融时报》宣布欧洲央行行长马里奥·德拉吉（Mario Draghi）为年度人物，这一事件就说明了我的观点。事实是德拉吉先生在7月份承诺"不惜一切代价"拯救欧元，随后他什么也没做——然而欧洲主要问题国家，尤其是西班牙的借贷成本却下降了，欧元区危机得到了缓解。

这取决于你的看法，这要么是央行行长完美行为的一个例子——仅仅威胁采取行动就能产生预期的结果——要么是另一个搁置潜在问题的例子。不用猜就知道我持有哪种观点，但无论如何，对此类事件的积极反应更有可能提振金融股、周期性公司、那些可能破产或至少陷入困境的公司的股价，以及我们永远不会在基金中持有的一系列资产的股价。例如，2012年，以英镑计价股息再投资的MSCI世界银行指数上涨了22.3%。我们不持有任何银行股，也永远不会持有。《金融时报》还报道称，一些对冲基金在2012年通过投资希腊债券将资金翻了一番。显然，这种要么双倍下注要么退出的交易永远不会吸引我们。很难理解会有基金经理希望持续重复此类交易从而去冒险。这大概就是汇丰银行报告的，有88%的对冲基金，在2012年的表现低于其相关基准的原因之一。由于这类资产表现良好，我希望你能理解为什么我对我们基金跑赢市场感到惊讶。

还值得记住的是，我们并不寻求在每个报告期或所有市场条件下都跑赢市场。相反，我们寻求在更长的时间内跑赢市场和其他基金。

我使用的类比是环法自行车赛，2012年，一位英国骑手（现在的"爵士"布拉德利·威金斯）首次赢得了环法自行车赛。这是最伟大的自行车巡回赛，包括23天赛程和21个赛段。自环法自行车赛首次举办以来的100年中，从来没有哪位骑手能够在巡回赛的每个赛段都赢得冠军。在我看来，将来也不会有人能做到这一点。这是因为巡回赛包含三种不同类型的赛段：

1. 平地赛，由骑手组成主车团，骑手可以通过紧跟前面骑手的方式（或跟随一位骑手）获得重要的空气动力学上的帮助。一个车队可以在主车团中配备一名冲刺手（如马克·卡文迪什），并在最后的冲刺阶段保护他脱颖而出，以赢得这个赛段的冠军。

2. 计时赛，骑手单独出发，不能互相帮助。为了最大限度地发挥自身的空气动力学效率，骑手们使用三杠车把，穿着连体紧身衣，戴着流线型头盔，并且经常采用实心后轮和宽轮辋的前轮。这个赛段是对个人骑行能力的考验。

3. 山地赛，以团队形式参赛但涉及大量爬坡，这与有大量平地的主车团阶段不同。

骑手需要非常不同的身体素质才能作为冲刺手赢得计时赛或者作为爬坡手赢得山地赛——布拉德利·威金斯与马克·卡文迪什之间的区别——这就是为什么没有人能赢得所有赛段。赢得巡回赛的骑手很可能是擅长某一项目的人——威金斯是一名计时赛选手，他在2012年奥运会上也获得了该项目的金牌——而且在其他赛段也不能表现太差，并且需要得到其车队的帮助。实际上，有两次巡回赛的冠军被没有赢得任何一个赛段的骑手获得。

在我看来，这对投资者来说具有启发意义。我们希望通过Fundsmith基金实现的目标是为你赢得环法自行车赛的总冠军——在很长一段时间内跑赢市场。但是，我们不希望在所有时间或在所有市场条件下都能跑赢市场。相反，我们的预期是，我们将在熊市条件下表现相对较好，而在更看涨的市场条件下可能难以跟上市场步伐，这就是为什么我会对我们在2012年跑赢市场感到惊讶，尽管只是稍微胜出。

重要的是，我们的投资者能够认识到这就是我们的目标。投资者常常寻求找到那种能够在所有市场条件下始终表现出色的基金经理。问题在于不存在这样的人。但是，在试图寻找这个神话般的生物的过程中，一些投资者在基金经理之间转移资产，产生成本，并且频繁地抛弃投资风格与当前市场表现不一致的基金经理,转而选择最近表现良好的基金经理,并轻易地改变持仓。

说了这么多,我们如何赢得巡回赛总冠军呢?自成立以来,我们的基金以英镑计价的年化回报率为12.6%。比较基准MSCI指数的年回报率为6.6%。这似乎是我们投资巡回赛的一个令人满意的开始。

自成立至2012年12月底,我们的基金一直是IMA全球板块中表现最佳的基金。

2012年对该基金业绩贡献排名靠前的公司分别为:洲际酒店、欧莱雅、利洁时、通力电梯和帝亚吉欧(Diageo)[1]。

对该基金业绩贡献排名靠后的公司分别为:宝洁、麦当劳、帝国烟草、美国BD公司,以及一家我们正在买进的消费品公司,因此目前最好不要透露其名称。麦当劳只占很小的持仓,因为在报告了多个销售业绩不佳的时期之后,它最近才进入我们的估值范围。我们相信这是我们寻求的优质企业,因此愿意利用这一机会买进股票。一家以1美元的价格出售一些餐食的企业销售增长遇到困难,这可能值得思考其蕴含的意义。显然,这不是因为消费者觉得自己挺有钱以及消费升级。

该基金在2012年的投资组合换手率为0.48%。因为这一时期的资金流入,让这个数字更好看,这一时期的资金流入并不包括在计算中(否则一只新基金因投资现金流将有100%的换手率),但即便如此,这个数字也非常低。

我们在这一年中唯一的卖出是瑞士检测公司SGS[2]。我们仍然相信它和该行业是优质业务,但其股票已成为我们可投资范围中估值最高的股票之一,因此我们认为可以找到其他具有更好估值的公司。

2012年年末我们共持有28只股票,高于2011年末的24只,接近我们持股数量的上限,但我们正在卖出一只持股,这将降低这一数字。

我们今年买入的是精选酒店(Choice Hotels)、达美乐比萨、麦当劳、Visa

---

① 帝亚吉欧是全球领先的高档酒业集团,业务横跨蒸馏酒、葡萄酒和啤酒三大品类。
② SGS是国际公认的检验、鉴定、测试和认证机构。

和前面提到的那家消费品公司。我们购买的达美乐可能是最需要解释的，因为我们在前一年卖掉了这只股票。那次卖出的部分原因是对达美乐债务再融资的担忧，之前这项融资被推迟了。我们认为这是银行市场中的一个不好的迹象，就像一部卡通片中的情节，一个男人坐在银行经理面前（你能看出来，因为桌子上有一个标语写着"银行经理"），他说："我想借点钱。"银行经理回答说："太巧了，我们也是。"达美乐显然没有错，但它再融资所依赖的银行业却有很多错。

结果，达美乐证明我们完全错了。它不仅设法进行了再融资，而且它融资的条件使其能支付每股3美元的特别股息。所以我做了在出错时应该做的事情（但我们所有人都很少能做到）：

1. 承认错误（最重要的是对自己）。

2. 撤销决定。

所以我们买回了达美乐。

幸运的是，在再融资之后，该股有一段时间股价疲软，这使我们能够以合理的价格买回，但坦率地说，这并不重要，重要的是当我们买回这些股票时，它们是否仍然具有良好的价值，我们相信它们是。在买回之前等待股票跌破当初的卖出价格，这始终是一种错误的策略，或者更常见的错误是，等待亏损的股票恢复到盈亏平衡之后再卖出。正如我喜欢说的那样，股票不太可能遵循你想要的模式，因为它们不知道你是否持有它们，也不知道你以什么价格买入或卖出。

达美乐的交易符合几条经验原则，但主要的一条是，几乎每次我们卖出一家优质公司的头寸时，其随后的股价表现就会让我们感到后悔。好消息是我们不会经常这样做。

下面我们要提到的是一个更广泛的话题，也就是该基金承担的费用。除了年度管理费用以外，本年度的持续费用数字可能为16个基点或0.16%。与2011年的数字相比，下降了4个基点。这些费用往往被投资者和其他基金经理忽略。

但是，与所有费用一样，它们会降低基金的业绩，这值得适当关注，并应该尽量减少。该基金的表现只能接近于其所持有股票的表现——而且，如果业绩被费用所抵消，投资者的回报将受到影响。

基金承担的这部分费用主要是管理和维护股份登记册的费用。这些成本是由股东和交易的数量决定的。我们将继续专注于降低这些费用，确保基金随着规模的增长而受益于规模经济，并且不会仅仅因为规模的增长而为服务支付过高的费用。如果基金保持目前的规模，我们预计2013年持续费用数字将再下降3个基点。

或许令人惊讶的是，持续费用数字并未包括该基金当年支付的所有费用。股票买卖所支付的佣金不包括在内，也不包括交易中产生的印花税或买卖差价。在这一年里，该基金支付了231,000英镑的佣金——不到总交易价值的4个基点。这些交易中的绝大多数是由于资金流入该基金。剔除资金流入造成的交易佣金，自愿执行的交易所支付的佣金金额低于平均管理基金的0.01%。相比之下，英国共同基金经理预计平均每年产生约1%的费用，不包括印花税。

谈到我们投资组合的特征，我最常被问到的一个问题可能是，该基金中的大多数股票迄今为止表现强劲，这是否意味着它们现在被高估了。

投资组合中公司的加权平均自由现金流收益率——我们的主要估值标准——年初约为5.8%，年末约为5.7%。

这个5.7%的自由现金流收益率，可与以下基准进行比较，标准普尔500指数中非金融股的收益率中位数约为6.1%，平均值为5.4%；富时100指数中非金融股的中位数为4.6%，平均值为4.9%。因此，在此基础上我们股票的估值看起来与平均水平大致相同或略好（更便宜）。

该自由现金流收益率也明显高于政府债券的收益率，后者以前被称为无风险利率（在投资者开始重新了解政府违约之前）。这一点很重要。这些债券的票息不会随着时间的推移而增长，而我们所持有公司的自由现金流却可以。因此，如果我们能够以高于债券收益率的自由现金流收益率购买它们，那么我们可能已经创造了价值。

我们或许不应该将投资组合的自由现金流收益率与主要政府债券的收益率进行比较,重点在于我们选择的债券收益率应该处于何种水平,因为发达国家的政府债券收益率受到了量化宽松政策的扭曲（其中受政府控制的中央银行是债券的主要买家甚至唯一买家）。我们假设政府债券的收益率至少需要比预期通胀率高出1%才能吸引理性的投资者,因此我们仅在公司的自由现金流收益率等于或高于所需债券收益率的情况下才寻求投资于这些公司。

我们投资组合中的公司的年均资本回报率约为32%,相比较的标准普尔500指数和富时100指数中的非金融股年均资本回报率约为20%。考虑到我们投资组合公司的寿命和韧性,我认为我们可以保持信心,我们持有基本面表现优于平均水平的股票,这并没有完全反映在它们相对于债券或其他股票的估值中。

令人惊讶的是,我们可以以合理的甚至便宜的估值购买优质公司的股票,因此预期将产生卓越的投资业绩。我写了一篇简短的研究文章来解释这个问题,这篇文章的标题为"无回报风险"（Return-free risk）。标题并没有打错字,而是一个双关语。作为投资者,我们被告知要获得更高的回报,你必须承担更高的风险,但许多证据与这一假设相矛盾。事实是,在大多数情况下,投资可预测的高质量公司能够比投资规模更小、风险更大、更不确定的公司获得更好的回报。但似乎人类渴望沉浸在兴奋中,寻求高难度的投注而不是最可取的投注方式,并且希望参与复杂的投注,例如四串一（Yankee,定义为4个投注项目,由11个独立的赌注组成：6个二串一、4个三串一和1个四串一）。你能否准确计算出此类投注的赔率是否公平,对你有利还是对庄家有利？如果你不能,那么庄家就有优势。对于庄家来说,可以阅读"市场"。原理是一样的。

在Fundsmith基金,我们所获得的兴奋感并不是来自一种错觉,即我们发现了一项其他投资者没有发现的投资,也不是来自获得了一次小概率的成功,而是来自提供可预测的卓越投资回报。

我们投资组合的自由现金流收益率的边际下降是由于投资组合中的公司的

股价上涨几乎被我们公司产生的每股自由现金流9.6%的增长所抵消。

总的来说，我们更愿意我们股票的股价表现跟踪公司潜在的自由现金流表现，因为估值增加导致的业绩提升是一个有限的游戏，而且在很长一段时间内也趋于平均，并且我们打算长期运行该投资组合。

同样，我们更希望我们投资组合公司的自由现金流增加来自营收增长，尽管这些现金流来自那些能够保持良好价格和高销售利润率的公司。然而，在我们所处的低增长环境中，自由现金流的增长越来越多地是成本削减和（或）股票回购的结果。即使以为剩余股东创造价值的方式执行股票回购（但情况并非总是如此），这些也是有限的增长来源。但是，在这种情况下，最好投资于能够通过这些方式保持每股自由现金流增长的公司，而不是不能保持增长的公司。

该投资组合的历史股息收益率为2.3%，我们预测预期股息收益率为2.5%。收益的股息覆盖率仍为2.6倍。股息收益率是投资回报的重要因素。从长远来看，与股价升值相比，它对股票业绩的贡献比例更高。但我要告诫投资者，不要盲目追求更高的收益率。

目前创纪录的低利率和债券收益率让投资者不顾一切地追求收益率。投资行业随时准备提供产品以满足投资者的任何渴求，但这并不总是对投资者有利。随着被认为是避风港国家的政府债券收益率降低至零，投资资金开始流向垃圾债券和新兴市场债券等风险较高的债券。美国高收益债券或垃圾债券的收益率在2013年初跌至6%，为有记录以来的最低水平。新发行的基金蓬勃发展，主要集中在高收益房地产投资信托基金以及投资于能源股票和管道公司的所谓的业主有限合伙企业（我想知道有多少投资者了解它们的运行原理）。即使是担保贷款凭证也在卷土重来，它是引发信贷危机的有毒工具的一部分，它在2012年的发行量增加了两倍。我们遗忘得可真快。

股票投资者也远远未能免于这种趋势。对于许多投资者来说，通过投资于那些投资高收益股票的收益基金来满足对收益率的追求，这可能是一个错误。

在一定的收益率水平下，所发生的事情就是，投资者所投资的部分资本价值被作为收益返还给了投资者，并对其征税。IMA全球股票收益板块的所有收益基金（除了一只基金例外）都不是从其收益扣除费用，而是从资本中扣除费用，以最大限度地提高其声明的收益率。这有一些明显的缺点，其中最重要的就是它使投资者的纳税额最大化，因为所得税高于资本利得税，并且更难以避免或延迟。同时这夸大了收益率，这对基金具有明显的营销优势。

我们认为投资者不应仅仅关注收益率，而应关注他们从股票或投资组合中获得的总回报，并且不应将股息收益率作为他们能够定期从基金中提款并支出的确切指标。为此，我们最近为Fundsmith基金投资者推出了一种定期提款工具，让你可以在不涉及股息收益率的情况下，从基金投资的定期收入中提取任何你想要的数额。我相信，比起购买高收益率但可能整体回报不佳的股票，并通过从资本中扣除费用夸大基金的收益率，这是解决这一需求的正确方法。基金经理发明出一种让投资者更容易提款的方法，这似乎是一个奇怪的创新，所以我怀疑其他基金经理也会这么做。

我们投资组合中的公司平均成立于1902年——2011年的是1894年。显然，我们购买的一些公司缩短了我们公司的平均寿命，这导致平均值进入了20世纪。

展望2013年，一个合理的可能的结果是在这期间会有更多的欧盟峰会，进一步承诺"不惜一切代价"而实际上却什么都不做，另一项希腊"救援"协议，财政悬崖①之后围绕美国债务上限的争论，以及更多的量化宽松政策，使发达国家停滞不前的经济得以维持生命。

然而，似乎有一件事情正在发生变化：发达国家中央银行的职责。美联储最近将其月度量化宽松计划翻了一番，达到850亿美元，并表示将至少维持该

---

① "财政悬崖"一词由美联储主席伯南克在2012年2月7日的国会听证会上首次提出，用以形容在2013年1月1日这一"时间节点"上，自动削减赤字机制的启动，会使政府财政开支被迫突然减少，使支出曲线看上去状如悬崖，故得名"财政悬崖"。

计划，直到失业率降至6.5%以下。安倍晋三第二次出任日本首相，明确表示让日本央行以提高通胀为目标。备受赞誉的英格兰银行新任行长马克·卡尼有了一个不寻常的开局，他在就任前的七个月宣布，他认为应该就央行行长目前是否应该以名义GDP增长为目标，即忽视通货膨胀，展开辩论。

现在，取决于你的观点，这要么是好消息，因为这意味着将实施更多刺激政策；要么是坏消息，因为你认为额外的刺激政策将对实现经济增长或增加就业无济于事，但它有产生副作用的风险，可能与他们寻求治疗的病痛一样严重或更糟。

我处在后一个阵营。我认为央行行长应该独立于政府，应该关心货币的稳健性，如果他们有监管权力，那么应该关心银行体系的稳健性。允许他们偏离这一目标是危险的，因为这会导致财政和货币政策的混乱，或者更直白地说，政府将能够通过让央行行长印更多钱并购买债券来为其挥霍无度的支出计划提供资金，直到实现就业或名义增长目标，甚至超过这一目标（注意美联储使用的"至少"一词）。

在某些时候，这不可避免的后果是通货膨胀和货币贬值。卡尼等新一代央行行长尚未经历过这种情况。当他们经历这些时，他们可能会发现，当通货膨胀形成时，它不会轻易地在某个预定的目标比率停止。他们还可能会发现，他们控制通胀的唯一手段是笨拙的利率工具，而利率的大幅上升将对政府债务、私人债务的可承受性和当前状况下的经济产生影响。

你可能会合理地指出，主要货币的贬值有点棘手，因为它们都试图相互贬值以获得一些竞争优势。但也许它们都会相对于硬资产贬值，或者更简单地说——通货膨胀。

虽然我们在看这种情况是否会发生或何时发生，但好消息是这些宏观观点和发展对我们的投资策略没有影响；越来越不顾一切地刺激经济，这更有可能刺激我们投资组合的估值（我们不喜欢以这种方式赚钱）；我们的股票很可能是相对较好的对冲通胀复苏的工具。

无回报风险
——为什么无聊是最好的

《金融时报》，2013年1月18日

这篇文章的标题是对无风险回报（risk-free return）这一表达单词顺序的改变。无风险回报被用于描述可以在不对所投资的资本总额产生任何风险的情况下获得的投资回报。在当前的金融危机之前，这一特征被普遍认为适用于发达国家的国债。

有效市场假说认为金融市场是"有效的"，因为投资者获得更高回报的唯一途径是承担更多风险。但这在实践中并不一定正确。豪根金融体系（Haugen Financial Systems）的罗伯特·豪根（Robert Haugen）和古根海姆合伙公司（Gug-

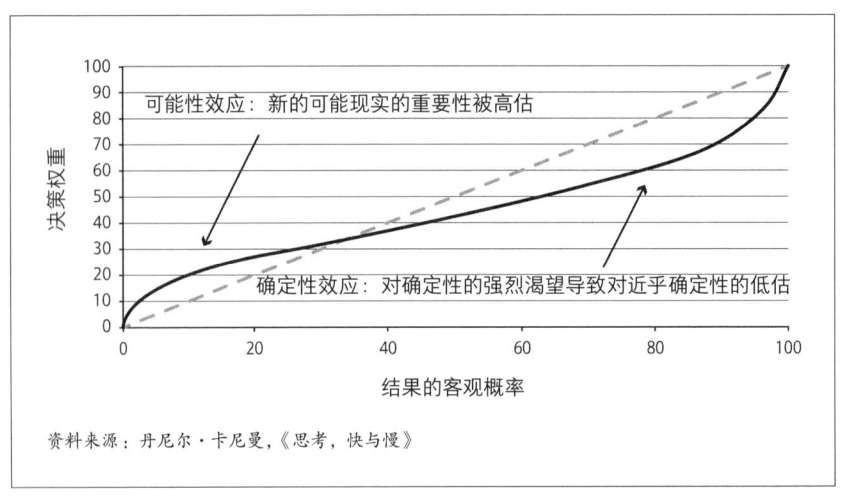

资料来源：丹尼尔·卡尼曼，《思考，快与慢》

客观概率和主观重要性

genheim Partners)的纳丁·贝克(Nardin Baker)的研究表明,波动最小的十分之一的股票年化总回报率为8.7%,而波动最大的十分之一每年亏损8.8%。这些结果似乎与有效市场假说的风险/回报关系完全矛盾。

高盛公司的另一项研究引入了基本面质量——定义为投入现金的现金回报(cash return on cash invested,CROCI)。它根据CROCI的表现创建了投资组合,并发现市场回报随着CROCI的增加而增加。更好的公司做出更好的投资。

但是,按照有效市场假说,只有高风险才能带来高回报,那么为什么"优质"股票可以跑赢大盘呢?部分答案在于投资者心理。

假设你有一个重病的亲属,但你可以购买能将他们的生存概率提高10%的治疗方法。你会为此支付多高的费用?

研究表明,这取决于他们在没有该治疗方法情况下的初始生存概率。如果他们的概率是50%,那么提高10%肯定是有价值的。

但如果他们的初始生存概率为零,我认为大多数人会支付更多费用以将生存概率提高到10%。

同样,大多数人肯定会为确定性支付更高的费用,即如果该亲属有90%的生存概率,但通过支付费用,你可以将其提高到100%。

这在某种程度上解释了为什么投资者会购买收益率较低的债券,而不是同一家公司的股票。他们渴望结果的确定性:债券将支付一定的票息,并在一定的时间内以一定的价值赎回。相比之下,股票的股息可能会发生变化甚至消失,而且股票的价格是不可预测的。心理学家和行为经济学家丹尼尔·卡尼曼(Daniel Kahneman)在其著作《思考,快与慢》中利用上页的图表说明了这一点。

图中的实线是"决策权重"——表示每个概率水平的心理重要性,其结果源自实验室的实验。你可以看到,从大约0%到30%的生存概率,亲属将为某一特定的概率水平支付更多费用。从大约30%到接近100%,他们会少支付,但从大约90%的概率到具有确定性,他们愿意支付的相对金额急剧增加。

在投资方面，接近且在90%之前的这一近乎确定性区域是低贝塔值[①]/高质量股票。它们具有类似债券的回报率和较低的股价波动性，但它们仍然是股价和股息不确定的股票。

这有助于解释为什么"无聊"的优质股票往往会被低估，而低估有助于产生卓越的业绩表现。

所有这一切的结果相对简单，但仍然令人吃惊。投资者不应通过追逐高风险股票（"无回报风险"）来寻求卓越的投资组合表现，而应寻找那些具有可预测的回报率和卓越的基本面财务表现的"无聊"优质公司，相对于其回报来说，这类股票的价值被持续低估，投资者可以利用这一点来购买并持有它们。

---

① 低贝塔值通常用于表示低风险的股票。

投资的十大黄金法则

《金融时报》，2013年2月15日

从理论上讲，与大型零售基金和养老基金的基金经理相比，个人投资者具有很多优势。他们不必向投资者写季度报告来证明管理费用的合理性。他们不必一直担心是否能跑赢比较基准。他们不受流动性规则或投资组合构成限制的约束。

但许多投资者未能充分利用这些优势，因为他们犯了一些基本错误，例如购买错误的公司、交易过于频繁以及支付过高的费用。我总结的以下投资法则旨在帮助投资者避免此类陷阱——我将在未来的专栏中进一步详细解释其中的一些法则。

1. 如果你不能完全理解它，就不要投资

标志性"喷火"战斗机的设计师雷金纳德·米切尔（Reginald Mitchell）曾经说过："如果有人告诉你有关飞机的任何事情，他说的非常复杂以至于你无法理解，请听从我的建议：他们说的都是废话。"

投资也是如此。有多少投资者在没有真正了解投资风险的情况下就买进或被兜售了"结构型产品"？为了说明这个问题，我个人最喜欢的例子是帕克斯通资产管理公司（Parkstone Asset Management）于2011年推出的一只名为The Tracker UK Managed Alpha Fund的基金。它将自己描述为"证券化衍生品、低成本、主动管理、多资产、结构化投资"。我想知道它是怎么运行的。

我一直认为，如果你不能理解一款投资产品的运行原理，那是因为你注定

理解不了，所以不要投资它。

2. 不要试图把握市场时机

"择时交易"是在市场周期接近底部的某个位置时进场投资，并在接近顶部的某个位置时退出市场。这听起来简单明了，但在实践中却正相反：当基金和市场上涨时资金流入，当它们下跌时资金流出。

股票对于大多数投资者来说是一种"吉芬商品"①——随着价格的上涨，需求反而增加。投资者会因与其他人一起入市或离市而产生心理上的舒适感，就像旅鼠②一起走向悬崖边缘。我们不喜欢作为逆向投资者的孤独感，在其他人都在卖出时入市，而在其他人都看涨时离市。

人类天生不擅长择时交易，所以不要尝试这样做。

3. 尽量减少费用

支付给基金经理和理财顾问的费用会拖累投资业绩。通过理财顾问进行投资、使用投资平台投资于共同基金的英国投资者平均每年会产生大约3%的总费用。这高于股票和大多数政府债券的收益率。因此，他投资的所有收益都被费用消耗掉了。

4. 尽量降低交易频率

由于我们在对市场时机的把握上非常糟糕，并且费用侵蚀了我们的回报，

---

① 以经济学家罗伯特·吉芬的名字命名的一种特殊商品，随着价格的上升，市场对它的需求量增加。
② 当旅鼠的数量急剧增加的时候，它们就会变得很焦躁，并且不再进食，然后它们会一直向前迁徙，当它们来到悬崖边上的时候便会一起跳下去，坠入海中。在股市上，巴菲特也曾用"旅鼠"来比喻证券机构，说明股市存在的跟风现象。

因此合乎逻辑的做法是，投资者应该尽可能地降低交易频率。这同样适用于基金经理。据英国金融服务管理局估计，英国共同基金经理管理的投资组合，平均每年的换手率高于80%，这样会产生1.0%—1.4%的佣金、买卖价差和印花税等额外成本。这些成本加上年度管理费，会拖累你的投资业绩。

5. 不要过度分散投资

虽然投资组合多样化可以提高你的投资业绩，但它确实存在局限性，也并非没有缺点。研究表明，在大多数市场中，投资组合只需20多只股票即可获得90%的多样化收益。你的多样化超出这个范围的程度越大，你对每项投资的了解就会越少。

6. 永远不要为了避税而投资

风险投资信托、企业投资计划和电影融资项目等投资工具主要是帮助你避税或延期纳税。许多投资者对投资电影或太阳能电池板并没有强烈的愿望。他们被税收优惠蒙蔽了双眼，以至于他们往往忽视了庞大的费用和相关投资的糟糕表现。直接缴纳税款通常更便宜。

7. 永远不要投资劣质公司

一家好公司通常会以现金形式产生较高的已动用资本回报率，并且可以将至少部分现金流进行再投资，以进一步发展其业务并使你的投资价值实现复利增长。劣质公司不会这样。它们的已动用资本回报率不足。你可能认为你应该投资这些运营状况将会有所改善的劣质公司，因为管理层会发生变动，或者它们会被收购，或者它们的业绩会随着经济或商业周期而回升。但是在等待此类事件发生的每一天之中，这些公司的价值都会进一步被破坏。好公司则相反。投资于优质公司，时间就站在你这边。

8. 购买傻瓜也能经营的公司的股票

永远不要购买需要天才或有魅力的首席执行官才能经营的公司的股票。那个人迟早会离开这家公司，然后会发生什么呢？

9. 不要参与"博傻游戏"[①]

只购买你真正想持有的股票，并且以你愿意持有它们的价格买进。如果你购买股票或者任何其他资产的唯一目的就是想以更高的价格卖掉它们，或者你为优质公司支付了过高的价格，那么你就是在参与"博傻游戏"。该策略的成功取决于其他人愿意玩相同的游戏。

10. 如果你不喜欢你的股票表现，请关掉电脑

你购买的股票价格可能由于与企业基本面无关的原因而变动。因此，股价的走势不一定能表明你的投资是好是坏。如果你以合理的价格选择了好公司的股票或一只基金，并且你发现它们的价格波动令你感到不安，那么只需停止查看股价即可。

---

① 博傻理论（greater fool theory），是指在资本市场（如股票、期货市场）中，人们之所以完全不管某个东西的真实价值而愿意花高价购买，是因为他们预期会有一个更大的笨蛋会花更高的价格从他们那儿把它买走。

择时交易：不要尝试

☆ 投资的基本原则，第1部分，共5部分

《金融时报》，2013年3月1日

择时交易是什么意思？这是典型的投资者目标：低买高卖。这可以应用于个股或基金，设法在企业或市场周期的底部买入并在接近顶部时卖出，或者选择将你的基金整体投入市场的时机——等待市场底部进场，在市场达到顶部时兑现并离场。

你可能会想，这没什么错。如果你能躲过市场从顶部开始的下跌，并且在市场从底部回升时再次进场，这不是肯定能提高你的回报吗？确实如此。问题

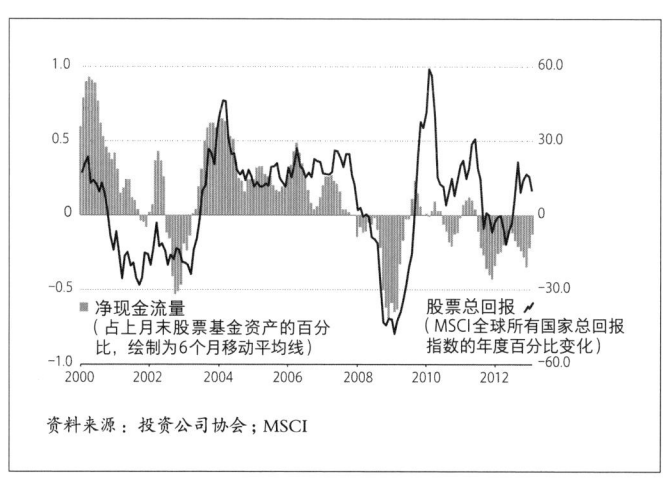

与全球股价表现相关的股票基金新增净现金流量
2000年1月至2013年2月

是很少有人（如果有人能做到的话）擅长这样做。

有相当多的有关投资者行为的数据表明，投资者的资金流入和流出在大部分时间内与预期正好相反，如上图所示。在市场和基金上涨时资金流入，在下跌时流出——这与有效的择时交易所要求的资金流动方向正好相反。

专业投资者，例如基金经理以及养老基金和捐赠基金的受托人，可能会嘲笑这是散户投资者典型的从众本能。但现有证据表明，专业投资者也好不到哪儿去。主动基金经理的平均表现落后于市场表现，康桥汇世（Cambridge Associates）的数据清楚地表明，养老基金或捐赠基金在雇用或解雇基金经理方面的决定一般同样不合时机。

不难看出为什么我们几乎都不擅长择时交易。当市场背景看起来乐观而其他人也都看涨时，投资者很难有坚定的信念说服自己，市场已经涨得太高并选择卖出。在你的预测成真、市场前景黯淡、价格下跌之后，需要非常灵活的心理，才能在底部反转时再次进场购买股票、市场指数或基金。

看待这个问题的另一种方法是检查你需要错过进入市场达多少个交易日才会严重损害你的投资回报。如果以1994年12月31日至2004年的十年为例，标准普尔500指数每年的复合总回报率为12.07%。如果你完全投资于指数，这就是你会得到的回报率（在不考虑交易成本的情况下）。换句话说，十年期初始时投资的10,000美元到2004年将会变成31,260美元。

但是，如果你尝试了一些择时交易技术，结果错过了市场中的几个交易日，这恰巧是那十年中最好的几天，结果会是怎样呢？如果你错过了最好的10天会导致什么结果呢？错过的天数并不多，是吗？——平均每年一天。也许吧，但你的年回报率将降至6.89%，而你将只能得到19,476美元。如果你错过了最好的30天，你的回报率将是负数。

你可能会争辩说，你可能也错过了一些最糟糕的交易日，但所有证据都表明，好日子多于坏日子。你真的认为自己有足够的能力发现那些最佳的进场时机，能够保证自己进行充分投资，以及为这些进场时机做好准备？我知道自己没有那个能力。

　　这让我想起了经常被提到的那句名言：市场中只有两种投资者——知道自己不能通过择时交易赚钱的人，以及不知道自己不能通过择时交易赚钱的人。这就是为什么我会遵循一位伟大投资者的建议，即你应该低买高卖，但如果你购买优质公司的股票，忘记高卖也没关系。关于这个话题我将在后面的文章中继续讨论。

分清良莠

☆ 投资的基本原则，第2部分，共5部分

《金融时报》，2013年3月15日

我在上一篇文章的末尾提到了，择时交易可以用"低买高卖"来概括。但如果你以合理的价格购买好公司的股票，即使你忘记了"高卖"，你仍然可以赚钱。

但我所说的"好公司"是什么意思呢？如果你阅读投资研究，你会看到很多关于收益增长、每股收益增长或基于每股收益的估值。你很少会读到关于公司已动用资本回报率的信息。

这是很让人遗憾的一件事情，因为已动用资本回报率很重要。如果你将资金投资于基金、债券或银行账户，你会对预期的回报率非常感兴趣。如果你购买了一家公司的股票，你实际上是购买了该公司的资本份额。为什么你对它所获得的回报不感兴趣呢？毕竟，你拥有它的一部分。已动用资本回报率通常计算为现金营业利润除以股东权益和长期负债的总和——所有这些数字都可以在一套正常的公司账目中找到。

作为个人，如果我们以每年5%的利率借钱，并以每年10%的回报率进行投资，我们就会变得更富有。但如果我们获得2.5%的回报率，我们就会变得更贫穷。公司也是如此。那些回报率高于其资本成本的公司为股东创造了价值，而那些回报率低于其资本成本的公司则破坏了价值。

但由于资本成本这个概念，在此基础上评估公司没有像只查看收益那么容易。我们可以很容易地评估一家公司的债务资本成本——对债务状况和利息成本的描述，通常包含在公司的年度账目附注中——但其权益资本成本是多少呢？这是许多研究的主题，实际上它只能是一种估计值。但不要让这难住你，因为作为投资者，你应该只对回报率高到一定程度的公司感兴趣，他们的回报率应该超过任何可能的资本成本。

在1979年致伯克希尔-哈撒韦公司股东的年度信函中，沃伦·巴菲特将资本回报率描述为公司业绩的主要评价标准。我经常感到困惑的是，为什么如此成功的投资者做出的如此明确的声明却被人们广泛地忽视了。

你可能认为你的基金经理正忙于使用已动用资本回报率这样的指标来挖掘出色的投资。我并不这样认为。基金经理们通常会投资于回报普遍不佳的行业中的公司。为什么？因为他们认为自己可以选择一个合适的时机来购买业绩会有所改善的股票。也许他们预计商业周期将会回升，或者新的管理团队将接管公司，或者公司本身将被收购。

一个很好的例子就是航空业，长期以来，行业整合一直被寄予很大的希望。国际航空运输协会（IATA）和咨询公司麦肯锡在2011年发布了一份名为《愿景2050》的报告。该报告显示，2010年有5000亿美元的资本投资于航空业。IATA/麦肯锡估计，该行业的总体资本成本为每年7%至8%。比较过去十年以这个资本成本所产生的回报率，他们发现航空业以每年约200亿美元的速度破坏价值。在2002年至2009年的商业周期中，航空公司的年均投入资本回报率仅为2.8%。即使在2007年——该行业在这十年中表现最好的一年——该行业仍然破坏了超过90亿美元的投资者价值。航空业远非个例。

问题是，虽然购买这些低回报公司的基金经理在等待他们认为会扭转局面的事件，但这些公司却在破坏价值。但是，如果你持有一家公司的股票，而该公司的回报远高于其资本成本，则情况正好相反。你无须等待收购、董事会变动或商业周期的变化，因为你可以确信其内在价值几乎每天都在增长。时间站在你这边。

永远不要为了避税而投资

☆ 投资的基本原则，第3部分，共5部分

《金融时报》，2013年3月28日

本纳税年度将在下周结束，如果你收到的邮件与我的类似，那么你将收到大量符合税收减免条件的投资建议，前提是你需要在4月5日或4月5日之前进行投资。

其中一些投资建议是有道理的。通过类似个人储蓄账户（individual savings account, ISA）或自投资个人养老金（self-invested personal pension, SIPP）进行的投资享有税收减免。你无须为ISA中实现的资本利得或收到的股息，或者从中提取的资金缴纳任何税款，SIPP中的投资收益也可以获得税收减免。你可以在ISA中进行投资（股票、现金、共同基金），在SIPP中进行更广泛资产的投资，包括商业地产。

当你投资主要是为了获得税收减免，而不是因为真正希望投资于相关资产时，就会出现问题。对于企业投资计划、电影融资计划和风险投资信托，我怀疑大多数投资者的主要目的是避税或延迟纳税，而不是进行这类有严格限制且专业化的投资。

你真的想投资总资产低于1500万英镑（这是符合企业投资计划或风险投资信托资格所必需的资产规模）的未上市公司吗？应该投资电影吗？2012年，在电影行业有着丰富经验的迪士尼，在电影《异星战场》（John Carter）上损失了超过2亿美元。

我们经常被避税能力蒙蔽了双眼。这不仅导致我们投资于那些我们通常不会考虑的资产，而且意味着我们往往不会密切关注所收取的费用。从一系列的企业投资计划和风险投资信托中，我发现初始费用为投资金额的2%—7.5%，年费2%—3%，此外还有业绩报酬，通常为所获收益的20%，即便要超过门槛收益率。具有如此丰富的费用结构的产品会促使其提供者在销售上做出很多努力，你可能从邮箱中也发现了这一点。

流动性差的小型公司再加上高费率的投资产品，产生了一个不可避免的结果。在131只风险投资信托中，只有17只的资产净值高于认购价。更糟糕的是，你可以从风险投资信托中撤回投资的唯一方法就是卖出其份额。这通常不是按资产净值计算的，而是按份额价格计算的，它通常以一定幅度落后于资产净值。131只风险投资信托中只有5只的价格高于发行价，部分原因是在二级市场上的购买不能享受税收减免。

公平地说，很多风险投资信托派发分红，因为它们也免税，但如果我查看曾经投资过的唯一一只风险投资信托，分红加资产净值的累计总额几乎不能回到我在七年前认购时的价格以上。在这个纳税季向投资者发送的基金招募说明书显示，自认购以来的总回报（不包括认购成本）为8%。这不是每年8%，而是总共8%。

你可能会反对我的观点，认为我不走运或选择不佳。但就净资产值而言，该风险投资信托在131只风险投资信托中排名居中，并且在2月份的"税收效率评估"中得到了86分（满分100分）。

税收优惠类投资产品的基金经理似乎希望投资者关注税收减免后的回报率。因此，如果你的风险投资信托认购能够获得30%的所得税减免，他们会尽量让你关注，税收减免后每投资1英镑中的70便士产生的回报（即使税收减免实际上通过自估税额和免税代码来申请减税，而不是像基本税率养老金的税收减免那样增加到你的投资中）。

这个论点的缺陷在于，这个30%的税收减免是由税务员提供的，而不是由基金经理提供的，当然，在扣掉高昂的费用之前，他有100%可用于投资。

与其通过这些复杂、流动性差且昂贵的工具，投资于你通常不想拥有的资产，且纯粹是为了避税，不如直接投资于你真正想拥有的资产，并为你赚取的利润缴纳税款。

太多股票会破坏投资组合

☆ 投资的基本原则，第4部分，共5部分

《金融时报》，2013年4月12日

投资组合多样化是一件好事。对吗？无论你是从"不要把所有的鸡蛋放在同一个篮子里"这句格言凭直觉得出的这个结论，还是听说过现代投资组合理论，你都知道这是有道理的。

现代投资组合理论的概念是投资资产的集合要比任何单个资产的风险都低。这是可能的，因为不同类型的资产通常以相反或不同的方式发生价值变化。

但是，与金融学中的许多概念一样，如果你不打算在应用过程中获得一些意想不到的或彻头彻尾的糟糕结果，那么你需要更深入地了解投资组合多样化。

协方差是对资产回报率同步变动程度的一种衡量标准。正协方差意味着回报同向变动。负协方差意味着回报反向变动。协方差数值越低，表明风险越小。

不出所料，富时100指数股票投资组合的协方差随着投资组合中的股票数量的增加而下降，但协方差（或风险）并未直线下降。随着投资组合数量从一只股票开始增加，其风险急剧下降，但是当它达到20到30只股票时，能够降低的风险已经大部分得以

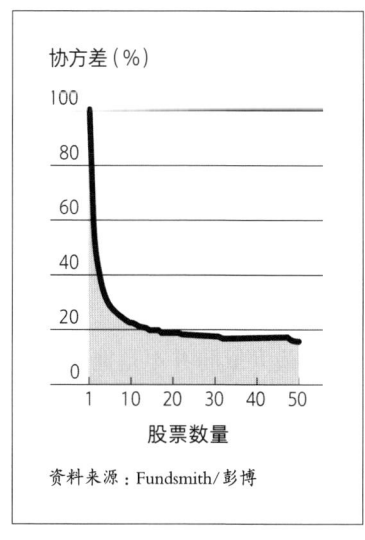

富时100指数

实现。

问题在于，不断增加股票数量不仅无法进一步显著降低风险，而且还会导致其他问题。在《分清良莠》一文（第96—97页）中，我提到了为什么投资好公司很重要。但是，可供选择的优质公司的数量是有限的——你持有的股票数量越多，你就越有可能不得不在质量上妥协。

还有一个事实是，你持有的股票越多，你对每只股票的了解就越少，我从来没有发现一种投资理论表明你对股票了解得越少，你就越有可能产生更高的回报。

市场中甚至有这样一个术语："多样恶化"（diworsification），这个词是传奇基金经理彼得·林奇在他的著作《彼得·林奇的成功投资》（One Up On Wall Street）中发明的。他认为，一个企业过于多样化，可能会毁了自己，因为管理时间、精力和资源都从最初的投资中分流了。同样，向投资组合添加更多投资品种也可能会导致多样恶化。

最终，如果你持有太多股票，你的业绩将与由这些股票组成的基准或指数相匹配。如果你打算这样做，管理投资组合或付钱给基金经理就是没有意义的。简单地购买指数基金会更便宜。

鉴于多样化的好处是有限的，为什么如此多的基金经理持有的股票数量远远多于获得最佳多样化所必需的股票数量呢？2008年美国的一项研究（《安全集中度与主动基金管理：专注的基金是否能提供卓越的业绩？》）表明，共同基金经理的投资组合平均持有90只股票，而最多样化的20%的投资组合平均持有228只股票。

答案就是，大多数基金经理认为他们工作面临的最大威胁并不是他们是否会使投资者产生亏损，而是他们是否会与同行的业绩产生差别。如果他们持有足够多的股票，以至于他们能够拥抱指数，那么他们就会觉得自己不会受到批评。

问题在于，这种行为，再加上所谓的主动管理和过度交易产生的高额费用，会导致一个不可避免的结果：其基金跑输指数。但这是另一篇文章的主题。

控制成本以保护你的投资

☆ 投资的基本原则，第5部分，共5部分

《金融时报》，2013年4月29日

这是我关于投资的基本原则的连载文章的最后一部分。到目前为止，我已经讨论了为什么大多数人或所有人不应该尝试所谓的择时交易，而应该专注于购买好公司的股票并长期持有它们。我建议你永远不要为了避税而进行投资，投资组合的过度多样化不仅没有意义，还会损害你的投资业绩。我的最后一条建议与投资成本有关。

即使你管理一个集中的优质股票投资组合，如果你无法控制成本，你的回报也会受到限制。许多投资者并不知道他们的投资活动究竟需要支付多少费用，所以让我们来看看投资者平均可能承担多少成本。

投资顾问和理财经理通常收取投资组合价值的0.5%—1.0%的费用，并且经常使用投资平台来持有基金或股票。这可能每年又要花费0.25%的费用，通常作为"尾随佣金"从相关基金经理那里收取。投资者也可以直接使用这类平台。

如果投资于共同基金，则每年需要支付0.75%—1.5%的管理费。此外，这些基金公司还会向基金收取某些费用：通常是托管、监管和法律费用等，但众所周知，它们也会收取营销费用。把这些加起来，你就得到了过去称为总费用比率，现在称为持续费用数字。这通常为1.0%—1.75%；加上平台和咨询成本，总成本一般在1.75%—3%。

即使这样也不是全部成本。还有一个隐性成本没有在这些数字中披露：基金内的交易成本。当基金经理或投资者交易股票时，他需要支付佣金、0.5%的印花税、为并购委员会提供资金的征费以及经纪人的买入价和卖出价之间的差价（价差）。在低流动性股票中的大订单可能会迫使价格大幅上涨。

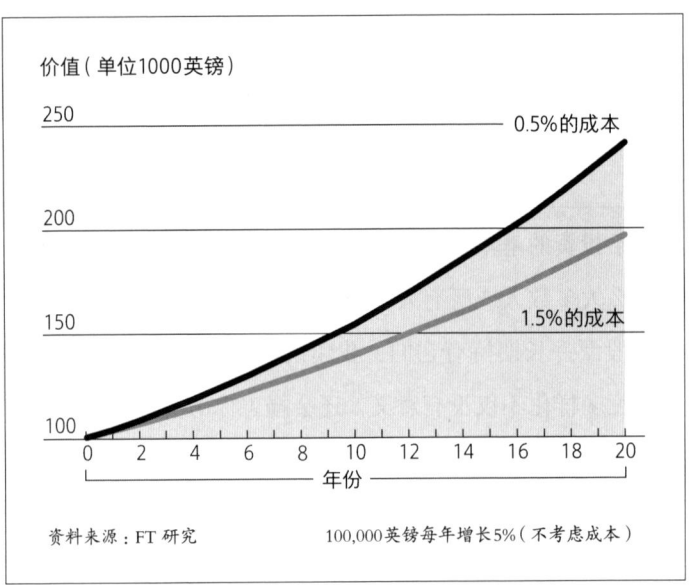

为什么成本对投资者很重要

英国金融服务管理局的一项研究 [《英国零售投资的价格》，由凯文·詹姆斯（Kevin James）撰写] 中公布的数据表明，英国基金经理的投资组合平均每年的换手率大约为80%。除了这引起的关于缺乏投资信念和过度交易的问题之外，这表明在"总"费用比率之外，每年还会产生高达1.4%的额外未披露成本。

所有这些都已经够糟糕了，但这些成本与债券和股票的收益形成了鲜明对比。富时100指数的收益率为3.8%，标准普尔500指数的收益率为2.1%，英国和美国等国家的10年期政府债券收益率远低于2%。换句话说，投资组合超过100%的预期收益都被费用抵消了。

考虑到各种各样的费用，你可能会问这些基金如何支付股息。我们并不能从表面上看出这个问题，因为许多基金，尤其是几乎所有收益基金，都从资本中扣除费用，而不是从收益中扣除。但这并不能改变事实。

传奇的美国投资者和先锋基金的创始人约翰·博格（John Bogle）计算出，在截至2007年的81年间，股息再投资收益约占标准普尔500指数公司获得的复合长期回报的95%。1981年至2000年和2003年至2007年的牛市可能误导投资者认为股票投资主要是为了股价上涨。但历史表明并非如此。没有人能负担得起如此高的费用，它会侵蚀掉投资组合的所有或更多的收益。如果你以这种方式进行投资，不可避免的结果是，你将获得扣除这些费用后的糟糕业绩。

那么如何避免或减少费用呢？显而易见的方法是，尽可能减少你与所持股票之间的中间环节。正是这些中间环节增加了成本。你应该尽可能地直接投资。另一种方法——尽管主动基金经理提倡这种做法似乎很奇怪——是购买指数基金，这类基金只是简单地跟踪指数。你应该能够以每年0.25%或更少的总费用购买指数基金。

鉴于主动基金经理的平均表现无论如何都会低于基准指数，你为什么要支付更多费用呢？

如果他们使用这些词语，请不要购买他们的股票

《每日电讯报》，2013年10月18日

在从事金融分析近40年的时间里，我越来越发觉，有些公司管理层、分析师和评论员使用的词汇、短语值得引起投资者的警惕。除了滥用英语之外，它们还代表着混淆视听以及试图掩饰问题或转移人们对问题的注意力。

以美国零售商沃尔玛为例。在最近的业绩报告中，管理层使用"杠杆"（leverage）一词的次数不下80次。杠杆具有正当的含义。它可能意味着利用硬棒来移动物体。它还可能意味着利用借贷进行融资，从而放大企业的经营成果。

人们不应该像沃尔玛那样使用这个词，例如，"阿斯达（Asda）[①]是在线杂货配送领域的领导者，我们已经利用（leveraged）了我们在美国的经验。"用复制、受益于或学习都可以，但不应该用"利用"（leveraged）。

禁词综合征的大规模爆发，伴随着的是沃尔玛披露的销售额下降，这可能并非巧合。

因此，第一类不应该使用的词，并且在使用时应该引起你的注意的词，就是那些在使用中超出了其原始含义的词。其他例子包括"跑道"（runway），用于描述产品或服务的发展范围，例如"有很多空间可以提升该产品的销售"（there's plenty of runway to develop sales for this product）。跑道应该指飞机着陆或起飞用的狭长地面。当你用钥匙（key）这个单词来描述某样东西时，它应该只与锁有关，因此不要说"关键目标"（key objectives）。"足迹"（footprint）

[①] 被称为英国人心中的"国民超市"，1999年被沃尔玛收购，称为沃尔玛旗下品牌之一。

只能用于与脚或鞋类有关的事物，而不是与企业的经营区域有关的事物。

另一类是当存在更简单的词时，为了听起来更深刻而使用的词。你经常会听到管理层和投资分析师谈论粒度数据（granular data）或粒度（granularity）。细节（detail）是在这种情况下的一个完美的用词。

有时所使用的词并不是为了传达深刻的印象，而是带有贬义或批评的语气。已经数不清有多少失败的银行家和CEO管理的养老金"钱罐"（pension "pot"），成了批评报道和投资者愤怒的对象。我想知道如果它们被正确地描述为养老基金（pension fund），它们是否会遭受同样的命运。罐（pot）原义是指一种容器。

还有一些表达方式你应该注意。如果有人告诉你他们将"接触"（reach out）你，你可能会问，这和"联系"（contact）你相比有何不同或好处。当然，还要警惕在发表观点时以"老实说"开头的人，因为这会让人产生一个疑问，他们通常是否不诚实。要始终警惕由一个被称为"指导委员会"（steering committee）运营的组织。你是否会通过委员会来驾驶船只或汽车，如果你这样做了，你认为结果会怎样？在我看来，由指导委员会运营的组织不太可能取得任何好的结果。

这让我想到了一种表达方式，我可以自称为一条新定律——史密斯定律（Smith's Law）：如果一种表达的相反说法是如此荒谬，以至于你永远不会那样说，那么你就永远不应该使用这种表达。我见过无数公司说他们有"选择收购"（select acquisition）策略。有人会承认其收购策略是不加选择的吗（尽管他们中的许多人似乎实际上就是这样做的）？英格兰银行新任行长马克·卡尼一直在努力让市场接受他关于利率的"前瞻性指引"（forward guidance）。他可能应该停下来想一想他是否会使用"后顾性指引"（backward guidance）这个词。如果他只是将其称为预测（prediction），也许他会取得更大的成功。

投资者需要警惕那些夸大其词的管理层或评论员。"全球"（global）是一个常见的夸大其词的例子。很少有企业是真正全球化的。它们可能是国际的，但那是不一样的。当职位名称中使用"全球"时，它几乎总是职位夸大的一个例子。每当我收到全球销售主管（head of global sales）的名片时，我很想问问他（她）卖出了多少个地球仪。一家报纸今年举办了一场自行车赛事，它在广告中将其描述为"标志性的"（iconic）。环法自行车赛才是标志性的，但环绕萨里山（Surrey Hills）[①]骑行并不是。

在Fundsmith基金，我们在分析公司时会统计禁词，因为我们认为通过这些词可以对其管理层有一定了解。我们的投资方法是投资于好公司。它们的业绩是最好的识别标志——我们不需要管理层告诉我们他们有多好——但是当我们在听管理层表述时，直言不讳的人会得到我们的投票和资金。

一个典型的例子是达美乐比萨，它在2009年发布了来自客户的严厉批评，例如"比萨吃起来像纸板"，这成了其转折点。只有在你打算改变时才会这样做。从那以后，其股价从8.50美元上涨到了68美元。自基金成立以来，它一直是我们最大的持股之一。

[①] 萨里山，位于英国东南部的萨里郡。

为什么为优质公司多付点是安全的

《每日电讯报》，2013年11月22日

传奇投资者沃伦·巴菲特将复利称为世界第八大奇迹。了解其影响对于投资成功至关重要。然而，它对许多人来说仍然是个谜。

对此最简单的说明是，问自己一个问题，以每年10%的复合回报率计算，将你的资本翻倍需要多长时间。

重点在于我们谈论的是复合回报，将收益不断添加到后续每个投资周期的资本总额当中，并使其实现复利增长。因此，答案是7年。而只需每年7%的复合回报率，你的资金就可以在10年内翻倍。

我们再看一个例子：从1000英镑开始，以10%的年复合回报率投资30年，对比以12.5%的年复合回报率投资30年，两者的最终资本有什么区别？我问这个问题是因为它可能代表一个人投资生涯的合理结果范围，即一个人在退休前储蓄30年，然后靠投资收益来生活。答案相当令人惊讶，额外的2.5%的复合回报率将使最终金额翻倍——因此，投资1000英镑，以12.5%的复利增长将达到34,243英镑，而以10%的复利增长将达到17,449英镑。

在Fundsmith基金，我们只投资于满足以下条件的公司：具有较高的已动用资本回报率；将大部分或全部利润转换为现金；具有较高的利润率；已被证明在几十年中对经济周期具有韧性。

但此类公司的估值已成为投资者关注的话题。它们的估值在金融危机和随之而来的大衰退中有所上升。这是因为它们在向我们提供日常必需品和奢侈品方面拥有持续一致的表现，并且在与市场大多数其他行业相比，几乎没有（或没有）经济增长的环境下，有能力实现增长。

由于近年来它们的股价上涨超过了公司利润或现金流的增长，因此它们的估值肯定比以前高，但这与被高估不同。虽然我承认它们的估值不如最近上涨之前那么有吸引力，但我认为，对复利的研究或许应该有理由暂停判定它们应该被卖出甚至回避。

在Fundsmith基金，我们不经常查看市盈率（PE）这一传统的价值衡量标准，因为我们更喜欢查看现金流量，但由于几乎所有人都使用市盈率，因此这是表示我们投资组合的相对估值的最简单方法，我们投资组合目前的市盈率比市场高出约两个点——Fundsmith投资组合中的股票的预测市盈率约为21倍，MSCI全球指数约为19倍。

在判断这意味着什么时，你还应该注意一些事情，即并非所有盈利（该比率中的"E"）都具有相同的价值。Fundsmith投资组合中的股票用比市场少得多的资本产生收益（因为它们具有更高的资本回报率），并且它们以现金形式交付盈利的比例更高，这无疑更有价值。它们的盈利也更可预测，这让我回到了对复利的讨论。

我研究了在1979年至2009年的30年间，你可以为其中这些公司支付多少倍的PE。特别是，我研究了可口可乐和高露洁。1979年，它们的估值与市场大致相同——收益的10倍。但是，在能够保证与其未来30年的市场表现相同的情况下，你当时可以为它们支付多少倍的PE呢？答案相当令人惊讶，约为收益的40倍。为什么？因为在此期间，这些公司的总回报以每年比市场快5%的速度增长，而且就像之前说明的2.5%的复合回报率差异一样，这5%的差异乘以它们的资本总额，体现出来的就是股价比市场上涨速度快4倍。

当然，未来30年可能会有所不同。然而，如果我不得不猜测它会如何影响这个计算，那么像可口可乐和高露洁这样的公司，在增长方面的表现会更好，因为周期性股票不太可能重现信贷泡沫刺激下的那种增长。公平地说，相对于市场中的其他股票，优质股票确实可能并不昂贵。但两者都会被证明是昂贵的，尤其是在利率上升的时候。但即便如此，我还是建议你考虑一下，如果有人建议你以1979年市场市盈率的两倍投资可口可乐或高露洁,你可能会做出何种反应。如果拒绝这个想法,你就会错过获得两倍于市场指数收益的投资机会。

一切又似曾相识

《金融时报》，2013年12月6日

尤吉·贝拉是纽约洋基队的一名棒球运动员，曾执教过洋基队和他们的对手纽约大都会队。他还以一系列看似简单却有趣的妙语而闻名，这些妙语通常是相互矛盾的——比如"没有人再去那儿了。那里太拥挤了"。我的最爱之一——"一切又似曾相识"——可能是为投资行业发明的。

我们一次又一次地被告知，有人设计了一种新的投资技术，或一种新的投资产品。事实是，这一领域几乎没有新产品或新方法。总的来说，我们以前已经全部见到过。

例如，我们大多数人认为养老金是20世纪的现象。首只国家养老金于1909年在英国实施，为公司员工提供福利的职业养老金计划在第二次世界大战后达到鼎盛时期。

一旦你退休，你通常需要使用你的养老基金从保险公司那里购买年金，而保险公司为你提供养老金收入。或者至少是这样，这就是理论上的方式。最近，养老基金遇到的问题之一是人口寿命普遍提高。养老金领取者的寿命越来越长，这增加了养老基金的负债，从而使其资金紧张。

我们17世纪的先辈应该知道这一切。他们在300多年前遇到了同样的问题，并开发了名为唐提养老金（tontine）的产品来解决这些问题。唐提养老金是以银行家洛伦佐·唐提（Lorenzode Tonti）的名字命名的投资计划，他于1653年在法国发明了这一养老金制度。每个认购者向唐提养老金支付一笔款项，然后获得年金。这听起来是否有点熟悉？当基金成员去世时，他们的份额转移给其他参与者，因此每份剩余年金的价值会增加。在最后一名基金成员去世后，该计划终止。

唐提养老金在18、19世纪相当普遍。法国于1689年建立了国家唐提养老金。英国政府于1693年组织了政府唐提养老金。但唐提养老金很快引发了问题。该养老基金的结构为成员之间的相互残杀创造了明显的诱因，这也是其经常被用作谋杀推理小说的情节设计的原因之一。就像今天一样，运行唐提养老金的政府低估了人口的寿命。

这节历史课的目的是什么？建议你检查一下提供给你的投资产品的历史，看看它过去的表现如何，即使这些投资产品当时被称为别的东西。

以所谓的"悬崖债券"为例。通常，这是一种提供引人注目的高收益投资产品——10%并不罕见。当然，向投资者出售他们渴望得到的东西是很容易的——例如在低收益环境中的高收益产品，销售人员利用这种渴望来鼓励投资者忽略投资陷阱。悬崖债券的问题在于投资者可能无法收回他的所有资本。收益率通常是由出售给定情形下的看跌期权（要求期权出售方以特定价格买入）所获得的期权费来提供的，如债券存续期间股市下跌。

为什么叫"悬崖"？在创出历史新高的波动非常大的品种上卖出看跌期权可以获得高期权费。悬崖债券第一次引起我的注意是在1999年互联网热潮的顶峰时期，当时有几只此类债券发行，它们通过卖出科技股的看跌期权的方式提供高收益率，当时这些科技股创下历史新高。

当期权被执行时，投资者随即损失了大部分资本。期权卖方——他们的债券基金——不得不以期权被执行时的最高价购买科技股，尽管当时市场价格远低于行权时的价格水平。投资者在接受科技股可能下跌的风险时，隐喻他们看到了财务方面的悬崖边缘。

不用说，"悬崖债券"是一个口语术语。它们以更为通俗的名称进行营销，例如股票市场收益债券，以免吓到投资者或提供太多有关其真正风险的线索。

但人们肯定已经吸取了这个教训吗？我看未必。1月份，高盛推出了"Autocallable Contingent Coupon Buffered Equity-Linked Medium Notes"（这里有

一个线索：它是干什么的？如果你不明白，就不要投资），收益率为10%，再加上一些与苹果普通股的表现相挂钩的收益上涨空间。但如果苹果股价下跌，该票据也会以同样的速度下跌。在创建该投资工具时，苹果股价超过500美元。今年其股价一直低于400美元。该公司宣布一系列盈利后，其价格下跌了12%。该票据正是在盈利公告前一天卖出的。2012年，投资者总共购买了17.5亿美元的与苹果相关的结构性票据。

正如一句谚语所说："世上没有新笑话，只有没听过的人。"

2013年度致股东的信

Fundsmith，2014年1月

这是写给Fundsmith股票基金投资者的第4封年度信函。下表显示了上一年度的业绩数据以及自2010年11月1日成立以来的累计收益和年化收益。

总回报（%）	2013年1月1日至12月31日	成立至2013年12月31日	
		累计	年化
Fundsmith股票基金[①]	+25.3	+62.2	+16.5
股票[②]	+24.3	+40.5	+11.3
英国债券[③]	-4.3	+11.9	+3.6
现金[④]	+0.5	+2.3	+0.7

[①][③][④]资料来源：彭博，[②]资料来源：www.msci.com

我们仍然对短期内衡量投资业绩的做法持批评态度。然而，尽管是在一年的有限时间里，该表显示了T类累计份额的表现，在2013年上涨了25.3%，而以英镑计价的MSCI全球指数在股息再投资的情况下上涨了24.3%。因此，该基金在2013年跑赢市场1%。

鉴于2013年是牛市，且我们的投资组合可以合理地归类为"防御性"投资组合，因此你（和我们）可能会对此业绩感到惊讶。以MSCI全球指数来衡量，

---

① T类累计份额（扣除费用），以英国时间午盘定价。
② MSCI全球指数，英镑净值，以美国时间收盘定价。
③ 彭博/EFFAS英国5—10年政府债券指数。欧洲证券分析师协会（EFFAS, European Federation of Financial Analysts Societies），成立于1962年。
④ 3个月伦敦银行同业拆借利率。

市场从1月1日至5月22日上涨了19.1%，本·伯南克（Ben Bernanke）于5月22日发表讲话并表明，美联储正在考虑缩减其购买债券的量化宽松计划，当时每月的购买规模不低于850亿美元。

市场从7月开始复苏，因为很明显，即使是提出缩减量化宽松规模也会产生不利后果，尤其是对于新兴市场（自2007年至2008年金融危机后开始施行量化宽松政策以来，这些市场估计已获得4万亿美元的资本）。比原先预期缩减规模小得多的计划12月开始实施，并伴随着有关长期继续实施另一项政策措施——零利率政策——的安慰性声明。

很明显，当局对其缓和刺激计划的影响感到担忧，并做出了让步，这让市场恢复了看涨情绪。

5月开始的市场下跌也恰逢市场根据GDP数据感知到经济复苏（至少对于美国和英国），因此在第二和第三季度表现良好的行业，都是你预期在这种情况下会表现良好的行业——非必需消费品、工业、金融、信息技术和能源，其中大部分是我们永远不会持有的股票。作为我们投资策略和投资组合的基石的必需消费品，是这一时期表现最差的行业之一。

现在这可能会让你感到有些奇怪，市场中的抛售正好发生在经济复苏的证据越来越多的时候，但除了没有人建立起GDP增长与股市表现之间的相关性这一事实之外，市场中的一个更明显的反常表现是，越来越多的观点认为"好消息就是坏消息"。一切都归结为量化宽松——比起看好经济复苏本身，市场更担心经济复苏会导致量化宽松这一刺激措施退出。

尽管我们对这个主题感兴趣，但这些市场伎俩与我们的投资方式无关。人们经常问我们，我们认为经济和（或）市场的前景如何。除了用"我们不知道"这句话作为一切回应的开头，我们通常还会指出，无论前景如何，它都不会改变我们的投资方法。我们提到这一点是因为，我们有时觉得提问者认为，如果我们也关注到了经济复苏，我们可能会将投资组合转换为周期股、金融股和高杠杆公司，这些公司可能会从经济复苏中受益最多（但也可能会破产）。

无论我们对经济的看法如何，Fundsmith股票基金都将始终全力投资于满足我们对财务业绩的严格标准的高质量公司。

不过，关于经济复苏和所谓的量化宽松缩减的争论至少有一个方面让我们感到困惑：如果我们正处于经济复苏之中，为什么我们所投资公司的增长率会放缓呢？我们都理解并接受的是，在经济复苏中，处于可自由支配支出和大件耐用品（如汽车和房屋）领域的公司，将比我们投资组合中的公司表现更好，周期性行业中提供这些商品的公司也将表现更好。但我们跟踪了我们投资领域（目前为64只股票）中所有公司的"基本"收入增长率（不包括收购、货币效应和特殊项目），毫无疑问，它在过去的一年已经放缓了几个百分点。其中有几位首席执行官的言论清楚地表明，消费市场并没有明显好转。我们可以理解为什么它们会在经济好转时落后于周期性股票，但不能理解为什么它们的表现会开始恶化。这让我们对复苏的性质和强度持怀疑态度。

今年基金业绩贡献排在前五位的公司分别是：

达美乐比萨	+3.02%
微软	+2.05%
史赛克	+1.98%
美国BD公司	+1.96%
3M①	+1.93%

今年基金业绩贡献排在后五位的公司分别是：

瑞典火柴②（Swedish Match）	−0.06%
信佳集团	+0.03%
帝国烟草	+0.14%
迅达集团（Schindler）③	+0.14%

---

① 3M公司创建于1902年，全球总部位于美国明尼苏达州的圣保罗市，是一家世界知名的多元化科技创新企业。100多年以来，3M开发了六万多种产品，从家庭用品到医疗产品，从运输、建筑到商业、教育和电子、通信等各个领域。
② 瑞典火柴的主营业务是开发、制造和销售各类无烟烟草制品。
③ 迅达集团于1874年成立于瑞士，是全球领先的电梯、自动扶梯、自动人行道及相关服务的供应商之一。

| 菲利普莫里斯 | +0.21% |

值得注意的是，排在后五位的公司，实际上只有一家公司的业绩为负值，即瑞典火柴，我们在今年才开始买进这家公司，因为我们看到其股价表现疲软，并因此导致了更具吸引力的估值。五家中有三家是烟草公司，它们受到了市场对简易包装和电子烟感到担忧的影响。我们怀疑这些担忧有些过头了，但正如我们对于大多数行业的做法那样，我们对该行业的敞口有一个自我设定的限制，以确保即使我们看错了，其影响也是有限的。另外两家排在后五位的公司——迅达和信佳，在这一年被卖掉了。

使投资组合换手率最小化是我们的目标之一，并且在此期间以−17.6%的负换手率再次实现了这一目标。出现负换手率是因为计算换手率的方法不包括资金流入或流出，否则新成立的基金将自动具有100%或更高的换手率。但是，它对判断我们的交易活动不是很有帮助。因此，知道我们总共花费了351,227英镑或基金的0.025%（2.5个基点）用于交易，这些花费不与资金流入基金产生的佣金相关，后者是非自愿执行的交易。这或许更有帮助。

为什么这很重要？它有助于将成本降至最低，而将投资成本降至最低对实现投资者满意结果有着重要贡献。投资者、评论员和投资顾问经常关注年度管理费用或持续费用数字，持续费用数字包括向基金收取的、超出年度管理费用的一些成本。2013年T类份额的持续费用数字为1.11%。问题在于，持续费用不包括一个重要的成本要素——交易成本。当基金经理通过买卖投资品种进行交易时，该基金通常会产生支付给经纪人的佣金、所交易股票的买卖差价以及在某些情况下的印花税。这可能会显著增加基金的成本，但它并未包含在持续费用当中。

我发现投资者经常对此感到困惑，在我看来，他们并没有给予足够的重视。事实是，作为投资者，你只能从基金份额的价格升值和支付的股息中受益。交易成本会降低这些回报，因此在比较基金时需要将成本考虑在内。

我们已经发布了我们自己版本的总成本，其中包括交易成本，我们称之为

"总投资成本"。对于2013年的T类份额，总投资成本为1.2%，包括资金流入和流出的所有交易成本，而不仅仅是我们的自愿交易。由于IMA开展更全面的披露活动，我希望更多的基金有此类披露信息，以便投资者可以在基金之间进行明智的比较。当他们能够这样做比较时，我完全有信心Fundsmith股票基金能够占有优势。

虽然2013年我们的换手率还是非常低，但我们卖出了5只持股：麦当劳、迅达、信佳、西格玛奥德里奇（Sigma-Aldrich）[1]和沃特世公司（Waters Corporation）[2]。我们卖出了5只股票，但换手率却很低，这两者之间似乎存在着内在的矛盾。部分原因是这些持股中有一些已经只占我们投资组合的非常小的一部分，我们一直在考虑是否有必要增加持股，因为在我们看来，它们的估值太高而无法代表良好的价值。一旦考虑到这一点，就会引出一个明显的问题，即我们是否应该卖出我们的持股，以便在我们现有的投资组合股票中，或者从我们一直研究的更广泛的可投资范围内，寻找更有价值的投资。

每只个股都有其特殊的卖出原因：

● 尽管销售数据不佳，麦当劳的估值仍然保持不变，这使得我们很难增持。虽然麦当劳提供低至1美元的餐食选项，但仍然存在糟糕的销售情况。这开始让我们相信，麦当劳已经开始成为一家只靠价格销售的企业，这是我们一直避免的情况，而且似乎它的1美元菜单可能阻碍了它销售优质商品的尝试。它的表现与达美乐形成了鲜明的对比，达美乐以一张比萨接近6美元的价位轻松增加了销售额，我们感到欣慰的是，我们保留了达美乐的持股，并得以继续投资于我们喜欢的授权加盟式的快餐食品企业。

● 迅达对我们来说价格过高，以至于无法增持。我们能够通过通力电梯保持对有吸引力的电梯和自动扶梯行业的敞口。

---

[1] 领先的生命科学与高科技公司，是默克集团的生命科学业务部。
[2] 沃特世是全球专业测量仪器公司的佼佼者，致力于运用高价值分析技术和业内先进科学专业知识来增进人类健康福祉。

● 信佳似乎符合我们寻求投资企业的特征,因为它依赖于大量的日常重复交易:如果你骑鲍里斯自行车①,乘坐码头区轻便铁路,看到伦敦正在维修的红绿灯,在旧金山收到停车罚单,不幸被关押在某些英国监狱或被囚车运送到法庭,通过美国空中交通管制的领空或接触到澳大利亚移民局,你就在与信佳打交道。但一直令我们感到担忧的是,这些业务通常来自与政府签订的大合同,这会产生一个风险:大合同可能会丢掉,从而可能对信佳与其政府客户的关系产生不利影响。2013年初,信佳对一家印度业务流程外包公司的重大收购明显以不利方式改变了其现金流产出和资本密集度,我们在2月份卖出了该持股。几个月后,信佳在装在罪犯身上的电子标识追踪装置上出现了问题,这证实了我们的担忧。

● 西格玛奥德里奇是一家总部位于美国中西部的公司,为生命科学、高科技行业和研发领域的研究人员和制造商提供化学品和设备。它向大量购买者提供大量小额商品,因此符合我们的投资要求,尤其是因为它在资本回报率和现金转换率(将利润转化为现金)方面有着出色的表现。然而,西格玛奥德里奇试图收购生命科技公司(Life Technologies),这是一家从各方面(收入和市场估值)来衡量都规模更大的公司。这让我们非常担心。由于我们的投资组合换手率很低,在我们投资组合中的公司获得了丰厚回报之后,我们实际上将资本分配决策权交给了这些公司的管理层。当有公司看起来可能会收购一家具有良好的、可预测回报的企业,并做一些令人兴奋的、有风险的大事情时,我们就会有一种强烈的逃跑冲动。

● 沃特世公司制造液相色谱、质谱和热分析设备,并提供相关服务。该公司的主要客户是制药和生物技术行业,但也为工业、食品和环保客户提供产品。其收入部分是由于这些领域的测试需求增长。虽然它的设备属于大额商品,但它几乎一半的收入来自消耗品、服务和备用品,因此满足我们重复购买

---

① 英国伦敦的一种租赁公用自行车,由时任伦敦市长鲍里斯·约翰逊推出的公共自行车出租系统。

的选择标准。但它对包括印度仿制药行业在内的亚洲有大量销售，我们担心新兴市场的放缓会对支撑其收入模式的设备销售产生不利影响。沃特世也是我们持有的唯一非派息股票。虽然我们准备持有此类股票，但我们需要确信，它有不错的再投资机会使其可以不派息，我们对此的担忧在不断增加。

我们卖出的股票就只有以上这些。

我们的基金购买了巴德（C. R. Bard）[①]的股份，该公司生产医疗器械，主要是用于肿瘤、泌尿和血管疾病的导管。这在某种程度上是考虑到老龄化人口的医疗需求。目前其业务以发达国家为主，我们认为其在新兴市场可能有重要的增长机会。与沃特世不同，巴德在新兴市场的机会与其客户的资本支出周期（该周期是不稳定和周期性的）无关，因为它不销售高价值设备，而主要销售消耗品。

我们也开始购买一家交易服务公司的股份，但尚未达到我们认为完成购买的规模，因此我们目前不想透露该公司名称。

一年来，我们最常从投资者或潜在投资者那里听到的问题可能是，我们投资的这类公司的股价是否变得过高了。

投资于大型、优质公司越来越成为一种趋势，这些公司的业务包括销售或提供商品和服务，其特点是小额商品、重复消费、相对可预测的日常事件。虽然这似乎是一个受欢迎的发展趋势，因为这意味着该基金份额的价值上涨速度快于市场，但这也意味着该基金业绩中有越来越大的比例是通过这些股票的估值上升来实现的，而不是通过其收入、利润和现金流的增长来实现的。正如我们去年在致股东的信中所提醒的那样，"越来越不顾一切地刺激经济，这更有可能刺激我们投资组合的估值"。我们利用下面的图表说明了在2013年发生的情况——不仅仅是我们的投资组合，而是整个市场。该图表看起来好像是由（或为）小孩子绘制的。

---

① 总部设立在美国新泽西州，是全球领先的集研发、生产、销售于一身的跨国医疗器械公司。

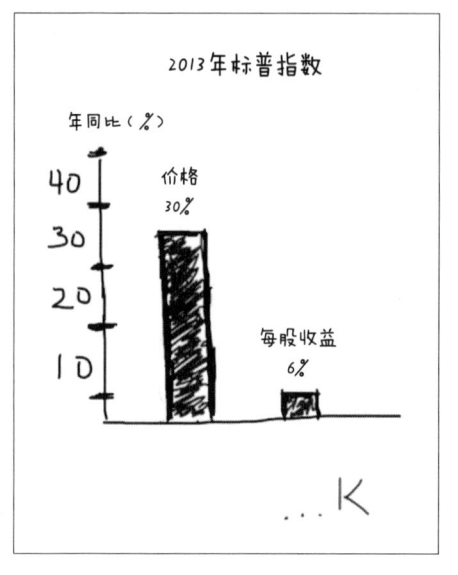

虽然估值的这种增长似乎值得庆祝,但并非总是如此,因为我们打算成为长期甚至无限期的投资者,而且这种估值变化肯定是有限的,甚至可能是暂时的。它们是量化宽松政策大量注入流动性以及长期保持零利率导致的结果。除了我们打算成为长期投资者这一事实之外,即使我们为了抛售股票而试图猜测这些政策退出的时间,我们也要指出,这种估值的增长并不确定会随着量化宽松政策的继续而保持当前的增长态势或者更进一步。所谓的量化宽松缩减是一个象征性的措施——美国量化宽松政策继续保持每月750亿美元,每年9000亿美元,而且似乎大多数主要央行都以更长时间的零利率政策作为目标。目前,量化宽松终止的故事至少被夸大了。幸运的是,寻求从短期估值异常或变化中获利并不符合我们的投资策略,但鉴于这些政策产生的好处,我相信,在这些政策退出时,我们将经历一些考验品质的时期。

市场中有很多看待估值的方法,但以下是我们的一些想法:

1. 当我们投资组合中的公司的自由现金流收益率(它们产生的自由现金流除以其市值)等于或高于我们预期的以同一种货币计价的长期政府债券收益率时,我们会购买它们。请注意:不是目前的债券收益率。目前,大多数都是政府购买自己的债券,这会降低债券收益率。我们所指的债券收益率是政府停止购买自己的债券,并且所有债券都必须出售给第三方投资者。我们初步猜测,债券收益率可能需要比预期通胀率高1%。如果我们能购买自由现金流收益率高于该债券收益率并且会增长的股票(债券的票息不会增长),我们就获得了一些价值。我们的投资组合中仍有一些股票在此基础上看起来很有价值,尽管不像一两年前那么有价值或那么便宜。

2. 我们投资组合的加权平均自由现金流收益率在年初为5.7%，到年末为5.1%——基于与预期债券收益率的比较，这仍然高于我们可以接受的水平。年内，我们投资组合中的公司的每股自由现金流平均增长了6.6%。它们的经营现金流实际上增加了8.1%，但资本性支出也增加了21%。我们发现，它们大幅增加资本性支出这一事实令人鼓舞，因为我们还没有找到一个可以在不投入额外资金的情况下实现增长的行业。

3. 这个5.1%的自由现金流收益率可与以下基准进行比较：标准普尔500指数中非金融股票的自由现金流收益率中位数为4.6%、平均值为4.1%，或者富时100指数中非金融股票的中位数为4.0%、平均值为3.7%。与市场相比，我们的股票价值看起来并不差。当然，两者的价格可能都很昂贵——而且两者可能继续如此昂贵或变得更加昂贵。

4. 尤其是消费必需品，过去的估值比现在更高。我们提到这一点是因为我们经常读到或被告知它们比以往任何时候都昂贵。事实并非如此——例如，它们在20世纪90年代的估值更高。此外，虽然评论员似乎关注消费必需品股票，但这些股票不到我们投资组合的一半，而且我们的一些医疗设备股票更接近其历史估值范围的低端。

5. 我们研究了1979年至2009年的30年间高露洁和可口可乐的相对表现。为什么是30年？因为我们认为它足够长，可以近似看作个人在退休前的投资生涯，即投资者在退休前储蓄，退休后依靠投资收入生活。为什么是1979年至2009年？我们想要一个最近的时期，而在1979年，可口可乐的市盈率恰巧与市场平均水平（10倍）完全相同，而高露洁则更低一些（7倍）。我们提出的问题是，你在1979年为这些股票支付多少倍的市盈率，能够在接下来的30年中与市场（标准普尔500指数）表现保持一致？我们发现了一个相当令人惊讶的答案——可口可乐是36倍，高露洁是34倍，当时的市场平均水平是10倍。另一种看待它的方式是，你可以在1979年为可口可乐支付3.6倍的市场平均市盈率，为高露洁支付3.4倍的市场平均市盈率，并且在接下来的30年中仍然与市场表现相匹配。原因是这些公司30年来的股价复合增长率（在很大程度上受收益增长的推动）存在差异。它们的年均复合增长率约比市场高出5%。你可能会惊讶于这种差异会对结果产生如此深远的影响。这就是复利的魔力。

6. 爱因斯坦说他认为复利是世界第八大奇迹。这当然是投资者最不了解的概念之一。对此最简单的说明是问自己一个问题，以每年10%的复合回报率计算，将你的资本翻倍需要多长时间？重点在于我们谈论的是复合回报率，其中将每期的投资收益添加到后续投资周期的投资总额当中，并以一定的回报率复合增长。答案是违反直觉的7年。只需要每年7%的复合回报率就可以让你的资金在10年内翻倍。

7. 上面是一个足够简单的例子，接下来我们看看下面这个例子：从相同的初始金额开始，以10%的复合回报率投资30年，相比以12.5%的复合回报率投资30年，两者的结果会有多大差别？我问这个问题是因为它可能代表了一个人投资生涯的合理结果范围。答案相当令人惊讶，额外的2.5%的复合回报率将使最终总金额增加一倍。

8. 如前所述，在1979年至2009年期间，可口可乐和高露洁的年均总回报率比市场高出约5%。在此期间，这5%的差异使它们的股价比市场高出四倍以上。当然，接下来的30年可能与1979年至2009年不同。如果我不得不猜测它会如何影响这个计算，那么就增长而言，可口可乐和高露洁等公司的表现将比市场中的其他公司更好，因为周期性股票不太可能重现信贷泡沫刺激下的那种增长。但谁又能预测未来呢？

9. 公平地说，相对于市场中的其他股票，优质股票确实可能并不昂贵，但两者都会被证明是昂贵的，尤其是在利率上升的时候。但即便如此，我还是建议你考虑一下，如果有人建议你以1979年市场市盈率的两倍投资可口可乐或高露洁，你可能会做出何种反应。如果拒绝这个想法，你将错过获得两倍于市场指数收益的投资机会。在此期间，包括一些利率非常高的时期。当然，为了抓住这个机会，你需要有足够的毅力在高利率和糟糕表现时期坚守你的头寸（提示：当利率上升时，我们会提醒你这一点）。截至2013年12月31日，它们的市盈率略高于市场——我们的投资组合的市盈率为20.6倍，而标准普尔500指数的市盈率为17.4倍，从它们的历史表现和质量来看，这听起来并不那么昂贵。

10. 事实上，我们很少关注市盈率，通常只是利用它来做一些比较，因为其他市场评论员使用这一指标。在评估我们的投资时，我们更愿意使用自由现金流收益率，因为并非所有的盈利都是平等的。我们投资组合中的公司的资本密集度低于整个市场。由于它们的盈利是用更少的资本产生的，它们的资本回报率远高于平均水平，我们认为这是对它们业绩的主要衡量标准。我们投资组合中的公司的资本回报率平均为34%。相比之下，标准普尔500指数和富时100指数中非金融股票的资本回报率平均约为19%。此外，相比整个市场，它们以现金形式交付盈利的比例更高，通常为90%—100%。我们喜欢现金——它是支付账单的主要方式，以现金形式支付的盈利质量高于非现金盈利。

11. 我们仍然相信我们所持有股票的基本面表现优于平均水平，这并没有完全反映在它们相对于债券或其他股票的估值中。

12. 我们部分股票的股息收益率与其债券的赎回收益率之间有一个惊人而直接的比较。以雀巢为例。截至2013年12月末，其2018年债券的赎回收益率为0.21%，而其普通股的股息收益率为3.1%。抛开基金经理的职责仅限于投资债券不谈，为什么头脑正常的人会持有债券而不是股票呢？答案是，一些投资者愿意为债券收益的明显确定性支付过高的价格。它们有固定的票息、赎回日期和将在赎回时偿还给持有人的面值。股票没有这些东西。（尽管不得不说，鉴于雀巢在146年中只报告了一次亏损，股息是相当安全的，但它仍然不是固定收益，就像票息那样。）而且你不能指望，当你需要卖出时，你能以特定价格卖出股票。但这似乎表明，相对于债券，其股票至少具有更好的价值。虽然这并不意味着这二者都很便宜，但它确实提出了一个问题，即在当前环境下，有哪个投资领域比股票具有更好的风险/回报。

13. 截至2013年12月31日，该基金的加权历史股息收益率为2.3%，加权预期收益率为2.5%，预期股息覆盖率为2.4倍。

尽管我们投资组合中的所有公司的总部和上市地点都在欧洲和北美，但它们约32%的收入来自新兴市场。这通常被认为是一个积极的属性，因为近年来新兴市场在经济增长方面的表现普遍优于发达市场。

我们经常被问到，如果我们喜欢享受到新兴市场的卓越增长带来的好处，为什么不直接投资于新兴市场。原因很复杂，但主要原因之一是流动性。Fundsmith股票基金是一只每日流动的开放式基金。我们希望，如果你投资于我们的基金，你将成为一名长期投资者，因为我们相信这会带来最佳结果，但你可以在任何交易日赎回你的投资。如果我们直接投资那些符合我们的投资标准并且总部和上市地点都在新兴市场的公司，这与我们的基金运行方式是不相容的。虽然其中一些公司规模不小，但它们在当地市场的股票流动性不足，无法通过开放式基金可靠地持有它们，尤其是能够进行日常交易的基金。

为了克服这个问题，我们决定在2014年推出一只新基金Fundsmith新兴股票信托基金（Fundsmith Emerging Equities Trust，FEET）。这将是一只信托投资基金，其投资策略与我们现有的基金相同，但主要投资于在新兴市场上市的公司。它的重点将放在消费类股票上，因为：（1）这是我们投资策略中最重点关注的领域；（2）新兴市场中消费阶层的出现已经形成一个既定趋势，该趋势看起来可能会持续几十年，并且应该会为其业绩提供有利条件。

我们已经为Fundsmith新兴股票信托基金确定了一个达150多家公司的可投资范围，我们已经对其中许多公司有所了解，因为在为Fundsmith股票基金研究公司时，这些公司是我们所研究公司的子公司、联营公司或特许经营商。这也有助于解决可能在新兴市场出现的公司治理问题。

我们会在即将推出的《FEET持有者手册》中详细介绍细节。我们认为，与许多其他以享受新兴市场增长为目标的投资产品和方法相比，这种方法应该能够为投资者带来更好的业绩。

作为信托投资，FEET基金将克服开放式基金与股票流动性有限等方面的问题，因为它将筹集数量固定的初始资本，我也将认购这只基金。此后，投资者流动性将通过交易信托份额来提供，从而能够避免根据投资者的需求对投资组合进行变现或加仓，这能够消除其中的高昂成本。

我们认为FEET基金在今年晚些时候会提供很好的投资机会，你可以期待从我们这里听到关于这只新基金的更多消息。

权衡投资时只要事实

《金融时报》，2014年1月24日

在20世纪50年代，一部早期侦探系列电视剧叫《天罗地网》（Dragnet），剧中的主角叫乔·弗莱迪（Joe Friday）。在每一集开始的时候，他都会说："我的名字叫弗莱迪。我是一名警察。"他的另一句著名台词是他在试图从一个喋喋不休的证人那里找到证据的时候说出的："只要事实。"

当谈到投资时，我们都应该很好地记住乔的证人访谈技巧。因此，让我们从一些事实开始——如下表所示。你想持有一家取得以下业绩的公司吗？

年份	收入	经营现金流
2006	44.3	14.4
2007	51.1	17.8
2008	60.4	21.6
2009	58.5	19.0
2010	62.5	21.1
2011	70.0	27.0
2012	73.7	31.6

在过去的6年里，它的收入增长了66%，复合增长率为8.8%——这在跨越金融危机和深度衰退的时期绝非易事。该公司在2009年经历了一个低迷时期，但收入仅下降了3%，因此它几乎没有周期性。

它的现金流表现甚至更好。经营现金流增长了119%——复合年增长率为14%，其经营现金流占其收入的43%，因此其利润率非常好。

总而言之，这是一个令人印象深刻的经营业绩。当然，你不能仅凭此就做出投资决定。你需要一些关于估值的数据。如果你认为，鉴于其近期记录，它的股票肯定估值过高，无法投资，这也是情有可原的。

如果我告诉你，你目前可以以超过8%的自由现金流收益率（它产生的自由现金流除以其市值）购买这家公司，你又会怎么想？它的预期市盈率为12倍？它也支付股息——3.2%的股息率，股息覆盖率为2.4倍。更有甚者，它的资产负债表上的现金相当于其市值的四分之一左右。

"我怎么购买这只股票？"这很可能是你的回应。这肯定也是我的回应。如果你在这些数字后面加上"十亿"单位，然后加上"美元"，那么我所描述的这家公司就是微软。

这时，我猜那些因其前景垂涎这个投资机会的投资者一定会感到惊讶。微软肯定是科技战争的输家吗？我在计算机出版物、商业杂志、报纸、分析师报告和博客中读到过不计其数的质疑微软能否"自救"的文章。

微软要从什么中自救呢？空头认为，微软在移动设备方面输给了苹果，在在线搜索和移动操作系统方面输给了谷歌。它还要面临个人电脑更换周期不断下降的问题，因为个人电脑使用的是Windows操作系统，这是我们大多数人都知道的微软产品。

如果你阅读有关微软的大多数评论，你肯定也会得出这样的观点。然而，回到那些不该忽略的事实。微软的收入和利润最大的部门是其服务器和开发工具部门，该部门为服务器和软件开发工具的需求方开发和销售软件。它的客户是IT专业人士和软件开发商。你对此了解多少？

如果你在工作中使用微软软件，并且我们中的大多数人确实如此，那么我猜你已经或即将从Windows XP升级到Windows 7，因为Microsoft将停止对旧产品的支持。世界上有95%的自动取款机使用的是Windows XP。这是一个不断产生收益的例子，因为我们必须更新到更新版本的操作系统。

我不认为自己对科技股投资了解什么（尽管至少在意识到自己的局限性

这一点上，我怀疑我比大多数认为自己了解科技股投资的人领先一步）。**我也不知道谁将接替史蒂夫·鲍尔默（Steve Ballmer）担任首席执行官。但我确实了解财务分析，它似乎经常被人们忽视，就像许多发表关于微软评论的评论员那样。**

更糟糕的是，很多关于微软的"研究"和评论并不是关于它运营得好与坏。更多的是评论者的偏见，他们似乎常常觉得，因为微软不时髦不时尚，没有苹果的设计感，所以它不配取得成功。

事实表明并非如此。只要坚持事实。

页岩：奇迹、革命还是潮流

《金融时报》，2014年2月7日

除非你在过去几年一直处于休眠状态，否则你一定听说过正在进行的页岩气"革命"或"奇迹"。美国总统巴拉克·奥巴马在2012年的国情咨文演讲中承诺支持页岩气开发。大卫·卡梅伦敦促"水力压裂法"的反对者参与其中。

"水力压裂法"已经成为一个俗称。该词于2013年6月被添加到了《牛津英语词典》当中。它指向地层深处的岩石注入水、沙子和化学物质的高压混合物，以裂解岩石并从页岩中释放石油和天然气。环保主义者对这种做法持有各种各样的反对意见。页岩还存在其他问题——无论是作为廉价能源还是作为投资。

第一个是"能源投入回报"（energy return on energy investment，EROEI）的概念。这是能源产生的能量与获取该能源所消耗的能量之间的比率。这是一个重要但几乎被忽视的比率，它决定了我们经济的效率——我们必须将多少资源用于获取能源——以及能源勘探和开发的经济性。

一个世纪或更久以前的石油发现大多是在陆地上，通常在政治稳定的国家并靠近主要消费市场。

随着时间的推移，石油和天然气的勘探和生产转移到了政治不太稳定和偏远的地区，这在石油和天然气与市场之间产生了物流障碍。

页岩气/石油和水力压裂法只是这一趋势的延伸。20世纪30年代，美国石油生产的EROEI为100∶1——每生产100个单位就需要消耗一个单位。到2000年，尽管技术取得了巨大进步，但这一比例已降至11∶1。页岩油的比例约为5∶1。这是一个关键的区别。

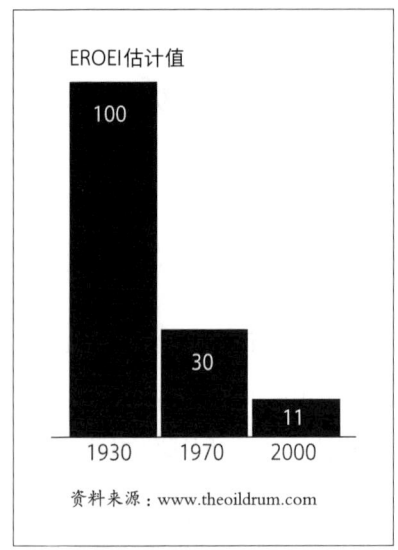

美国石油和天然气

还有耗竭的问题。投资分析中的一个惯用伎俩是问100英镑的投资获得20英镑的年回报是好是坏。大多数人会说这是一个很好的回报。但是你缺乏评估这项投资所需要的其他重要信息：资产寿命和到期价值。如果该资产只持续三年，然后一文不值，这就是一项糟糕的投资，因为你只能从投资的100英镑中总共收回60英镑。如果它持续20年，这就是一项不错的投资，因为你将收回400英镑。

资产寿命对于评估所有投资都是至关重要的。对于石油和天然气勘探和生产来说，资产寿命是油井或油田不再具有经济上的价值并且必须放弃之前的时期。

页岩油井的产量下降幅度之大令人意外。北达科他州巴肯油田的一口典型油井于2012年钻探，目前的产量可能还不到其初始产量的30%。美国东北部和加拿大较新的尤蒂卡页岩油田最近令人失望的表现也反映出了这一问题。

投资者对页岩气投资的回报大致分为两个主要时期。从2002年到2007年发现大部分页岩气，页岩气公司股价快速上涨。一旦新发现的天然气投入使用，天然气价格就会下跌——回报和股价也会随之下跌。英国最大的页岩气生产商是Cuadrilla Resources[①]，该公司成立于2007年，由AJ Lucas[②]、Riverstone Holdings[③]和凯雷投资集团（Carlyle）[④]所有，正在兰开夏郡勘探页岩气储量。澳大利亚上市公司AJ Lucas拥有Cuadrilla Resources42%的股份。AJ Lucas的当前股票市值只是2009年的四分之一。

---

① 一家英国私人勘探和生产公司，专注于从页岩中发现与获取天然气。
② 澳大利亚采矿和基础设施服务提供商。
③ 一家以能源和电力为重点的私人投资公司。
④ 一家全球性另类资产管理公司，公司总部设在华盛顿。

这种令人失望的表现不仅限于小公司。英国石油公司于2012年7月减值了10亿美元的页岩气资产，而加拿大能源公司恩卡纳（Encana）表示，近年来其页岩气资产损失了近20亿美元。壳牌公司正在出售其在得克萨斯州伊格尔福特页岩气产区（Eagle Ford shale reserve）的股份，其在那里的资产已减值超过20亿美元。它声称有200多口油井无法达到其生产目标。壳牌公司前首席执行官彼得·沃瑟（Peter Voser）表示，有关美国页岩革命出口到其他国家的言论被过度"炒作"了，世界其他地区处于早期"勘探阶段"，可能会产生"负面惊喜"。

正如已故的吉米·戈德史密斯（Jimmy Goldsmith）喜欢说的那样："如果你看到潮流，那就太晚了。"页岩潮流可能已经过去。

投资者是自己最大的敌人

《每日电讯报》，2014年2月14日

美国前短跑运动员迈克尔·约翰逊曾经说过："能打败我的只有我自己。"我怀疑这句话只是说明他不太谦虚，但这句话可能还有另一个更微妙的含义：即使我们在自己的领域很出色，我们也有可能取得糟糕的结果，因为我们自己的情绪会打败我们。经常打败我们的不是竞争对手或困难的任务，而是我们自己的心理。

在投资中，我们很容易，也确实应该批评大部分基金经理为投资者提供的糟糕服务，并认为这是投资者获得如此低回报的主要原因。

大多数基金经理并不认为对他们职业生涯的最大威胁是亏损投资者的资金或基金表现不佳。他们认为最大的威胁是不同于他的基金同行。他们认为比失败更糟糕的唯一一件事情就是与众不同。

他们及其同行并不担心会给投资者带来可怕的结果：如果他们的表现大致相同，他们就不太可能看到投资者大量赎回基金或者自己被解雇。这导致大多数"只做多头"的基金经理（那些不使用复杂的"卖空"技术的人）购买了非常多的股票，以至于他们或多或少地复制了作为其业绩基准的指数表现。我说"或多或少"，但实际情况是他们大都取得了更少的回报。

如果基金经理持有足够多的股票来粗略地跟踪一个指数——在大多数市场，你持有随机选择的股票数量不必超过25只，就能做到这一点——一旦受到管理费用和交易成本的影响，他们的基金就会跑输指数。这种不良业绩是不可避免的。

我记不清有多少投资者告诉过我，他们从长期储蓄计划或个人养老金中提取了储蓄，却发现实际实现的金额与多年或几十年的认购金额大致相同，任何已实现的收益都被费用吞噬掉了。我认识的一位投资者声称，她从违规销售中获得的赔偿要比从储蓄中获得的投资回报更多。

对冲基金的情况似乎并没有好转。《汇丰银行投资基金业绩回顾》显示，平均而言，对冲基金已经连续五年跑输大市。我的一位同事最近申请从这样的对冲基金中赎回资金，基金经理问他为什么。

他说，这是因为业绩不佳。基金经理回应他说，近年来几乎所有对冲基金都表现不佳。这样的回应也许不出所料，但这并没有提供多少安慰。这又是从众本能的体现。基金经理认为，如果他们一起失败，他们可以证明自己的持仓是合理的。

总的来说，基金经理忽略了约翰·邓普顿爵士的名言："如果你想比大众拥有更好的投资表现，那么你的投资行为必须有别于大众。"

由于所有这些群体思维，过去20年美国基金投资者的平均年回报率为7%，低于市场水平（数据来源：Dalbar Statistics[①]），原因是基金表现不佳、费用成本以及他们糟糕的择时交易。

对于基金管理行业的糟糕表现，如果你打算通过自己的交易行为来应对，只会让情况变得更糟，并没有多大意义。即使一个基金经理取得很好的业绩，我们也有可能取得较差的投资回报。

2000年至2010年间，表现最好的美国基金是CGM精选基金（CGM Focus Fund），其年化回报率为18%。这是一个非常引人注目的回报率。同期，该基金的投资者平均每年亏损11%。投资者表现出了一种准确无误的能力，可以在估值高峰时买入该基金，并在估值低谷时卖出。

我们绝大多数人都非常不擅长进行所谓的"择时交易"，在这种情况下，投资者试图在市场顶点（或接近顶点）时卖出，并在市场低点时买入。所有关

---

① DALBAR是美国一家金融服务市场研究公司。

于投资者资金流的统计数据都表明，相信自己能做到这种低吸高抛，这是违背经验的。一些最明智的投资者最有可能获得最佳业绩，他们是那些至少意识到自己无法成功进行择时交易的人，所以不要尝试这种行为。

大多数投资者的另一个主要缺点是，无论是个人投资者还是专业基金经理，他们的交易都过于主动——他们交易过多。

更要知道，如果我们的时机选择几乎都是糟糕的，我们最好尽可能减少交易次数，所有交易活动都有成本，其中大部分是隐藏的。我们被教导要想成为成功的投资者，我们需要最新的信息和即时交易的能力。实际上，真相远非如此。

相反，我们应该效仿基金经理乔纳森·鲁弗（Jonathan Ruffer）最喜欢的客户，他说"他会按季度监控业绩，如果在第一个25年之后……"

这是一个发人深省的想法：作为投资者，基金管理行业可能为我们提供了糟糕的服务，但对我们的财富而言，还有比这更不利的一个因素——我们自己。

蓝色巨人的投资者可能没有赢家

《金融时报》，2014年2月24日

2011年，传奇投资家沃伦·巴菲特宣布伯克希尔-哈撒韦公司首次对一家科技公司进行重大投资，从而引起了市场震荡，这是他始终回避的一个市场领域，并声称自己对它并不了解。

这种方法非常符合他的投资建议，即投资者应该始终坚持在他们所谓的"能力圈"内进行投资。大多数明智的投资者都会同意这个观点。毕竟，谁会接受一个投资于他们不了解的公司或资产的策略？然而，根据我的经验，许多投资者仍然没有意识到他们的能力圈是多么狭窄。

巴菲特收购了科技公司IBM超过100亿美元的股票，这使IBM成为伯克希尔-哈撒韦仅次于可口可乐的第二大持股，并使伯克希尔-哈撒韦公司成为IBM的第一大股东。

自从巴菲特收购以来，IBM的收入一直在下降。2013年第四季度的收入连续第七个季度低于2012年同期水平。由于表现不佳，IBM的首席执行官和其他高级管理人员自愿放弃了2013年的奖金。正如英国《金融时报》的Lex专栏[①]最近所说，"IBM的季度业绩几乎是当前运营情况的写照：糟糕的收入增长伴随着成本控制、股票回购和股息，这些因素结合在一起，使这个传奇科技巨头看起来也许没有其营业收入所显示的那么糟糕"。

碰巧，在巴菲特投资IBM的同时，我也在关注这家公司，但我决定避开它。为什么？

---

① 由《金融时报》的评论员撰写的短评，其内容是对全球经济与商业的热点进行分析与评论。

IBM的一些特征让我感到不安。一个是他们宣布了一个"路线图"，到2015年将每股收益增长到20美元，高于2010年的11.50美元。我不喜欢管理层使用诸如"路线图"之类的词语，除非他们正在讨论驾驶汽车。在这种情况下，"计划"将是一个完美的用词。

我也不喜欢对每股收益的关注。并非所有的盈利都是平等的。有些需要更多，有些需要更少的资本来产生它们，而且并非所有的盈利都以现金形式实现。这对巴菲特来说应该不足为奇，他在1979年致股东的信中将资本回报率确定为公司业绩的主要衡量标准。许多每股收益增长是以资本回报为代价的，因此破坏了价值。

但是，如果对每股收益增长的关注令人担忧，那么在"路线图"中确定的实现这一目标的计划方法就更加令人不安：大约40%的收入增长（包括收购），30%的运营杠杆和30%的股票回购。

收入增长是比股票回购和成本控制（我认为这是IBM所谓的"运营杠杆"）更高质量的价值创造来源，前提是它不是以牺牲回报为代价实现的。我对通过收购实现的收入增长持谨慎态度，其中大部分不会创造价值。收入增长是无限的，而削减成本和回购都是有限的。

此外，尽管一些回购为股东创造了价值，但许多回购并没有，而且似乎无论股票估值如何，回购都会被执行。如果一家公司回购股票所支付的价格高于其内在价值，那么它就无法为剩余股东创造价值。市场上经常有人鼓吹股票回购可以增加每股收益，许多公司（和投资者）都被这种熟悉的鼓吹言论愚弄了。由于利率接近于零，现金的替代用途通常产生很少的收入，在这样一个时代，几乎任何替代方案都可以增加每股收益，但不一定创造价值。

我发现一项重大股票回购的五年计划特别令人担忧。管理层如何才能知道，在规模如此之大，期限如此之长的情况下，股票的交易价格是否会远远低于内在价值，从而创造提升价值的回购？

2010年，IBM的另一个特征让我印象深刻，当时我和我的Fundsmith基金同事正在阅读该公司2009年的年度报告。我们注意到现金流量表中有一个19亿美元的错误。我们打电话给IBM以验证我们是否误解了它,他们确认我们是正确的,并且我们是唯一询问过这个错误的人。

也许其他人已经发现了它却懒得打电话,但我怀疑现实情况是很少有投资者或分析师阅读年度报告和10-K文件。这个错误在2010年的年度报告中得到了纠正,这并没有让我对IBM的看法产生重大影响,但它肯定影响了我对那些正在分析它的人的看法。

曾祖父，你在一战前投资了什么

《金融时报》，2014年3月8日

今年是第一次世界大战爆发的一百周年。我们可以从这个世纪以来股票市场成分股的变化中学到什么呢？

在回答这个问题之前，我们首先要知道，我们现在参考的大多数主要股票市场指数都是在1914年之后很久设计的。

我们来看一下世界上最重要的两个股票市场，纽约和伦敦，标准普尔于1923年首次推出了现在的标准普尔500指数，它自1957年以来一直以目前的形式存在。富时100指数的推出年份更晚，它直到1984年才出现。即使是代表性较差的富时30指数也是在1935年设计的。

当加夫里洛·普林西普（Gavrilo Princip）[①]的枪杀在世界各地产生回响时，大西洋两岸唯一存在的指数是道琼斯工业平均指数，该指数由查尔斯·道于1884年创立，并且至今仍然存在。到1914年，道琼斯指数由10家公司组成。现在它包含30家公司。

1914年的成分股显示，美国经济的制高点被重工业公司占据。它们是制造商，主要生产其他制造商消耗的基本材料。

只有一家公司在100年后还在道琼斯指数的成分股名单上：通用电气。即便如此，它的业务在一个世纪以来也发生了根本性的变化。现在，其近一半的收入来自航空发动机和金融服务——这两项业务在1914年还不存在，因为威尔伯·莱特和奥维尔·莱特在此十多年前才开始飞上蓝天。

---

① 1914年6月28日，普林西普枪杀了正在对萨拉热窝进行访问的奥匈帝国王储弗朗茨·斐迪南和他的妻子索菲亚。这被称为萨拉热窝事件，该刺杀行动成为第一次世界大战的导火索。

1914年的成分股中有两家公司，即混合铜业（Amalgamated Copper）和中央皮革（Central Leather），实际上已经不复存在。除了自2008年以来一直没有盈利的美国钢铁公司之外，其余公司的表现已经不再突出，不再作为任何指数的成分股。

今天的指数由截然不同的公司主导。

五家属于金融服务行业，如果包括Visa（它是一家支付处理公司）。四家属于计算机硬件、软件或服务行业；四家属于药物或医疗保健行业；四家属于消费品或快餐行业。两家是石油公司，两家是零售公司，两家是电信公司。航空航天业有波音公司，但也包括通用电气和联合技术公司，联合技术公司生产西科斯基直升机和普拉特·惠特尼发动机。有一家娱乐公司（华特迪士尼）。唯一看起来像1914年时期的公司是3M和化工集团杜邦。

我们应该从中得出什么结论呢？

以世纪为投资期限进行投资的想法显然是不现实的。在股票投资的世界里，没有多少公司是永远存在的。如果你在1914年前往西线战场之前为了你的后代的利益而投资了道琼斯指数，并将其锁定到下个世纪，那么你的曾孙会对该指数成分股感到非常困惑。

相反，如果你投资了那些在市值方面上升到道琼斯指数排名前列的公司，你肯定会取得更好的结果（即便这些公司长大有部分原因是通过发行了大量回报不足的股票）。

但是，这些公司的地位提供了一些线索，可以了解当时有哪些公司被视为经济主导行业的代表。

这样做有助于提醒我们，美国经济有点像英国经济，日益后工业化，越来越依赖金融服务、消费品和医疗保健。

最后，道琼斯指数的演变表明，投资制造飞机（及其发动机）的公司要比投资运营飞机的公司好——道琼斯指数中没有一家航空公司。

金砖四国基金的表现

《金融时报》，2014年4月11日

也许最危险的投资概念是"无须动脑"。以新兴市场股票为例。它们的回报肯定比发达经济体的回报要好得多，因为它们大多拥有更好的人口结构，年轻且快速增长的人口；更快的GDP增长速度；它们没有遭遇像美国和欧洲那样由银行系统崩溃带来的经济危机。

针对这个主题该怎样做投资？大多数人会购买主动管理型新兴市场股票基金。如果你在过去几年这样做，你几乎肯定会感到失望。

过去五年，IMA全球新兴市场板块的基金平均回报率为65.7%。它们的表现落后于同期上涨69%的MSCI新兴市场指数。

这里没有什么新鲜事，主动基金经理的平均表现低于基准指数，因为他们通常持有非常多的股票，以至于其基金成了"伪指数跟踪器"，复制指数的表现，但增加了费用和交易成本。毫无意外，跑输指数几乎是肯定的。

你可以通过投资指数基金来避免这种情况。如果你购买了跟踪MSCI新兴市场指数的基金，你在过去几年中的业绩确实会更好。

但是，如果你购买了一只跟踪发达国家基准指数的基金，你的业绩会好得多。同期，富时100指数上涨102%，标准普尔500指数上涨124%。面对这种经历，投资者一定很容易得出结论，认为新兴市场的高回报假设完全是错误的。

但最令人失望的是，如果你购买了过去十年新兴市场投资中最受欢迎的主题之一，并将资金投入金砖四国基金。首字母缩写词BRIC由时任高盛经济学家吉姆·奥尼尔（Jim O'Neill）于2001年发明，代表巴西、俄罗斯、印度和中国。金砖四国被认为是未来的四大经济强国。围绕金砖四国创立和发行了大量的被动型和主动型投资产品。

肯定很少有新兴市场投资能比金砖四国基金表现得更好吗？又错了。过去五年，MSCI金砖四国指数仅上涨44%，表现普遍落后于新兴市场与美国和英国等发达市场。不用说，金砖四国主动基金的平均表现也落后于金砖指数。

造成这种失望的一个重要原因在于这些指数的构成。

我认为最具投资价值的公司是消费必需品。这些公司仅占新兴市场指数的8%。因此，新兴市场指数、其指数基金以及主动基金中暗自跟踪该指数的伪指数基金的表现不佳，这对我来说并不奇怪。

新兴市场漫游指南

《金融时报》，2014年8月1日

在我最近为《金融时报》撰写的一篇专栏文章中，我试图弄清为什么这么多投资者在追求新兴市场卓越的经济增长方面有如此糟糕的经历。这就引出了一个更深层次的问题：有没有更好的方式来投资发展中国家？

增长通常是以牺牲资本回报为代价的，这样做不会为股东创造任何价值。渴望增长的投资者有时会忽略这个问题，尤其是在新兴市场。在新兴市场中，卓越的增长率是投资理由的重要组成部分。

当一家公司的资本回报率不足时——我将其定义为回报率低于其资本成本——它会破坏价值。股东应该希望这样的企业缩减其运营资本并返还现金收益，而不是增加和动用更多的资本。

那么，你在哪里可以找到资本回报率持续较高并且伴有盈利增长的公司呢？

第二次世界大战后最明显的趋势之一是中产阶级或消费者的崛起。在新兴市场，对中产阶级的构成有多种定义，但普遍接受的分界点之一是可支配收入达每天10美元左右。根据这个分界点，低于这个水平的人不被算入消费者。

在1950年的25亿世界人口中，按照这个定义，可能只有大约3亿人是消费者。到2010年，在68亿总人口中，这一数字已经变成24亿。外推法是一种危险的预测技术，但据格罗宁根大学、布鲁金斯学会和麦肯锡估计，到2025年，在估计的79亿世界人口中，有42亿将成为消费者。

更重要的是，预计新兴市场的消费增长率将是发达国家的三倍以上。

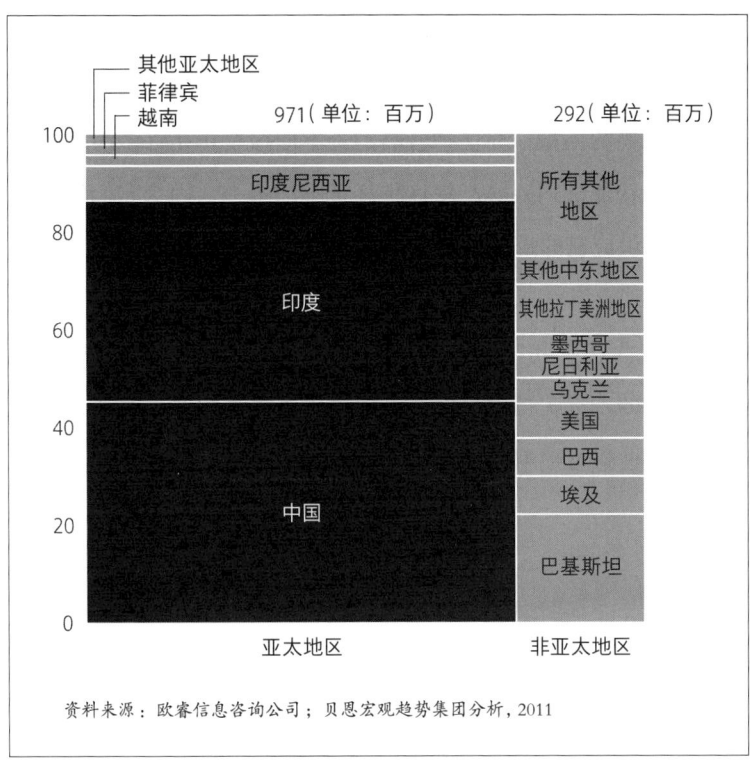

中产阶级增长分布（2010—2020年）

预计2010年至2020年间，中产阶级消费者的人数将增加超过10亿。在所示图表中，值得注意的是，英国乃至整个欧洲都包含在右上角的"所有其他地区"。

《银河系搭车客指南》(The Hitchhiker's Guide to the Galaxy)中，主人公阿瑟·邓特发现，对于地球的描述只有两个字"无害"。他的朋友、该指南的编写者福特·长官告诉他，在新版指南中，将改为："基本无害"。

阿瑟·邓特不得不接受的是，他的家乡星球在宇宙中并不是特别重要。同样，作为投资者，我们最好意识到我们最熟悉的国内市场并不那么重要。

就消费者支出的增长而言，情况当然如此。完全依赖发达国家的消费者支出增长的发展战略，将失去其他地区的更好发展机会——这正是如此多的消费板块的跨国公司聚焦于新兴市场发展业务的原因。

将较高的消费者支出增长与持续较高的资本回报率相结合，你的投资策略将有可能取得卓越的回报，而这种较高的资本回报率正是许多消费品公司能够维持的。必需消费品公司能够产生这种高资本回报率，因为它们的品牌、定价能力、分销、对供应链的控制有助于抵御竞争。

在过去的5到10年里，投资于那些主要在发展中市场开展业务的消费必需品公司的策略大大优于我在上一篇文章中回顾的其他新兴市场投资策略。当然，过去是未来的不完美指南，但在考虑投资新兴市场时，忽视日常必需品和奢侈品消费的快速和可预测增长是不明智的。

投资者如何忽视了乐购的警告信号

《金融时报》，2014年9月6日

自从创立Fundsmith基金以来，我最常被问及并要求购买的股票就是乐购。是的，正是这家公司在最近六周内发布了两次盈利预警，将中期股息削减了75%，股价已跌至2003年的水平。

我甚至在该基金的一次年度会议上被问及此事，一位听众后来在推特上表示，怀疑我没有在这个问题上进行深入研究。

从表面上看，很容易看出原因。乐购是英国最强大的零售商，其股价表现几年来一直落后于市场，从而吸引了那些坚持下跌必定上涨理论的投资者（忽略了艾萨克·牛顿爵士所普及的理论，该理论的主张正好相反），他们认为这可能会提供买入机会。

此外，这是"奥马哈的圣人"（Sage of Omaha）沃伦·巴菲特持有的英国股票。面对这样的"背书"，我怎么能抗拒拥有这颗宝石呢？

我不太可能在Fundsmith股票基金中持有一家零售商的原因有很多。但就乐购而言，巴菲特的一条经验就足以让我拒绝买入这家公司。

巴菲特在1979年致股东的信中表示："公司管理业绩的主要检验标准是在没有使用不当杠杆、会计伎俩等手段实现高的已动用资本回报率，而不是实现持续的每股收益。"

所以，巴菲特及其许多追随者都忽略了下面这张图表，让我备感惊讶。巴菲特的追随者似乎跟随巴菲特先生一起来到了乐购的"地狱之门"。

成长股的投资之道

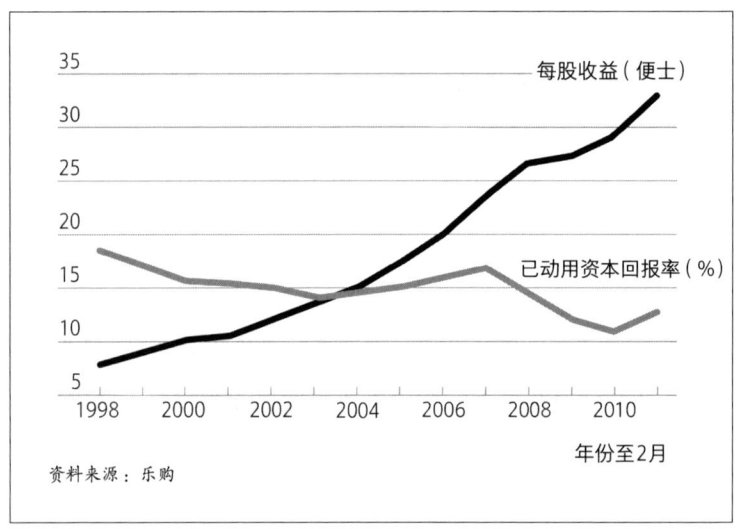

乐购：莱希任职期间

这不是我遇到的第一张此类图表，公司报告的每股收益稳步上升，这是大多数分析师和"投资者"的关注点。

对他们来说，每股收益的上升似乎具有催眠效果，就像《丛林之书》(The Jungle Book)中的巨蟒卡奥一样。但他们忽略了这一点，即正在使用更多的资本来以更低的回报率产生这些收益。还要考虑到这样一个事实，在那几年里，乐购已经八次变更了对已动用资本回报率的定义，而且这些资料的数量足以让投资者对这家公司敬而远之——即使是那些比我更不反感零售商的人。

然而，关于乐购出了什么问题的大部分评论都集中在菲利普·克拉克（Philip Clarke）身上，他于2011年接替特里·莱希爵士担任首席执行官，好像在那之前一切都很顺利。查看图表中的已动用资本回报率曲线，显然情况并非如此。

此外，还要记住的一件事情是，乐购在莱希任职期间的已动用资本回报率从非常好的19%下降到不足10%。这是已动用资本回报率的平均值，包括多年前投资的资本和最近的投资。

要将平均已动用资本回报率拖累得如此显著，那几年新投资的回报率很可能不仅不足，而且在某些情况下为负——事实证明，乐购在美国的市场扩张效果不佳。

即使已动用资本回报率对你而言，没有像对我或巴菲特（至少在1979年）那么重要，请考虑这一点：在过去18年中的14年（从1997年算起，当时特里爵士成为首席执行官），乐购的自由现金流减去其股息（自由现金流定义为经营现金流减去总资本性支出）均为负数。

简单来说，乐购没有产生足够的现金来进行投资和支付股息。在这14年的一半当中，固定资产处置的收益使这一数字变为正数，但这并不是一个可持续的融资来源。

那么猜猜他们做了什么？是的，他们通过借款来进行融资。特里爵士接手时，乐购的总债务为8.94亿英镑，在2009年达到近159亿英镑的峰值。该公司将大部分自由现金流用于固定资产投资并筹集债务以帮助支付股息。这既不健康也不可持续，就像乐购的投资者现在已经意识到的那样。

这也许不可持续的观点几乎不需要太多思考。绘制已动用资本回报率与每股收益增长的图表也不需要太多时间。然而，很明显，许多投资者，包括奥马哈的圣人（近年来一直在减持乐购股份），他们要么没有这样做，要么这样做了却忽视了其结果。这让我想知道他们还忽视了什么事情。

尤里卡！我发现了基金的命名方式

《金融时报》，2014年10月3日

上个月，全球最大的养老基金之一加州公务员退休基金（California Public Employees' Retirement Scheme, Calpers）宣布其正在撤回对对冲基金的40亿美元投资。这引发了一系列严重的问题，其中一个重要的问题是它起初为什么要投资对冲基金。

在截至2014年6月30日的财务年度中，Calpers的对冲基金投资组合的收益率仅为7.1%，而其整体基金的收益率为18.4%。但对于对冲基金来说，2013年至2014年并不是只有这一年糟糕，Calpers的不佳表现也并非不同寻常。2013年，对冲基金的平均回报率为7.4%，比标准普尔500指数低23%，连续第5年跑输市场。

从某种意义上说，对冲基金相对于基准的表现不佳，这并不是像Calpers这类基金的主要问题，该基金或许应该忽略指数基准。但与Calpers在其他投资中能够（和已经）取得的业绩相比，Calpers的对冲基金的表现更差，这就有问题了——事实上，2013年至2014年，Calpers向对冲基金支付了1.35亿美元的费用。

在西蒙·拉克（Simon Lack）于2012年出版的《对冲基金暴利真相》（*The Hedge Fund Mirage*）一书中，他提供的证据表明，在1998年至2010年期间，对冲基金经理的费用占总收益的86%至98%。"对冲基金"一词已成为一种描述有利于基金经理的费用结构的方式，而不是对某种特定投资方法的描述。

有时为对冲基金提出的辩护是，这种表现不佳并不是放弃它们的充分理由，因为它们的策略与市场的总体趋势无关，当市场趋势发生逆转时，将证明投资对冲基金是值得的。如果不是因为它们在2008年至2009年金融危机期间的极差表现，那么这将更可信，当时的事实证明，其中许多都是多头杠杆基金，而不是像其名称所表示的那样，以合理的方式进行对冲。

然而，可能还有另一种方式可以发现Calpers的对冲基金投资组合中的问题。在Calpers投资的24家对冲基金当中，有不少于11家的名称中带有"尤里卡"（Eureka）一词。"尤里卡"是一个古希腊词的音译，意思是"我找到了"。据称，阿基米德在发现通过测量水的排量来测量不规则物体体积的方法时曾惊呼"尤里卡"。更近的使用场景是，它成为一个与发现黄金相关的术语，尤其是在19世纪40年代至50年代的加利福尼亚淘金热中。

以如此著名的科学发现或发现财富的名称命名你的基金，这会让你落入自己设下的陷阱，或者让你的投资者失望。但如果你试图向Calpers推销你的基金，这样的命名显然是大有帮助的。

这让我想到了基金名称这个主题。你可能熟悉能力圈的概念，伟大的投资者沃伦·巴菲特和他的合伙人查理·芒格经常引用这个概念。其理念是，只有坚持投资于你理解的东西，你才有可能在投资中取得成功。这看起来是一个很明显的道理，但经常被许多投资者忽视。

基金的名称通常是一个线索，能够说明你可能并不了解它们的运作原理（或者可能不了解它们的投资意图）。这样的例子数不胜数，比如我想知道"法兴银行英国离职防御性解雇计划基金"（SocGen UK Step Down Defensive Kick-out Plan）中的投资者认为他们持有的是什么产品。

许多基金名称还通过违反史密斯定律发出警告信号，该定律指出，如果一个短语的反义词非常不合逻辑，以至于你永远不会说这样的话，你就不应该使用它。例如，你可能会发现有人提到"前瞻性计划"。有人制订过后顾性计划吗？充其量，前瞻性计划是同义反复。有多少公司表示他们将通过"选择性收购"来实现增长？当然，没有人会说他们有不加选择的收购政策（尽管在某些情况下这是现实）。

比如，桑勒姆公司（Sanlam）全球最佳想法基金（Global Best Ideas Fund），

有人会推出最坏想法基金（Worst Ideas Fund）吗？如果我是该基金公司的投资者，我可能会担心该公司其他基金产品的收益情况。再比如，太平洋投资管理公司（PIMCO）的基本优势基金（Fundamental Advantage Fund），为了吸引投资者投资基本劣势基金，费用会不会更低？

我为什么不投资银行股

《金融时报》，2014年11月1日

这一周似乎能够很好地解释我为什么不持有银行股。欧洲央行最新的"压力测试"显示，尽管金融危机爆发已过去7年，但欧洲仍有24至25家银行存在资本不足的情况。

经常有人问我为什么不投资银行股，因为我曾经是伦敦备受欢迎的银行分析师。答案是，只要是了解银行的人都会对投资银行股更加谨慎。

我的基本原则之一是永远不要投资需要杠杆或贷款才能获得足够净资产收益率的企业。

我们在Fundsmith基金投资的大多数公司都有一些贷款。但是这些公司并不需要贷款才能生存，它们在使用债务之前已经获得了可观的回报，而不是通过它们的资产获得小额回报，然后通过债务为大部分资产融资。

与其他企业相比，银行对杠杆的依赖程度更高。银行5%的股东权益与资产比率形成了19∶1的债务与股东权益杠杆。

关于如此高杠杆的一个好消息是，当出现问题时，至少你会很快破产。

看看下面这张劳埃德银行集团（Lloyds Banking Group）在2013年底的非常简化的银行资产负债表：

	负债 （十亿英镑）	负债 （%）		资产 （十亿英镑）	资产 （%）
权益资本	40	5	现金	50	6
存款和其他负债	807	95	贷款和其他资产	797	94
总计	847	100	总计	847	100

这并不罕见。这是正常的银行模式。银行的总资产回报率很低，通常为1%—2%，但由于95%的资产是由存款人和债券持有人提供的资金，因此净资产收益率要高得多。100英镑资产获得1英镑的回报相当于5英镑权益资本获得20%的回报。

一切都很好——直到出现问题。那么资产价值仅损失5%就意味着股东权益全部被抹去。

一个更有害的威胁是银行挤兑。投资者已经忘记了信贷周期，直到2007年。当信贷收缩时，有时同时发生在银行及其客户中。

当我在20世纪80年代分析银行时，可以通过研究银行的账目和监管回报来衡量银行的坏账或信用风险、利率和货币敞口。随着这些产品的场外衍生品的出现（始于20世纪80年代的利率掉期），这已不再可能。

银行财务部门的工作人员可以通过电话或点击鼠标更改所有这些风险敞口，而投资者无从得知。从金融危机的事件来看，很明显，少数银行管理层也一无所知。

鉴于所有这些原因，我的建议是，如果你想要持有银行股票，那么你应该在零售银行中进行选择，这些银行只是吸收存款、把资金借给自己的客户并为他们进行支付。

这样的银行确实存在，如果我必须投资一家银行，那将是我寻找投资机会的地方。但即使是这些机构也不能幸免于所谓的系统性风险可能产生的威胁。它们可能会因为挤兑而倒闭，挤兑的原因不是它们自己的错误判断，而是系统中其他银行的错误判断。

20世纪80年代的一个故事说明了银行的脆弱性。当时香港房地产价格开始暴跌，银行坏账因此而增加。

在这个紧张时期，一大群人在等公交车。天开始下起雨来，排队的长龙穿过人行道，躲到一栋建筑的顶篷下避雨，这栋建筑恰好是当地一个家族银行的分行。路人看到排队的长龙，断定这家银行有问题。挤兑的谣言迅速传播开来，到第二天，这家银行就被要求提取存款的人群包围了。

这会是下一个乐购吗

《每日电讯报》，2014年11月29日

30多年来，我一直在阅读沃伦·巴菲特每年致伯克希尔-哈撒韦股东的信。但他最近的投资有些不太顺利。

可能最引人注目的就是他承认在购买乐购股票时犯了一个"巨大的错误"。在乐购发生一系列灾难之后，乐购作为伯克希尔-哈撒韦对英国公司的唯一重大投资，他亏本出售了部分股份。

但是，巴菲特购买的另一只股票表现也很糟糕，这是我最近很感兴趣的一个案例。2011年伯克希尔-哈撒韦大量购买IBM股份，现在已经成为第一大股东，持有该公司7%的股份。

IBM最近放弃了2015年每股20美元的利润目标，今年前三个季度的利润仅为每股10.76美元。其股价因此下跌至目前的162美元，而今年的高位接近200美元，而伯克希尔-哈撒韦持有的平均价格为每股170美元。

巧合的是，当巴菲特为伯克希尔-哈撒韦购买IBM的股份时，我们正在为Fundsmith股票基金研究这只股票并做出了拒绝买入的决定。为什么呢？

这家计算机服务巨头于2010年5月刚刚通过PowerPoint演示文稿发布了其"IBM2015路线图"。当有人使用"路线图"这个词时，就会立刻唤醒我的防御本能，除非是在讨论与汽车相关的话题。在这种情况下，"计划"是一个非常合适的用词，而且不会显得那么虚夸。

这份"路线图"旨在展示IBM如何将2010年每股11.52美元的利润增长到2015年的20美元。

为什么投资者应该对这个目标留下深刻印象，即使IBM可以实现它，我非

常不明白。

但这可能给巴菲特留下了深刻印象，这就特别奇怪了，因为他在1979年致股东的信中写道："公司管理业绩的主要检验标准是在没有使用不当杠杆、会计伎俩等手段实现高的已动用资本回报率，而不是实现持续的每股收益。"

在对IBM和乐购的投资中，他似乎忽视了自己的建议。

IBM的"路线图"描述了许多实现每股收益增长的"桥梁"，这进一步增加了我的担忧。我认为桥梁是一种跨越障碍的建筑物。

这种"路线图"增长的"桥梁"（除非你是土木工程师，否则"来源"是个适当的用词）大约包括40%的收入增长，尽管这包括收购；30%的"运营杠杆"（换句话说就是，成本削减或生产力提高）；30%的股份"回购"，即公司用现金购买自己的股份，从而减少已发行股票的数量。

收购、削减成本和股票回购并不是特别高质量的增长来源。削减成本和股票回购当然是有限的——你无法通过削减成本和收缩业务来实现增长，这只能实现每股收益的增长。巴菲特已经正确地拒绝了将每股收益的增长作为价值创造或业绩的有用衡量标准。

并且你怎么知道你将进行收购，未来的价格考虑了吗？

股票回购这一"桥梁"尤其令人担忧。演示文稿显示，它计划进行500亿美元的股票回购。谁能确定他们会在未来几年回购股票，更不用说如此庞大的数量了？毕竟，谁也不知道未来的股价会是多少。如果股票的交易价格高于其内在价值，股票回购将破坏股东价值，除了那些借机出售股票以退出的股东。

然而，当他披露伯克希尔-哈撒韦在IBM的股份时，巴菲特说："我不知道有哪家大公司像IBM那样，有着非常明确的目标和计划。"所以他明显对"路线图"留下了深刻的印象。

自从IBM放弃其每股收益的"路线图"目标以后，有很多文章和博客都在讨论巴菲特对IBM回购计划的几年内股价表现的乐观看法。

在2011年致股东的信中，他写道："我们应该希望IBM的股价在（回购计划的）五年内一直疲软。逻辑很简单：如果你将要成为股票的净买家，无论是直接用自己的钱购买还是间接购买（通过持有一家进行股票回购的公司），当股票上涨时，你就会受到伤害。当股票下跌时，你就会得到好处。"

这导致评论员认为，巴菲特一定是在为IBM股价的下跌欢呼雀跃。然而，他对IBM股价和股票回购的看法可能还应该加一些有用的限定词。那就是："但当然要看股价下跌的原因。"

如果股价下跌是因为公司前景恶化及其内在价值恶化，那么继续回购股票可能只是浪费金钱——这些钱属于伯克希尔-哈撒韦和其他剩余股东。

鉴于这是似乎正在发生的事情，我怀疑可以从奥马哈听到的声音并不是某些评论员认为的欢呼声，而是一些能让人想起爱德华·蒙克（Edvard Munch）[①]画作的呐喊声。

[①] 挪威表现主义画家、版画复制匠，现代表现主义绘画的先驱。他的画带有强烈的主观性和悲伤压抑的情调。他对心理苦闷的强烈的、呼唤式的处理手法对20世纪初德国表现主义的成长产生了主要的影响，其主要作品有《呐喊》《生命之舞》《卡尔约翰街的夜晚》。

让上市公司一起跳"霍基-科基舞"①

《金融时报》，2014年12月5日

最近一些公司似乎突然热衷于一起跳"霍基-科基舞"（hokey-cokey）。你知道的，就是那种把右手放进去，把右手拿出来，摇一摇晃一晃的舞。

最近最突出的趋势似乎是将公司拆分为更小的企业，这主要发生在美国，但英国也呈现出了这种趋势。即使在Fundsmith基金寻求投资的数量有限的行业和公司中，也出现了争先恐后的分拆现象。就在本周，联合利华宣布分拆其涂抹酱业务，但我们也看到：

● 提供薪酬服务的ADP公司②剥离其汽车经销软件业务CDK③；
● 易贝（eBay）宣布将其Marketplaces④和PayPal业务分开；
● 纸巾和尿布制造商金佰利公司计划剥离其医疗保健业务；
● 宝洁公司宣布打算剥离其金霸王（Duracell）电池业务，然后将其出售给巴菲特的伯克希尔-哈撒韦公司；
● 利洁时决定将其制药业务上市，命名为Indivior公司⑤。

关于拥有装瓶商是好还是坏，可口可乐存在着周期性变化。最近，它在回购装瓶商的股份，而其许多股份是可口可乐之前卖出的。有时不拥有装瓶商似乎是件好事，因为这是一项资本密集型、低回报的业务。而在其他时候，为了控制分销，又必须拥有它们。在这一问题上，可口可乐的观点非常两极，所以

---

① 霍基-科基舞（hokey-cokey）是源于19世纪英国的一种团体民间舞蹈。
② 在全球100多个国家为客户提供全方位的人力资本管理解决方案。
③ 一家汽车经销商软件供应商。
④ 包括易贝在线平台和易贝APP。
⑤ 一家全球性专业制药公司。

它可以独自完成企业并购的"霍基-科基舞"。

在某些情况下，分拆的冲动似乎源于以下结论：该公司有两个或更多完全不同的业务，这些业务没有产生任何协同效应，并且彼此分开可能有更好的未来和（或）更高的估值。有人可能想知道当这些企业被收购时为什么没有人想到这一点。部分答案在于所谓的股东积极主义[①]。

股东积极主义可以采取多种形式并具有不同的含义，但通常涉及股东购买公司股份，然后通过媒体或公司治理渠道鼓动变革。

有时，这种变革并不涉及将公司拆分为更小的业务，而是旨在让公司将自己出售。我们在2011年看到了这种情况，当时资深的美国股东积极主义者卡尔·伊坎出价收购美国家用清洁产品公司高乐氏，试图让公司出售自己。最近，我们看到一位股东积极主义者公开呼吁洲际酒店董事会出售该公司。

股东积极主义肯定会在促进股东利益方面发挥作用，但它往往涉及股东积极主义者试图让公司达成一项交易，这将引起分析界的一些关注，从而使股东积极主义者能够以获利的方式出售其股份。所有这些都非常令人兴奋，但对于像我们这样的长期股东来说没有多大用处，留给长期股东的是其持有的公司有着分散的业务、通常有新的管理团队和紧张的资产负债表。还会产生支付给投资银行家、律师、会计师和其他人的巨额分拆费用——其次是财务报表，其中包含非常多的调整，几乎难以理解。

但有时看似狂热的合并和分拆活动是由公司管理层自己设计的。一个经典案例是亿滋。它是卡夫在2010年有争议地收购吉百利的产物，两年后卡夫和亿滋（由吉百利和卡夫的零食业务组成）分拆。几乎没有任何分析师提出质疑，为什么将两年前才合并的两家企业分拆是个好主意，如果你能发现其中遵循的逻辑，你的分析水平就在我之上。

卡夫过度活跃的结果是，亿滋的2013年业绩——拆分后的第一年业绩——

---

① 股东积极主义（shareholder activism）指外部股东积极干预、参与公司重大经营决策以将利益最大化的行为，是近年来在世界各地兴起的运动。

包含19个对其报告数字进行调整和调节的附表。这种伎俩在2014年第一季度并没有停止，当时它进行了11次调整，神奇地将报告的营业利润增长从1.1%变为15.8%。我们期待它的下一个财务伎俩……

当然，通常会有重组计划和整合计划，今年亿滋宣布将其咖啡业务分拆，并与帝怡咖啡（D. E. Master Blenders）[①]合并称为Jacobs Douwe Egberts[②]。

至少所有这些都会使投资银行家们的奖金增长。

[①] 荷兰咖啡制造商。
[②] 世界领先的咖啡公司。

2014年度致股东的信

Fundsmith，2015年1月

这是写给Fundsmith股票基金投资者的第5封年度信函。下表显示了上一年度的业绩数据，自2010年11月1日基金成立以来的累计收益和年化收益，以及各种比较基准。

总回报（%）	2014年1月1日至12月31日	成立至2014年12月31日	
		累计	年化
Fundsmith股票基金①	+23.3	+100.0	+18.1
股票②	+11.5	+56.6	+11.4
英国债券③	+10.0	+23.1	+5.1
现金④	+0.5	+2.9	+0.7

①③④资料来源：彭博，②资料来源：www.msci.com

我们一直在提醒投资者，我们仍然对在短期内（例如一年）衡量投资业绩的做法持批评态度。然而，尽管在此条件下，该表显示了T类累计份额的表现，该股票在2014年上涨了23.3%，而以英镑计价的MSCI全球指数在股息再投资的情况下上涨了11.5%。因此，该基金在2014年跑赢市场11.8%。由于它在2014年结束时取得了令人难以置信的良好业绩，自成立以来使投资者资本翻了一番，

---

① T类累计份额（扣除费用），以英国时间午盘定价。
② MSCI全球指数，英镑净值，以美国时间收盘定价。
③ 彭博/EFFAS英国政府5—10年债券指数。
④ 3个月Libor利率（伦敦银行同业拆借利率）。

这有助于我们对基金的表现形成更长期的看法。

2014年是股市的又一个上涨时期。在去年的致股东信中，我们谈到了所谓的"对量化宽松缩减的恐慌"，即2013年5月的市场下跌。当时美联储首次提出计划开始缩减量化宽松计划——"印刷"货币（或至少通过点击鼠标来创造货币），用货币来购买债券。尽管美国量化宽松现在已经结束，2014年股市是牛市（至少在英国和美国如此——富时100指数和新兴市场表现不佳），并且美国和英国经济正在增长，但很容易得出结论认为2013年5月的市场波动只是所谓的"担忧之墙"[①]的一个例子，牛市正在攀升。

可能是这样的，但这种经济复苏既不是统一的，也不是孤立的。欧元区的核心国家——意大利、法国甚至德国——现在都在苦苦挣扎，大部分发展中国家（其中大部分仍由大宗商品出口驱动）也是如此，而此时新兴市场国家为推动工业化而形成的对大宗商品的大量需求明显放缓。虽然有相当大的经济刺激政策，但仍是增长乏力。日本正在进行一场史无前例的量化宽松实验，试图刺激其走出衰退，无数评论员将其描述为没有经济增长的"失去的十年"。事实上，它已经持续了二十年中的大部分时间。在创纪录的低利率和持续的政府赤字支出的背景下，虽然美国和英国在实现增长，但这种增长是不寻常的，而且让人担忧经济复苏的前景。

我不认为加入对量化宽松背后的理由、其有效性和可能的后果的辩论对我有什么好处，但我观察到许多支持者似乎认为，资产价值膨胀会导致繁荣。我怀疑这与将要发生的事情相反，这可能不是好兆头。

我们经常被问到，我们对世界经济前景的看法，以及我们的基金如何利用或应对这些情况。值得庆幸的是，我们的投资方法并非基于我们对全球经济前景的看法。我说值得庆幸，因为我们在这方面没有任何专业知识，而且我们并不特别乐观。这与业内的许多其他专业人士形成了鲜明对比，他们肯定地自称

---

① 担忧之墙（wall of worry），用于描述市场在面临负面不确定性时出现的上涨趋势。也就是我们常说的市场"在犹豫中上涨"。

拥有这种专业知识，这通常似乎没有任何明显的理由。在认识到我们无法预测未来这一点上，我们至少比他们中的大多数人领先一步。

诺贝尔奖获得者、斯坦福大学退休经济学家肯尼斯·阿罗（Kenneth Arrow）的一则逸事说明了人们希望依靠预测，尽管它有明显的缺点。在第二次世界大战期间，阿罗作为美国陆军航空队的天气预报员执行任务。他接到命令，对预测未来一个月天气的数学模型进行评估，但他发现这些模型毫无价值。得知此事后，他的上级又发回了一条命令："司令官很清楚预报不好用。但是，出于计划目的他需要这些模型。"

我们的投资策略首先是基于购买好公司的股票。关于我们的基金，我们不能向你承诺太多。但我们很清楚的一件事是，我们寻求持有好公司的股票，并且至少大部分时间我们都成功地实现了这一目标。

你可能认为我们持有好公司的策略是显而易见的，因为肯定所有基金经理都在寻求投资于好公司。然而，事实并非如此。基金经理会购买坏公司的股票——我指的是那些不能持续为股东创造价值的公司，或者更糟糕的是，这些公司在某些时间甚至所有时间都在破坏价值。如果他们有这样做的理由，通常可以归结为预期公司的业绩将会有所改善，至少将会暂时改善，因为他们认为经济或商业周期会改善，这些公司将开始获得足够的回报，或者管理层的变动将改善公司业绩，或者有一个收购要约，所有这些都可能有利于股价。再或者他们可能只是认为股票很便宜。

这种投资方法的一个问题是，这些公司很少会有变革性改善（我脑海中浮现出那个关于豹子和斑点的谚语①），而且这些事件也很难预测。但在我们看来，这种投资策略的主要问题在于，当基金经理在等待他们的公司得到能让青蛙变成王子的亲吻时，这些公司在不断侵蚀价值。我们投资组合中的公司当然不能避免业务周期性低迷和（或）管理失误，也不能避免它们的股价受到常见

---

① 指 "The leopard cannot change its spots" 这句谚语，直译是豹子不能改变它身上的斑点，意思是说，江山易改，本性难移。

市场因素的影响，但我们至少可以合理地确定它们正在随时间推移不断增加内在价值。

为了说明这一点，我们想到了一种新的方式来向你说明我们持有的投资组合。如果我们不把Fundsmith股票基金看作共同基金而是一家公司，下表显示了它的运营情况，它的业绩是由投资组合中持有的股票计算得出的，并将其与市场进行比较（在这种情况下是富时100指数和标准普尔500指数）：

	Fundsmith股票基金[①]	富时100指数[②]	标准普尔500指数[③]
已动用资本回报率	29%	18%	18%
毛利率	60%	39%	44%
营业利润率	25%	16%	16%
现金转换率	102%	79%	81%
杠杆率	28%	40%	38%
利息覆盖率	15×	9×	9×

这张表格说明了什么？我们逐一对这些指标进行说明：

已动用资本回报率：传奇投资者巴菲特在伯克希尔-哈撒韦1979年致股东的信中将已动用资本回报率描述为"公司管理业绩的主要检验标准"。在我们的"公司"中，这一比率为29%，而市场平均为18%。对于我们持有的每1英镑资本，我们的公司产生的利润为29便士，而市场平均则为18便士。

毛利率：我们公司的销售收入与销售成本之间的差额为60%，而市场约为40%。我们公司的产品成本为4英镑，售价为10英镑。市场制造的产品，成本为6英镑，售价为10英镑。

---

① 资料来源：Fundsmith研究。
② 资料来源：彭博。已动用资本回报率、毛利率、营业利润率和现金转换率是Fundsmith股票基金投资的公司的加权平均值以及富时100指数和标准普尔500指数的平均值。富时100指数和标准普尔500指数不包括金融股。杠杆率和利息覆盖率都是中位数。所有比率均基于上一财年报告并由彭博定义。现金转换率将每股自由现金流与每股净利润进行比较。
③ 同上。

营业利润率： 我们公司的营业利润率为25%，而市场平均为16%。

现金转换率： 我们公司将每1英镑利润中超过100便士转换为现金，而市场大约为80便士，因为其企业需要更多的资本性支出和营运资金才能运作。

杠杆率： 我们公司的净负债（扣除现金）约为股东资金的四分之一，而市场约为40%。

利息覆盖率： 我们公司的利润是其利息费用的15倍，这意味着即使在市场急剧下跌的情况下，偿还债务也是毫无疑问的。市场看起来也很安全，但其利息覆盖率低于10倍。

简而言之，我们的"公司"的财务表现比整体市场要好得多，而且使用资金也更加保守。

因此，当谈到质量时，我们相信我们选择了好公司，但与投资者交流时最常出现的问题之一是估值。我们投资的公司可能是高质量的企业，但也许它们的股票变得太贵了。毫无疑问，我们投资组合中的股票在过去4年中获得了更高的估值。这也确实不是我们希望提供投资组合业绩的方式，因为公司股票市盈率倍数的增加是有限且可逆的。

但估值的提高是否会很快逆转，或者是否会停下脚步，这些都是不确定的。有些人告诉我们他们对估值的担忧，并且多年以来他们一直在这样提醒我们，但我们仍然不为所动。毫无疑问，他们可能会在某个时候被证明是正确的，但在此期间遵循他们的建议会付出非常昂贵的代价。我们不会尝试做出所谓的"择时交易"判断。我们的目标是让我们的基金完全投资于我们喜欢的那类公司，我们承认自己没有任何专业知识来猜测买进或卖出的正确时机，甚至是正确的年份。在这方面，我们似乎比那些认为自己可以做到这一点的投资者更具优势，在我的印象中，至少有一位投资者在我们的基金推出时拒绝与我们一起投资，因为他认为我们的时机不合适，现在他又将我们的表现归功于我们的好时机。我有消息要告诉他：我们在推出基金时并没有考虑这样的时机选择问题，现在也不会考虑。

说了这么多，我们的估值处于什么水平呢？我们投资组合的加权平均自由现金流收益率（公司产生的自由现金流除以其市值）年初为5.1%，年末为4.5%，因此我们再次从估值增加中受益，但根据与预期债券收益率的比较，该收益率仍高于我们认为可以接受的水平。我们所持有公司的每股自由现金流在这一年平均增长了7.0%，但资本性支出也增加了7.8%。我们发现这些公司继续增加资本支出这一事实是令人鼓舞的，因为我们还没有找到一个可以在不投入额外资金的情况下实现增长的行业。

这个4.5%的自由现金流收益率的比较基准为，标准普尔500指数中非金融股票的自由现金流收益率中位数为4.2%，平均值为3.4%，或者富时100指数中非金融股票的中位数为4.4%，平均值为3.8%。与市场相比，我们的股票价值看起来并不差，尤其是考虑到它们相对较高的质量。当然，虽然两者都可能有些昂贵，但未来两者都可能继续如此，甚至变得更加昂贵。

2014年，对该基金业绩贡献[①]排名前5位的公司分别为：

胡椒博士	+3.3%
微软	+2.3%
达美乐比萨	+2.0%
史赛克	+2.0%
美国BD公司	+1.7%

在前五名贡献者中，值得一提的至少有四家公司——美国BD公司、达美乐比萨、微软和史赛克，它们2013年也排进了前五。市场中有种理论声称，及时兑现利润，没有人会做得差，而我们从持有这些公司中获得的利润要多得多。

对该基金业绩贡献排名后5位的公司分别为：

帝亚吉欧	−0.08%

---

① 贡献显示了由道富银行投资分析（State Street Investment Analytics）计算的股票对基金回报的总贡献。该名单不包括持有时间少于一个月的股票，以便更有意义。

瑞典火柴	−0.05%
欧莱雅	+0.01%
艾玛迪斯（Amadeus）[①]	+0.22%
高露洁	+0.24%

后五名中只有两家公司的贡献为负值，帝亚吉欧和瑞典火柴。我们在2014年卖出了后者，后者也是我们在2013年的最差贡献者。我们认为电子烟的发展虽然不一定对烟草公司有害，但是潜在的颠覆性改变可能对其无烟鼻烟产品产生不利影响。我们对颠覆性改变可能导致的永久性价值损失的可能性很敏感，总的来说，我们力求避免投资可能受其影响的公司。

我们还担心可能会影响瑞典火柴的另一个颠覆性改变——美国和古巴之间的关系解冻，因为瑞典火柴在美国分销非哈瓦那雪茄。我们认为，如果美国解除对古巴的贸易禁运（我们认为这是可能的），瑞典火柴的表现不会很好。自从我们卖出了瑞典火柴的股票之后，我们预见的事件确实开始发生。2014年，我们卖出了在CDK公司（一家汽车经销商软件供应商，该公司于年内从ADP分拆出来）的持股，我们还卖出了在Indivior制药公司的一小部分持股（我们在该公司被利洁时公司分拆时获得了它的股票）。这是2014年我们卖出的所有股票。

我们在这一年买入了三只新股票，其中有两只属于科技板块。你可能认为这与我们公开表示希望避开可能会发生颠覆性变化的企业（科技板块因之而闻名）的愿望不符。然而，我们新投资的这两家公司都不属于科技前沿领域。

你可能通过eBay的两大主要业务了解到这家公司——Marketplaces（交易平台）业务，你可以通过该业务购买和销售全新或二手商品，以及PayPal，在线支付的领导者。虽然所谓的股东积极主义在一定程度上可以确保公司管理层对股东利益给予应有的关注，但我们并不喜欢股东积极主义的活动形式，其运作方式可以描述为：

[①] 一家为全球旅行和旅游业提供服务的西班牙主要IT提供商。公司业务涉及两个领域：全球分销系统和IT解决方案业务。

- 股东积极主义者收购公司股份。
- 股东积极主义者大肆公开呼吁变革，其中可能包括让公司试图将自己出售给收购方、将公司拆分为多个上市实体、承担更多债务、股票回购或以上这些内容的某种组合。
- 由于"分析"界对此类活动感到兴奋，这会刺激股价上涨。
- 股东积极主义者出售股份获利。
- 留下长期股东费力地理解分散的业务、新的管理团队、更高的杠杆、分拆或整合的成本以及因多次调整而变得难以理解的财务报表。

然而，在eBay的案例中，一位股东积极主义者收购了股份，并推动该公司同意将其Marketplaces和PayPal业务分开，我们倾向于认为将它们分开可能更好，因为PayPal可以与其他在线企业一起开发其支付服务。我应该补充一点，我们在eBay宣布业务分拆之前就开始了购买我们的股份，业务分拆不是我们的投资理由。

至于Sage公司①，我们开始购买这家英国最大软件企业的股份。Sage拥有数百万中小企业的软件安装基础，这使其成为美国以外会计软件的主要供应商。与许多软件企业一样，它正在从盒装光盘的软件销售形式（预付费用）转变为在线订阅模式，我们认为最终将使其成为更好的企业。

接近年底时，我们还开始收购一家国际测试和检验公司的股份，因为我们正在增持过程当中，所以我们尚未透露该公司名称。

以上就是我们在2014年卖出和买入的所有股票，其中至少有一部分是非自愿的，因为我们从ADP的分拆中获得了CDK的股票，从利洁时的分拆中获得了Indivior的股票。这也很好，因为最小化投资组合换手率仍然是我们的目标之一，并且在此期间以-8.4%的负换手率再次实现了这个目标。出现负换手率是因为计算的方法不包括资金流入或流出，否则新成立的基金将自动拥有100%

---

① 英国著名财务软件供应商。

或更高的换手率。但是，它对判断我们的交易行为不是很有帮助。因此，知道我们在自愿交易上总共花费了98,081英镑或基金的0.005%（0.5个基点）可能更有帮助。

为什么这很重要？它有助于将成本降至最低，而将投资成本降至最低对实现投资者满意的结果有着重要贡献。投资者、评论员和投资顾问经常关注年度管理费用（AMC）或持续费用数字（OCF），OCF包括向基金收取的超出AMC的一些成本。2014年T类份额的OCF为1.09%。问题在于，OCF没有包括一个重要的成本要素——交易成本。当基金经理通过买卖投资品种进行交易时，该基金通常会产生支付给经纪人的佣金、所交易股票的买卖差价以及在某些情况下的印花税。这可能会显著增加基金的成本，但它并未包含在OCF之中。

我发现无论我解释多少次，或者正因为我的解释，投资者仍然对此感到困惑。事实是，作为投资者，你只能从基金份额的价格升值和支付的股息中受益。交易成本会降低这些回报，因此在比较基金时需要考虑在内。

我们已经发布了我们自己版本的总成本，这其中包括交易成本，我们将其称为总投资成本。对于2014年的T类份额，这相当于1.18%的总投资成本，包括资金流入和流出的所有交易成本，而不仅仅是我们的自愿交易的成本。

为了最大限度地降低交易成本并避免在我们卖出优秀企业的股份时可能出现的错误，我们的口头禅是："不要只想着做点什么，坐在那里。"

"股东价值"究竟是什么意思

《金融时报》，2015年1月9日

作为投资者，你可能经常见到含有"股东"的两个词：股东价值和股东积极主义者。

就在2014年年底之前，一个积极主义投资者联系了我们并提出了一系列建议，他们持有我们的投资组合中的一家公司。他们的建议基本上等于要求这家公司将自己出售给它的一个竞争对手，以"创造额外的股东价值"。

这让我再次思考股东价值的本质，以及股东积极主义的本质。在本文和后续文章中，我将尝试解释我所认为的这些词语的真正含义以及它们如何融入投资领域。

公司管理层、基金经理和积极主义投资者经常说他们致力于创造或释放股东价值，但从未明确说明这意味着什么。对我来说，是否创造价值，就是看一家公司是否为其最终所有者创造了额外的财富，以及其管理者是否采取了适当的行动来实现这一目标。不过，我不确定这是每个人的定义。最近，我开始怀疑这个概念是否像金融领域的许多其他概念一样已被滥用。

简而言之，我对价值创造的定义是，当一家公司提供的回报率高于用于产生这些回报的资本成本时，这家公司就创造了价值。公司在价值创造方面，本质上和我们做投资是一样的。如果你以每年10%的成本借入资金并以每年5%的回报率进行投资，你会变得更贫穷。如果你以每年20%的回报率进行投资，你会变得更富有。

同样，那些回报率持续高于资本成本的公司会变得更有价值，反之亦然。一家公司的资本回报率如果能够一直高于其资本成本，它就为其股东创造了价值，股东应该希望它保留至少部分利润，以这些有吸引力的回报率进行再投资，而不是将它们全部作为股息派发给股东或使用它们回购股票。

我将回报率定义为"已动用资本回报率"或ROCE。这很容易从公司账目中确定；它基本上是经营现金流除以股东权益和净负债的总和。

确定公司的资本成本是相当困难的。如果你以10%的成本借入资金进行投资，那么你的资金成本就很清楚了。公司的债务资本成本同样清楚，通常可以在其账目附注中找到或计算得出。但是它的权益资本成本呢？

最常用的估计方法是使用所谓的资本资产定价模型，根据首字母缩写通常被称为"CAPM"。这将权益资本成本定义为无风险利率，通常用与公司相同货币计价的政府债券收益率，加上风险溢价。随着时间的推移，可以与形成无风险利率的债券进行对比，从股票实际回报率中观察这种溢价。

如果你没有因为上一段的描述而转移注意力，这会让我感到惊讶。其中存在一个问题：公司的资本成本不容易定义，只能是估计值。由于金融危机，这些问题最近变得更加复杂。这让一些投资者质疑政府债券是否真的没有风险，而超低的官方利率、量化宽松和通胀缺位，导致债券收益率跌到了历史低位甚至负值。

也许是因为资本成本不容易定义或计算，最普遍接受的衡量价值创造的方法是每股收益的增长，它仅通过税后利润除以已发行股票数量就可以计算得出。还有什么指标可以更简单地计算得出吗？寥寥无几——这可能就是为什么人们如此重视这种简单的业绩衡量标准及其相关估值指标，即市盈率。查看分析师的研究报告，你会发现很多对于每股收益的引用，通常是在首页上。

这些指标可能很简单，但每股收益和市盈率也存在着一些严重的缺陷。最重要的是，它们没有考虑已动用资本或由此产生的回报率。正如乐购的例子所显示的，一家公司完全有可能在使用越来越多的资本而回报率下降和不足的情况下，产生上升的每股收益。换句话说，即使公司增加了收益，它也可能正在忙于破坏股东价值。

所以，我坚持将已动用资本回报率作为我首选的价值创造衡量标准。但当然，无论是已动用资本回报率还是每股收益，都不等同于使股价上涨。我怀疑，股东价值创造更常见的定义是股价上涨，尤其是在积极主义投资者当中，我将在下一次专栏中就此进行详细介绍。

股东价值是结果，而不是目标

《金融时报》，2015年2月6日

这一系列的连载文章由两部分组成，我在第一篇解释了如何定义股东价值：公司是否能够持续产生高于其资本成本的已动用资本回报率。这一篇中，我希望将该定义与股东积极主义联系起来。

当积极主义股东涉足一家公司时，他们的行动过程通常是这样的：

1. 收购公司的股份，通常是通过市场购买。

2. 大肆主张变革，这可能会导致公司试图将自己出售给收购方、将自己拆分为多个上市实体、承担更多债务、回购自己的股份，或这些内容的某种组合。

3. 股价受这种活动的刺激而上涨，据称这将"创造股东价值"并使所有投资者受益。

4. 卖出股票获利。

你可能会想，这并没有什么错，而且从积极主义股东的角度来看更是没有什么错。但是，对于我们这些真正想要长期持有股票的长期投资者，希望从其随着时间的推移而产生的复合价值增长中获益的人来说，却存在很多错误。我们经常要花很大力气去理解分拆的业务、新的管理团队、更高的杠杆、分拆或整合的成本，以及因许多调整而变得难以理解的财务报表。

股东积极主义的这个问题的根源在于，把创造股东价值与促使股价上涨搞混了。一个应该导致另一个，但是当短期股价变动成为主要目标时，正如许多积极主义股东有着这样的目标，不可避免的副产品就是企业及其长期股东的未来问题。

你可能会由此得出结论，我批评的主要对象是要求公司采取行动以促使短期股价上涨的积极主义股东。但是，对于股东价值的倡导者来说，包括那些接受了我的创造股东价值的衡量标准的人，有很多陷阱。

很多时候，创造股东价值的衡量标准会成为管理层的目标。已动用资本回报率毕竟只是一个财务指标。为了提高这一比率，企业管理者们专注于让分子增加或让分母减少，或两者兼而有之。

分子通常被视为营业利润，可以通过一些方式来增加营业利润，例如提高价格（可能会失去市场份额并为竞争对手提供机会）、削减成本（这不太可能成为增长来源）以及削减研究、产品开发和营销支出（对公司的长期发展有害）。

当谈到分母时，企业管理者们通常希望通过企业"去资本化"，使用债务来回购股票等方式来减少已动用资本。

以较高的已动用资本回报率的目标追求提高股东价值会导致一些问题，但是，这些问题相比以每股收益增长为目标时可能出现的问题，就显得微不足道了。对每股收益的关注是股票回购狂热背后的一个因素。在零利率时代，每一次减少现金或增加债务的回购都可以说是"增加了每股收益"。遗憾的是，它实际上并没有使缩小的股份变得更有价值。

当谈到旨在提高股东价值指标的错误行为时，传奇的对冲基金经理斯坦利·德鲁肯米勒（Stanley Druckenmiller）将IBM描述为"典型代表"。

2014年，IBM放弃了2015年每股20美元的每股收益目标，其2014年前三个季度的每股收益仅为10.76美元。这家计算机服务企业在2010年5月发布了"IBM 2015路线图"，旨在说明IBM如何将2010年11.52美元的每股收益，提高到2015年的20美元。

我不明白为什么投资者应该对这个目标留下深刻印象，即使IBM可以实现它。正如我一直不厌其烦地提醒的那样，每股收益没有考虑产生它所需的资本数额，或者该资本的回报率。

IBM的"路线图"描述了每股收益增长的许多"桥梁"。大约40%来自收入增长,尽管这包括收购;30%来自"经营杠杆"(成本削减);30%来自股票"回购"。

收购、削减成本和股票回购并不是特别高质量的增长来源。成本削减和股票回购肯定是有限的——你不能为了增长而缩小你的业务规模。

IBM的结果是不可避免的,而且并不好。投资者和管理层需要认识到,创造股东价值是一个结果,而不是一个目标。

通往天堂的三个阶梯

富达基金，2015年2月27日

《通往天堂的三个阶梯》（*Three Steps to Heaven*）是埃迪·科克伦（Eddie Cochran）去世后的一首热门单曲，Showaddywaddy乐队[①]为此做了翻唱版本。在Fundsmith基金，这是我们Fundsmith股票基金的基础投资步骤：

1. 投资好公司。
2. 不要支付过高价格。
3. 什么都不做。

1. 投资好公司

一家好公司应该能够通过在整个商业和经济周期中实现高资本回报率（回报率远高于其资本成本）来为其股东创造价值。

什么是资本回报率？它通常用企业的营业利润除以已动用资本来衡量，以百分比表示。

资本成本是什么？债务成本相对容易——你可以在账目中找到关于债券成本的明细，如果有银行债务，你可以使用利息费用除以期初和期末债务的平均值作为成本的百分比。权益资本成本更难确定，通常被视为所谓的无风险利率，例如用公司相同货币计价的政府债券的收益率，加上风险溢价，以补偿股票投资固有的额外风险。这个稍微复杂的公式可能至少部分解释了为什么很少

[①] 一支英国乐队。

有投资者试图弄清楚这个问题。

为什么这很重要？公司在某些方面和我们一样。如果你以每年10%的利率借入资金并以每年20%的回报率进行投资，你会变得更富有。但如果你以每年5%的回报率进行投资，你就会变得更贫穷。同样，回报率高于资本成本的公司会变得更有价值——它为股东创造价值——反之亦然。

但是，不是所有公司都为股东创造价值吗？可惜并非如此。有些行业在大部分时间或所有时间都倾向于获得低于资本成本的回报率，例如航空业可能在其存在的大部分时间里都没有为股东创造价值。

但是，如果整个行业都在不断地破坏价值，为什么有人会进行投资呢？基金经理投资于那些没有获得足够回报率并因此破坏价值的公司，因为他们希望这些公司会变好——管理层的变化、商业周期的好转、收购或行业整合将从根本上改变这种糟糕的特征。在基金经理等待他们投资的坏公司变成好公司的过程中，相当于他们通过向你这个股东借钱并以不足的回报率进行投资而不断侵蚀价值。

当你持有一家好公司的股票时，你可以肯定它的价值会随着时间的推移而上升。

2. 不要支付过高价格

投资的秘诀可能是低买高卖，但如果你购买的是好公司的股票，那么忘记第二点①也没关系。如果你要拥有一个由高回报率的好公司组成的投资组合，它的价值会随着时间的推移而复合增长，你不能参与"博傻游戏"（在这种博傻游戏中，你明知道自己是以高价买入了股票，但希望有更大的傻瓜会以更高的价格接你的盘），因为你打算长期持有它们。这将导致：

---

① 即高卖。

3. 什么都不做

在很多方面这是投资策略中最困难的部分。基金经理常常表现得好像投资者是在为他们的交易活动付费,而实际上投资者是在为他们的投资业绩付费。由于交易活动在佣金、买卖差价和英国股票印花税方面产生成本,因此高明地坚持不活跃的交易策略,这通常能提高投资业绩。

牛肉在哪里

麦当劳不确定的复苏

《金融时报》，2015年5月22日

"牛肉在哪里？"①在美国是一句流行的广告语。它起源于1984年快餐连锁店Wendy's②的一则电视广告。从那时起，它就成为一个用来质疑一个想法、事件或产品的实质的表达。我觉得这句话与麦当劳目前的困境有关。

世界上最大的快餐经营商麦当劳正面临着严重的问题。全球同店销售额现已连续4个季度下降，在过去9个季度中有6个季度下降。

美国同店销售额现已连续6个季度下降。欧洲同店销售额连续4个季度下降，在过去10个季度中有7个季度下降，如果你的神经很脆弱，那么你就不该再问麦当劳在日本的销售额变化情况了。

更糟糕的是，2013年在美国光顾麦当劳的顾客数量下降了1.6%，在2014年下降了4.1%。欧洲顾客数量在2013年下降了1.5%，在2014年下降了2.2%。

发展中国家的情况也不容乐观。亚太、中东和非洲的同店销售额在过去10个季度中有8个季度下降，2013年和2014年的顾客数量分别下降了3.8%和4.7%。

换句话说，去麦当劳的人越来越少，而且下降的速度正在加快。

一些评论员会让你相信问题在于整个行业，因为他们会使用贬义词"垃圾

---

① 1983年，美国农业部组织了一项调查，发现麦当劳号称有4盎司汉堡的肉馅，重量从来就没超过3盎司！1984年，温迪快餐店拍摄了一则后来享誉全球的广告：广告说的是一个认真好斗、喜欢挑剔的老太太，正在对着桌上放着的一个硕大无比的汉堡喜笑颜开。当她打开汉堡时，她惊奇地发现牛肉只有指甲片那么大！她先是疑惑、惊奇，继而开始大喊："牛肉在哪里？"不用说，这则广告是针对麦当劳的。
② Wendy's，温迪国际快餐连锁集团，其名字来源于Wendy's创始人迪布·汤姆斯的女儿的名字。

食品"来讨论该行业。然而，达美乐比萨公布了截至2015年3月的第一季度业绩，美国同店销售额增长了14.5%，这并不是一个孤立的例子。

麦当劳也不能将问题归咎于经济环境：该公司2009年和2008年的同店销售额分别增长了3.8%和6.9%。2008年和2009年的全球销售额每个月都在增长。

事实是，麦当劳自身存在着根本性问题，而不是整个快餐行业。这个问题影响了其运营的所有区域，而且情况越来越糟。

至少麦当劳已经发现它有问题。结果是任命史蒂夫·伊斯特布鲁克（Steve Easterbrook）为新的首席执行官，他之前负责的英国业务相对成功，以及在一个投资者会议上启动"扭转局势的计划"。

我对这个计划的疑虑始于投资者会议前的新闻发布会。会上新任首席执行官为公司确定了三个优先事项："推动运营增长、让我们的品牌重新焕发活力以及释放财务价值"。他继续说道，"我们以运营增长为导向的计划，第一个关键步骤是加强我们的有效性和效率，并推动更快、更多以客户为导向的决策"。我不确定自己是否听懂了他的意思，他将如何实现这个计划呢？

当然是将业务重组为四个新的市场。除美国之外，还将包括其他三个市场——"国际领先市场""高增长市场"和"基础市场"。我不太理解重新排列市场细分有什么作用，这让我想起了那句话——你别再"重新摆放泰坦尼克号甲板上的躺椅"①了。

请注意，发布会中完全没有提及"食物"这个词，而"汉堡"这个词只被提及了一次，即"汉堡公司"。

这位首席执行官继续在演讲中使用一种感觉像是从管理咨询词典中提取出来的语言："随着我们扭转关键市场的局面，我们将制定一些战略，利用我们的规模和竞争能力，为生活带来颠覆，并在市场上打造鲜明的品牌。我们还将围绕我们的社会目标寻求更进步，以便在社区关心的问题上加深我们与社区的

---

① 表示你别再"做无用功"。

关系。"请注意，这里仍然没有提及食物。

我认为麦当劳需要解决的第一件事是它的目标客户是否喜欢它的食物，如果不喜欢，弄清楚为什么会这样，以及它可以做些什么。达美乐在2009年就这样做了，当时它对其比萨饼的质量进行了非常公开的道歉，发布了一些来自客户调查的批评，比如"包装纸盒吃起来比比萨饼的味道更好"。只有当你打算改变时，你才会采取这种行动，并且达美乐此后一直在收获由此带来的好处。

麦当劳的管理层最应该关注的一件事情就是食物，但是，我认为我们不应该只责备麦当劳的管理层。分析和投资界必须分担责任。为了说明其中的原因，我列出了在首席执行官演讲后，分析师在问答环节中提出的前三个问题：

1. 第一位提问者问道，麦当劳计划增加特许经营餐厅的百分比，这是否会稀释或增加每股收益。

2. 第二位提问者建议，较高的特许经营百分比应使公司能够支持较高水平的债务。

3. 第三个问题是，公司是否考虑过OpCo-PropCo架构，其中公司的房地产由"PropCo"持有并出租给运营公司（"OpCo"），然后将其出售以对公司的房地产进行"价值解锁"。①

换句话说，所有这些分析师似乎都对金融管理感兴趣。他们似乎没有意识到，如果一家企业不能销售客户想要的东西，再多的金融魔法也无法创造持久的价值。但面对分析师对金融手法的这种痴迷，你很难责怪管理层会有一些相同的关注点。

如果你正在考虑投资麦当劳或任何其他潜在的"扭转局势"的公司，我建议你先观望，直到遇到一位谈到以基本方式改进公司产品或服务的CEO时，可以回答"牛肉在哪里"这个问题的人，再继续考虑进行投资。

---

① OpCo是Operating Company（运营公司）的缩写，常用来指代OpCo-PropCo架构中的主要公司，相对应的是PropCo, Property Company（产权公司）是其子公司，但PropCo才是该模式中的收入财产所有人。此概念一般在VIE（可变利益实体）协议控制架构中出现。

投资者可以从亚历克斯·伯德的500场成功投注中学到什么

《每日电讯报》，2015年6月12日

"他们以为比赛已经结束了……"评论员肯尼斯·沃尔斯滕霍尔姆（Kenneth Wolstenholme）在1966年世界杯决赛终场时的评论，已经作为一种广泛使用的表达方式传入了流行文化当中。但令我惊讶的是，投资者从体育界学到的东西少之又少，而体育界却可以教会我们很多东西。

在管理Fundsmith股票基金时，我们寻求投资那些在一些领域（如必需消费品、医疗设备和加盟连锁）拥有悠久成功历史的公司。

人们经常对我们说："哦，你试图挑选赢家。"现实情况是，我们不寻求预测谁将获胜，而是押注已经获胜的公司。

为了解释我们的做法，我将转向赛马世界。作为一名职业赌马者，亚历克斯·伯德（Alex Bird）凭借终点摄影[①]押注赢得了巨额财富。你可以在他的自传《亚历克斯·伯德：职业赌马者的生活与秘密》（Alex Bird: The Life and Secrets of a Professional Punter）中了解相关信息。

在伯德所处的时代，终点摄影不是数字化的，冲洗胶片和查看结果需要几分钟的时间，在此期间，博彩公司允许人们继续按一定赔率下注。

伯德意识到他们违反了博彩业的一项基本原则——永远不要对已经发生的事件开出赔率，因为知道结果的人可以让你赔得精光。

[①] 参赛者到达终点时非常接近，需借助照片来判定胜负。

据称，圣詹姆士宫①附近的博彩公司曾以惨痛的教训学到了这一项基本原则。它们为皇室新生儿的名字开出赔率，而当时还在世的王太后喜欢打赌。

伯德注意到，当赛马一起通过终点线时，通常远处的赛马看起来赢了。他明白这是"视差"：沿着两条不同的视线观察一个物体时所产生的明显位置差异。

他发现可以用一种简单的技术来利用这一点。通过尽可能站在靠近终点的位置，闭上一只眼睛并在终点线处形成一条假想的线，他可以分辨出哪匹赛马真正获胜。在接下来的20年里，他使用这个简单的系统发了大财，据报道他连续成功下注达500次。

这也可能发生在金融领域。在沃伦·巴菲特宣布在他只在美国投资的生涯中之后，他第一次购买了一只英国股票，博彩公司对这只股票是哪只股票开出了赔率。鉴于许多中间人已经知道巴菲特所购买的股票，比如伯克希尔-哈撒韦的经纪人，博彩公司这样做很危险。

这一切与投资有什么关系呢？在Fundsmith基金，我们不寻求像大多数赌马者那样挑选赢家，即研究马匹形态，观察赛场上的赛马，然后下注。

我们寻求效仿亚历克斯·伯德——我们等到知道哪匹马已经获胜之后，等待博彩公司向我们开出它获胜的赔率。在我们的例子中，这些不是赛马卜的博彩公司；我们谈论的是市场错误定价的股票。

有些公司我们不需要推测它们是否已经取得成功，在某些产品类别中是否占有主导地位。雀巢是世界上最大的食品和饮料公司，已经经营了148年，只有一次亏损。高露洁在全球牙膏市场上占有45%的份额，在牙刷市场上占有35%的份额。它也是洗手液的领导者和宠物食品的第三大公司。我们只需要等到市场对这些股票错误定价时，寻找机会押注某个赢家。

发生这种情况的原因有很多，例如发生恐慌时，就像2008年至2009年整

---

① 圣詹姆士宫是伦敦区内最古老的宫殿之一，是由皇室拥有的法定官邸，是英国本土最高规格的王宫。王宫位于伦敦市中心的圣詹姆士公园旁边，距离白金汉宫不远。

个市场经历的恐慌。或者可能是因为那些感觉到经济复苏的投资者抛售已知的赢家，转而投资在这种市场情况下上涨最多的股票，例如周期性股票、金融股票、复苏股票和高负债公司。

发生这种情况的原因还可能是对产品的某种担忧，例如可乐饮料或牙膏中的微珠，或奶粉安全恐慌，或者货币走势，例如最近瑞士法郎的上涨，使雀巢的股价下跌了10%以上，尽管雀巢98%的业务在瑞士境外。

如果这些情况将股票的估值推到一定水平，使估值水平不能反映这些公司可持续的回报率，那么它们就提供了投资机会，我们可以通过押注某个赢家来获利。

投资者可以从弗格森爵士的成功中学到什么

《每日电讯报》，2015年6月19日

投资者可以从体育领域学到很多东西。上周，我研究了职业赌马者亚历克斯·伯德在比赛结束后，如何通过赌马的押注技巧赢得巨额财富。

他的故事的启示是：不要试图预测哪匹马会获胜，而是想办法押注已经获胜的那匹马。在体育和投资领域取得成功的一个重要因素是缩小成功的机会。

另一个很好的例子来自足球。美国体育学院的研究发现，在所研究的比赛中，超过90%的进球是在罚球区内打进的。面对这些统计数据，任何明智的球员都不会在罚球区外射门。

这如何适用于投资领域呢？尽管很难预测某个行业的发展，但许多投资者还是会花费大量时间试图预测该行业的下一个大赢家，尤其是科技行业。

下面显示了30多年前排名前10位的软件公司。除了一家公司，其余的基本已经不复存在了。显然，要想预测软件行业的长期赢家是极其困难的，即使是那些已经领先的公司，预测其能否成为长期赢家也是如此。如果你支持初创公司和早期投资，那么预测准确的概率可想而知会有多低。

1984年排名前10的软件公司

1. 微软

2. 可视公司（VisiCorp）

3. DRI

4. Micropro

5. 莲花（Lotus）

6. 阿什顿-泰特（Ashton-Tate）

7. 桃树（Peachtree）

8. SPC

9. CAR/Sorcim

10. Perfect

如果你查看生物技术和制药行业的临床试验结果，就会了解其中的部分原因。

涉及新药的临床试验通常分为四个阶段：零期、一期、二期和三期。只有当一种药物通过所有四个阶段时，它通常才会被国家监管机构批准用于一般人群。

KMR公司[①]于2012年发表的一项研究，使用了2007年至2011年间全球13家最大制药公司提交的药物成功和失败数据。研究发现，临床前试验中97%的药物未获成功，一期临床试验中95%的药物、二期临床试验中88%的药物也没有成功。直到三期临床试验，前景才变得更好——在到目前为止取得成功的药物中，54%的药物获得了批准。

一种药物在临床前阶段取得成功的概率是万分之一（如果你对数学感兴趣，计算方法是$(1-0.97) \times (1-0.95) \times (1-0.88) \times (1-0.46) \approx 0.0001$）。试图在药物试验的早期阶段挑选赢家，这种投资生物技术公司的方式显然就像大海捞针一样。

你还可以从管理层的变化中了解公司的前景，就像在足球队中一样。

亚历克斯·弗格森爵士（Sir Alex Ferguson）在曼联俱乐部执教了27年，在这段时间里，曼联队赢得了13次英超冠军、5次足总杯冠军、4次联赛杯冠军、10次社区盾杯冠军、2次欧洲冠军联赛冠军、1次欧洲超级杯冠军、1次洲际杯冠军和1次世俱杯冠军，当弗格森爵士退休时，你预期这支球队的前景如何？

---

① 标杆管理、分析和绩效管理的全球领导者，专注于生物制药研发。

我们很难不将他短暂的继任者大卫·莫耶斯（David Moyes）视为所谓的"刀山球"①的接球者。在他不到一年的短暂执教期间，曼联只赢得了一个社区盾杯冠军。

特里·莱希爵士退休并卸任乐购的首席执行官也有相似之处。在特里爵士满载荣誉任职14年之后，他被菲利普·克拉克取代，后者仅任职了三年时间——这段时期充斥着利润警告、食品污染恐慌和会计丑闻。

我并不是说这一切都是克拉克先生的错。在我看来，问题的根源在于莱希时代，但只有在有魅力的领导者离开后才会暴露出来。

同样，麦当劳的首席执行官吉姆·斯金纳（Jim Skinner）被外界称为扭转麦当劳命运的人，在他掌舵的8年中，他被评为"年度最佳首席执行官"，在他于2012年离职之后，麦当劳的未来结果并不难预测。他的继任者唐·汤普森（Don Thompson）仅接手了三年便承认失败，不再担任麦当劳的首席执行官。

问题的关键不在于谁应该为麦当劳、曼联或乐购的业绩下滑负责，而是当一位长期任职并且非常成功的首席执行官离任时，投资者应该保持警惕，就像足球迷那样。

正如一句老话所说：大橡树底下的橡子长不高。

---

① 刀山球，容易导致接球者受伤的传球，由于球传得距离接球者过远，接球者很可能被对方抢断甚至受伤。

债券替代股：
你能承受不持有它们吗

《金融时报》，2015年6月26日

沃伦·巴菲特曾经说过："以合理的价格购买一家好公司，远比以好的价格购买一家普通的公司要好得多。"我同意巴菲特先生对一家好公司的描述。引用他1979年致股东的信："公司管理业绩的主要检验标准是在没有使用不当杠杆、会计伎俩等手段实现高的已动用资本回报率，而不是实现持续的每股收益。"

巴菲特先生所描述的是净资产收益率，尽管这位世界上最成功的投资者早在35年前就提出了这个指导原则，但他的建议仍然被大多数人所忽视。对于试图按照巴菲特先生建议的方式进行投资的投资者来说（我将自己视为其中之一），他们面临的一个反对意见是，具有这些特征的公司可能过于昂贵。这种担忧最近达到了高潮，无数警告都是关于当美国利率上升时，所谓的"债券替代股"会有何种结果。"债券替代股"是指具有安全、可预测回报率，但收益率高于大部分债券市场（而且，至关重要的是，收益率会随着时间的推移而增长）的股票，例如消费必需品和公用事业等行业的股票。

自金融危机和量化宽松政策开始以来，债券市场经历了牛市，各国央行投入数十亿美元购买本国政府债券，而通货紧缩环境导致了零利率的姊妹政策。面对看似越来越低的收益率，投资者纷纷涌入股票市场，尤其是那些"债券替代股"。显而易见的问题是，如果——或当——利率上升，会发生什么。如果债券收益率上升，那些被用作替代债券的股票肯定会表现不佳。下面我将提出一个稍微不那么简单的方法。

让我们从利率会上升的假设开始。最终，这一定是真的，但何时上升以及上升多少就不太容易预测了。"何时"很重要。有许多优秀的基金经理试图预测这一事件和其他事件发生的时间，这导致他们的业绩受到了影响。"多少"也很重要。在我看来，我们仍处于通货紧缩的环境中，经济复苏大多疲软，因此出现的上升幅度可能与我们从之前的复苏中预期的上升幅度有所不同。短期利率可能为零或接近零，并可能上升，但与长期利率相比，短期利率对债券和股票的估值没有那么重要，美国30年期国债收益率已经超过3%。这个收益率可能不会有太大变化。

如果你担心这种情况下的债券替代股，你可能还需要问问自己，你要把卖出它们所获得的资金投向哪里。变成现金？希望你有足够的运气能把握好时机。投资债券？我觉得不好。投资其他股票？也许吧。但标准普尔500指数的市盈率是19倍，它明显便宜，而且该指数的大部分股票的周期性比债券替代股要强，所以，如果你在利率升高的环境下寻求安全性，它会是一个有趣的选择。我们可以确定的一件事是，指数中的股票与所谓的债券替代股的质量不同。

巴菲特的合作伙伴查理·芒格就这个问题曾说过："从长期来看，从一只股票上获得的回报率很难高于该企业的资本回报率。如果该企业在40年内的资本回报率为6%，并且你持有它40年，那么你将会获得与6%相差无几的回报率——即使你最初以巨大的折扣价格购买了这只股票。相反，如果一家企业在20年或30年内获得18%的资本回报率，即使你付出了看似昂贵的价格，最终也会获得不错的结果。"

我同意他们俩的看法。让我们举两个例子，假设你可以投资并持有40年——从你20多岁开始工作到退休。在此期间，A公司（债券替代股）每年产生20%的资本回报率。它有充足的增长机会，并且可以每年以相同的回报率将其所有收益进行再投资。这是个好消息。坏消息是它的股票并不便宜，要购买它们，你必须支付账面价值的四倍。还不止于此——当你在40年后卖出它们时，估值减半，你只能以账面价值的两倍卖出它们。

B公司（市场）在此期间产生10%的资本回报率，并以该回报率将其所有收益进行再投资。而且，选择这个选项的投资者在时机把握上的运气更好，因为他们可以以两倍于账面价值的价格购买B公司的股票，而当他们在40年后卖出时，他们可以以账面价值的四倍卖出——它们的估值翻倍了。

如果这些是为你的投资生涯提供的可选方案，你会选择哪个？

A公司将产生每年18%的复合回报率，而B公司将产生每年12%的复合回报率。如果你打算长期持有股票，那么它产生的资本回报率和可以以该回报率再投资远比你买入或卖出的估值更重要。

这就是为什么如果你是一个长期投资者，你应该持有高质量的债券替代股，你会听到有人说利率上升会给你带来问题，这对你来说无异于塞壬的歌声，请捂好你的耳朵。如果你不是一个长期投资者，我不知道在股市中你在做什么，有一天你也会有这样的疑问。

股息收入不再像以前那样

☆ 为股息收入而投资，第1部分，共2部分

《金融时报》，2015年7月17日

一个很老的笑话是：如今连怀旧都不是以前那个味了。为了股息收入而投资于股票似乎也不再像以前那样了。

如果你想给基金取一个名称，向基金营销人员咨询，他们会告诉你在名称中加上"收益"两个字。

投资者迫切需要股息收入，大多数发达国家的零利率为寻找高收益设置了明显的障碍。意大利10年期政府债券年收益率已经低于1.5%，在这种环境下，对收益率的追求已经变得极端。

然而，越来越多的所谓"收益"基金正在退出投资协会①的英国收益板块类别，因为它们无法达到三年期110%的全股票收益率基准。景顺高收益基金（Invesco Perpetual High Income）和景顺收益基金（Invesco Perpetual Income）已移入英国所有公司板块，St James's Place②英国高收益基金（St James's Place UK High Income）和最近的施罗德收益基金（Schroders Income Fund）也是如此。

即使它们不再符合收益板块的资格，它们是否仍会保留其名称中的"收益"两个字还有待观察。如果你认为它们不能保留，那你就错了。

更令人惊讶的是，你可以推出一只名称包含"收益"二字的基金，在证

---

① 前称为Investment Management Association，投资管理协会。
② 英国最大的财富管理公司之一。

明该基金能够达到收益率基准之前，该基金可以在该板块用三年时间来积累资产。如果三年后未能达到基准，则退出该基金板块，但此时仍然可以称之为收益基金。这当然是有问题的，考虑到这个标签似乎能让投资者着迷。

在任何情况下，我都会质疑过于强调收益的基金。有几个因素似乎导致了投资者的一些困惑，当他们面对名称中带有"收益"但不属于收益板块的基金时，他们或许情有可原。

投资者已经了解到，从长远来看，股息为股票业绩做出了重大贡献。但与金融中的许多概念一样，有必要彻底理解这个概念，我怀疑很多人是否能做到这一点。

投资者经常引用一些证据来说明股息的重要性，例如杰克·博格[①]（Jack Bogle，指数基金之父、我的投资英雄之一）的话。

他说：

> 在1926年标准普尔500指数成立时投资10,000美元，在所有股息再投资的情况下，到2007年9月底将增长到约3310万美元（复合回报率为10.4%）。如果股息没有再投资，该投资的价值将仅超过120万美元（复合回报率为6.1%）——近3200万美元的惊人差距。
>
> 在过去的81年里，再投资的股息收入约占标准普尔500指数公司获得的复合长期回报的95%。

现在你明白了——股息比股价升值更重要。是这样吗？遗憾的是，事情并没有那么简单。请注意，博格先生使用了不下三次"再投资"一词。关键在于再投资和再投资时的回报率，这为几乎所有股票的长期总回报做了最大贡献。

如果你投资于股票并获得股息，然后花掉它，你就不会获得这种结果。博格先生提出的关键特征是将股息再投资于股票的好处。虽然这确实对结果产生

[①] 杰克·博格（John Clifton "Jack" Bogle）一般指约翰·博格（John Bogle）。他是先锋基金（Vanguard）创始人、华尔街传奇投资人物，指数基金和被动投资先驱者，也是华尔街备受仰慕的大佬之一。

了巨大的影响，但并不能证明收益基金或高收益股票可能会带来更高的回报。

如果你不是将股息投资于整个指数，而是投资于回报高于该指数的公司，那么你取得的结果会比博格先生的例子更好；或者如果公司没有支付股息，而是简单地留存所有收益并将其再投资，假设它们可以以足够高的回报率对额外的现金进行再投资，你也会取得更好的结果。

沃伦·巴菲特的伯克希尔-哈撒韦的表现就说明了这一点，该公司在他经营的50年中从未支付过股息。巴菲特先生正确地得出结论，如果他对伯克希尔-哈撒韦基金再投资所获得的回报率高于标准普尔500指数的回报率，那么如果他保留所有收益并将其再投资，就会为投资者带来更好的业绩表现。

你可能认为，如果伯克希尔-哈撒韦派发股息，你再将其进行再投资，你可能会得到相同的结果。如果你为投资收益缴纳所得税，则不会，因为你能进行再投资的只有扣除税款后的股息金额。

因此，重要的不是股息，甚至不只是股息的再投资，而是股息再投资的回报率驱动着你的投资回报。

关注投资成果：总回报才是最重要的
☆ 为股息收入而投资，第2部分，共2部分

《金融时报》，2015年7月24日

网上的大量研究可能无法帮助投资者理解这个主题，这些研究基本上断言"支付股息的股票的表现优于不支付股息的股票"。试着在搜索引擎中输入这些词，看看你能得到多少搜索结果。

这个断言是一种统计分析的经典例子，即可以发现存在相关性，但二者没有因果关系。

我听说一个研究发现了鹳的数量和人口出生的数量之间存在相关性，但这并不意味着一个因素导致另一个因素。同样，支付股息的股票的表现往往优于不支付股息的股票，这一观察结果并不能解释导致这种情况的原因。了解这些因素对于避免基本错误至关重要。

不支付股息的公司可以分为两类：

1. 因为没有利润和（或）现金流而无法支付股息的公司——这些是初创公司和陷入困境的公司；

2. 有能力支付股息但选择不支付股息，并且将其全部收益和现金流量进行再投资以扩大业务的公司。

这两个群体之间显然存在巨大的质量鸿沟，但研究往往只是简单地将它们归为"不支付股息的公司"。其中包括巴菲特的伯克希尔-哈撒韦等公司。

我想知道，如果你将支付股息的公司与那些有能力支付股息但选择不这样做的不支付股息的公司进行比较，结果会怎样？

关注投资成果：总回报才是最重要的

毕竟，如果管理层以合乎逻辑的方式行事并保留所有收益，因为他们能够像巴菲特先生那样获得卓越的投资回报，那么他们的表现将优于相同情况下支付股息的公司。伯克希尔-哈撒韦并不是个例。

还有一类公司支付股息，但保留大部分收益用于再投资。在大多数情况下，这意味着它们不太可能有资格成为高收益股票并进入收益基金。

但是，如果这种分配政策是由再投资机会驱动的，以在其业务中获得高回报率，那么它们可能成为表现良好的投资。

这张图表能够说明这一点。它显示了基于以下条件的三家公司的投资回报：

● A公司的资本回报率为20%。它不支付股息并将100%的利润进行再投资。

● B公司的资本回报率也为20%。它将70%的利润进行再投资——另外30%作为股息分配给它的投资者，这些投资者将其用于消费，或者至少不要再投资该公司。

● C公司将其利润的100%进行再投资，但资本回报率仅为10%。

纵轴表示投资者所拥有的公司最终资产净值加上投资者收到的股息金额（如果有的话）。

该图表说明了，将收益或股息进行再投资时的回报率会对投资业绩产生最大影响，因为A公司和B公司的表现优于C公司。如果你将股息用于消费或不对其进行再投资，你的投资业绩也不会太好。

你可能会争辩说，资产净值并不是衡量投资者业绩的最佳指标——为什么不用股价呢？

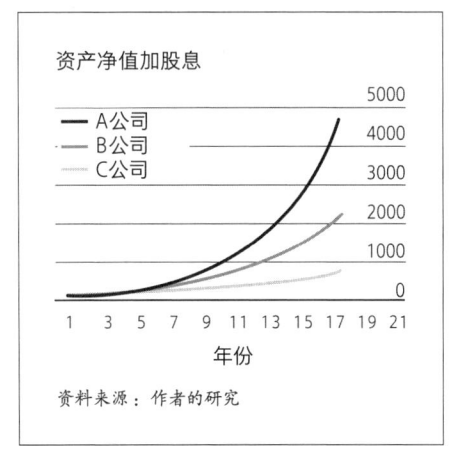

总回报

我同意，但我认为A公司和B公司将获得比C公司更高的"股价与资产净值"比率，因为市场会看重它们更高的回报率，并且A公司将比B公司获得更高的估值，因为它以高回报率将更多的收益进行投资。

因此，A公司或B公司再投资的1英镑在股票市场上可能比C公司再投资的1英镑更有价值。

你可能还会争辩说，你或你的基金经理所购买股票的相对估值会影响结果。这是真的，但如果你是一个长期投资者，它的影响比公司产生的回报率要小。这在之前的专栏文章中讨论过，请阅读第188—190页的《债券替代股：你能承受不持有它们吗》。

谈到个人投资者的行为，拼命地寻求高收益率以及收益基金，这些行为似乎部分是由于许多投资者持有的一种观点，即他们认为只有投资组合产生的股息收入才能为他们提供可靠的消费支出。这种观点似乎在退休人员中尤为普遍，因为这是他们唯一的收入来源。

该想法是吸引投资者投资收益基金和高收益股票的原因。这似乎是值得称道的谨慎，但它是错误的，这可能导致需要承担与高收益投资相关的风险。

投资者应该做的是寻求他们的总回报最大化。长期最大化总回报取决于投资于能够产生高资本回报率的公司，并且该公司能够保留部分或全部收益并以那个高回报率进行再投资。此类公司不太可能在真正的收益基金中占据重要地位。如果公司的股息收益率太低，无法满足投资者的支出需求，解决方案就是赎回部分资本总额。

我意识到，我刚才所说的话对许多投资者来说可能像是亵渎神灵。但他们没有意识到的是，假设一开始你就有足够的储蓄，如果你至少留下足够的投资收益进行再投资，以让资本跟上通货膨胀的步伐，你的行为并不轻率。

该建议还具有税收效率的优点。在个人储蓄账户或自投资个人养老金账户之外很难避免所得税，很少有人经常超过资本利得税门槛，这是比较高的所得税率低得多的税率。

如果没人看会计账目，为什么还要做假账呢

《金融时报》，2015年9月24日

1992年8月，我的书《为增长而做的会计处理》出版了。它揭露了公司如何利用会计技巧来夸大其报告业绩。现在有浑水（Muddy Waters）、冰山（Iceberg）等公司专门揭露这些做法，但在1992年，这样的研究是极不寻常的，因此引起了不小的轰动。

我当时的雇主试图阻止这本书的出版，这当然只会吊起人们阅读它的胃口，将它推到了非虚构类图书排行榜的首位。最终我被解雇了，这让我的职业生涯朝着创业型方向发展，书中提到的几家公司陷入了严重的困境，或者干脆宣告破产。

这本书的第二版于1996年出版，经常有人问我是否能就这个主题再写一本书。

我没有这样做的原因之一是，这本书的出版大致恰逢由大卫·特威迪爵士（Sir David Tweedie）领导的会计准则委员会发起的一场成功的运动，目的是消除公司会计操作中的许多舞弊行为。

另一个原因是，我不确定有多少投资者或分析师不再研究公司会计账目。相反，他们似乎依赖于使用管理层给出的"调整后""核心"或"基本"收益或利润。

我的Fundsmith股票基金只在一个行业没有持有任何股票，那就是医药行业。这似乎让一些评论员感到惊讶，他们认为制药公司将代表我们所寻求的那种可靠的回报。毕竟，这些股票受益于医疗保健行业看似不可阻挡的需求增

长,尤其是在发达国家的老龄化人口中,而且还有由专利保护免受竞争所带来的利润。

我们不持有它们的原因之一是该行业根据"基本"收益进行估值。从2010年左右开始,许多大型制药公司开始转为报告所谓的"核心"收益。据称,这一转变是为了从报告的收益中剔除特殊项目,并使趋势更容易识别。

那么,为了报告"核心"收益,应该从基于公认会计准则(GAAP)的收益中排除哪些项目呢?

1. 重组成本,虽然它们似乎是一些公司账目中的经常性项目。例如,葛兰素史克自2008年以来就没有一个季度没有重组成本。

2. "特殊"法律费用。再一次,鉴于涉及专利、专利纠纷、监管和产品责任的行业性质,重大法律费用似乎不可避免地或多或少地成为制药公司损益账户的稳定特征。所以很难看出它们在本质上是如何特殊的。

3. 无形资产的摊销和减值。当制药公司从另一家公司购买药物或购买另一家制药公司时——它们已经做了很多这样的事情——它们就创造了无形资产,代表了它们支付的超出有形资产或硬资产价格的部分。这通常是成本的绝大部分(如果不是全部),并且GAAP要求将其通过损益账户进行费用摊销,通常在药物专利的生命周期内,并在药物试验失败时(这种情况并不少见)减值。

有些人会争辩说,将这些无形费用排除在外是可以接受的,因为它们是"非现金",但这样做会使损益账户变成权责发生制会计和现金流量的混合体。如果你对一家公司的现金流量感兴趣,你应该在现金流量表中衡量它,而不是一个不包括一些非现金项目的被篡改的损益账户。例如,阿斯利康(AstraZeneca)[①]的资产负债表上有超过160亿英镑的无形资产,这将导致每年约16亿英镑的费用,但这并没有反映在其"核心"收益中。

此外,排除这些无形项目意味着收购新药和生物技术公司的成本不会出现

---

① 一家以创新为驱动的全球性生物制药企业,总部位于英国伦敦。

在这些"核心"收益中。有鉴于此,制药行业一直在疯狂收购生物技术公司,仅在2014年就花费了800亿美元,这并不会让人感到意外。

所有调整都有一个共同点——它们使报告的"核心"收益更高。

面对这个抬升收益的机会,也难怪管理层的激励机制因此而发生了变化,部分或全部管理层薪酬是根据"核心"收益制定的。

不出所料,自2010年以来,该行业的GAAP每股收益占"核心"每股收益的百分比显著下降——就阿斯利康而言,到2014年,该比例从84%降至仅23%。换句话说,由于他们的薪酬开始取决于"核心"收益,越来越多的不利项目被排除在计算之外。

例如,阿斯利康报告的2010年GAAP每股收益为5.60美元,但基于"核心"收益的每股收益为6.17美元。到2014年,仅0.98美元的GAAP每股收益已成为4.28美元的"核心"每股收益。

所有这一切的最终结果是,许多医药股的估值似乎与其基于GAAP收益的现实几乎没有相似之处:

	GAAP PE	核心PE
阿斯利康	69.5	15.9
葛兰素史克	22.5	13.5
诺华	22.9	18.6
赛诺菲	26.8	17.2
百时美施贵宝	52.6	34.2
礼来	39.6	31.7
辉瑞	24.6	15.5

在我看来,如果你是医药股的投资者,这应该会让你感到非常担心。如果你想了解更多信息,经纪商Badon Hill最近发布了一份关于"大型制药公司"的重要研究报告,我认为写得很好。具有讽刺意味的是,为了发现真相,你不

需要成为一名经验丰富的金融分析师。你需要做的就是从账目中找到GAAP每股收益数值。

因此,我认为公司从事任何形式的会计诡计都是没有意义的,因为它们的手法似乎让市场都在研究会计账目以外的东西。

提供好产品或服务的公司是投资的关键

《每日邮报》，2015年11月9日

说到产生良好的回报，最重要的是公司质量。

Fundsmith股票基金到本周已经成立五周年。当我们最初发行该基金时，它的目标就是为你提供可以投资的最佳基金，并取得最高的风险调整后回报率。

为了实现这一目标，我们只需要投资于好公司。

我所说的好公司是指那些因提供好产品或服务以及强大的市场地位而长期保持高盈利记录的企业。

说你只想拥有高质量的东西，这听起来可能是显而易见的事情，但在投资行业并非如此，正如著名投资人约翰·邓普顿爵士所说："如果你想比大众拥有更好的投资表现，那么你的投资行为必须有别于大众。"

我仍然惊讶于有非常多的人谈论投资，并花费大部分或全部时间谈论资产配置、区域配置、行业权重、经济预测、债券与股票、利率、货币、风险控制……但从未提及需要投资一些好公司。

我天真地认为，金融危机的经历可能给投资者上了一课，即无法从不良资产中获得良好回报。

任何使用CDOs（担保债务凭证）、CLOs（担保贷款凭证）和所有其他以缩写代码表示的结构性融资产品都无法将次级贷款转化为可投资资产。

当出现问题时，即使是这些次级贷款结构性融资产品的AAA级部分也会变成ZZZ级。有一句关于丝绸钱包和母猪耳朵的古老谚语概括了这一点。[①]

---

① 关于丝绸钱包（silk purse）和母猪耳朵（sow's ear）的谚语是指：One can't make a silk purse out of a sow's ear. 意思是，坏材料造不出好东西。

同样，投资于质量较差甚至质量一般的企业也很难获得长期良好的回报。

我并不是说投资优质公司是赚钱的唯一途径。投资于劣质公司有几个缺点。

一是你不断面临时机选择和价值破坏的问题。

如果投资者对此类投资有任何一致的理由，那么通常是为了实现多样化，或者相信自己可以在股价低迷并即将好转时买入，并在快要下跌时或者最好在下跌之前卖出。

首先讨论多样化，我也很惊讶的是，有那么多的投资者会认为，在低质量股票上进行多样化投资要比在高质量股票上进行集中投资更好。

关于择时交易，买卖劣质公司的股票，抛开所涉及的交易成本对业绩的拖累不谈，绝大多数主动基金经理的业绩记录表明，很多人相信自己可以成功地把握投资和商业/经济周期，并跑赢市场，而真正能做到的人却很少。

我喜欢的一种说法是，当谈到所谓的择时交易时，可以将投资者分为两种人：做不到的人和不知道自己做不到的人。

我们的表现怎么样？投资协会的全球板块包括270只基金，我的基金是这五年期间表现第三好的基金，年复合回报率为17.2%，而MSCI全球指数的年复合回报率为9.9%。

我只想指出，排在我们前面的两只基金是医疗保健行业基金。它们在生物技术公司并购活动蓬勃发展的时期表现良好。但它们专注于单一板块，这是我们不愿意承担的风险。

我们仍然采用五年前推出的投资策略。我们只购买好公司的股票，尽量不支付过高价格，然后什么都不做。

我们已经有了一个良好的开端——然而，我们的投资期限是无限的。

我们不会改变这种合理的投资方法，并努力提供长期优于市场的业绩表现。

过去五年我在Fundsmith基金学到的东西

《金融时报》，2015年11月21日

我的基金管理公司Fundsmith在上个月庆祝了五周年纪念日。在过去五年的基金运作过程中，我学到了什么呢？

我观察到的一种现象是，很多市场评论员、投资者和投资顾问，他们痴迷于宏观经济、利率、量化宽松、资产配置、区域地理配置、货币、发达市场与新兴市场——却几乎从不谈论投资好公司。

在我看来，这其中的大多数主题都存在一个问题，那就是没有人能给出可靠的预测结果，即使你可以预测，它们与资产价格的关系充其量也是微不足道的。以GDP增长为例——似乎很少有其他事情比这个更让评论员着迷，但没有人能够证明GDP增长与股市表现之间存在正相关关系。

投资好公司

在过去的五年里，让我一直感到惊讶的不仅是这种对一些不可知、几乎不相关因素的毫无意义的痴迷，而且我很少听到基金经理或投资者谈论投资于好公司。比如一家拥有好的产品或服务，较大的市场份额，良好的盈利能力、现金流和产品开发的好公司。

我曾经以为信贷危机可能已经让他们记住了这个教训，你将很难从劣质资产中获得良好的回报。我并不是说除了投资好公司之外，没有其他赚钱的方法，但投资于较差的公司甚至一般的公司会带来一些问题。一个问题就是随着时间的推移，它们往往会破坏股东价值，而不是为股东创造价值，因此长期买入并持有的策略对它们不起作用。

更加活跃的交易策略也有其缺点。除了交易成本对业绩的拖累之外，从大多数基金的业绩中可以明显看出，很少有主动型基金经理有足够的技能，在业绩和股价低迷的时候买入劣质公司的股票，并且在接近它们周期顶部的时候卖出。

另一个让我感到惊讶的是，投资者对"便宜"股的痴迷。我被问到股票是否便宜的次数比我被问到这家公司是否是一家好公司的次数要多得多。

这种痴迷通常表现在对我们投资策略的批评中，例如"这些公司可能质量很高，但股票的估值太高了"。这几乎可以肯定是真的，因为在某个时候股价肯定会下跌，但这种批评没有抓住重点。如果你是一个长期投资者，持有一家好公司的股票比你在买入股票时的价格是否便宜，更能决定你的投资业绩。

忽视塞壬的歌声

有一个相当深刻的教训，也是我重新吸取过的教训，就是坚持你的立场，忽视大众的意见。投资者无数次地问过我，为什么我们不持有乐购的股票，还无数次地告诉我，必须持有乐购的股票，而我们当时的分析非常清楚地表明，它的每股收益增长是以牺牲资本回报率为代价实现的。事实上，它的资本回报率已经恶化，这表明乐购在中国和加利福尼亚等地区的新投资存在严重问题。

同样重要的是，要忽视一些人发出的"塞壬的歌声"，他们对你持有的股票有自己的看法，特别要注意的是，他们的看法可能是基于对其产品的偏见。我也无数次地读到过关于微软如何大势已去的评论，其实这只是因为微软"不是苹果"。其中包括一位投资者，他打电话给我们，询问我们是否看到了微软表现不佳的季度数据。（我们不禁想如此答复"不，我们当然没有看到我们最大持股之一的季度业绩"，并感谢他向我们指出这一关键信息。）

他说如果我们继续持有微软股票，他将在年度股东大会上对我们提出质疑。这当然只是一次季度数据，之后其股价几乎翻了一番。遗憾的是，在年度股东大会上没有人提出任何问题。

坚持事实

我观察到的另一个现象是，人们对股票的印象常常是错误的，因为他们不会检查最简单的事实。有时他们甚至将事实关联到了错误的公司。

我们增持了德尔蒙食品（Del Monte）的股份，这是一家加工食品和宠物食品的企业，当时股价疲软（这是因为一家新闻机构刊登了一篇文章，称加尔维斯顿的码头工人罢工，因此停止了德尔蒙食品的船舶卸货）。真正涉及的公司其实是新鲜德尔蒙农产品（Fresh Del Monte Produce Inc.），这是一家进口香蕉和菠萝等热带水果的公司，而不是我们投资的那家公司。还有客户联系我们说，自从首席执行官和首席财务官离开后，他对我们在达美乐比萨上的大量持股感到非常担忧。实际上，他们离开的是英国公司，但我们持有的是美国的总特许经营商。

由于选择的范围很广泛，我很难说出投资中最不为人所理解的主题，但我怀疑货币问题是其中最为突出的。在过去五年的时间里，我听到很多人谈论或询问货币的影响，他们谈论或询问的方式表明投资者对这个主题完全缺乏了解。关于我们的基金最常见的问题或假设是美元的影响，因为我们自成立以来投资的大多数公司的总部都在美国并在美国上市。

这种担心几乎没有意义。一家公司的货币敞口并不取决于其总部所在地、上市地点或以哪种货币对其账目进行计价。然而，这似乎并没有阻止人们假设我们的基金存在这种问题，并基于公司的上市地点，就我们的基金对美元的敞口做出分析。

我们持有一家总部在美国并在美国上市的公司，但该公司在美国根本没有收入。显然，这种假设对那家公司不太适用。同样不适用的情况是，如果我们持有英国上市公司，该公司将美国作为其最大市场，它可能毫无意外地会以美元报告其账目。

我们也无法理解评论员的分析理由，他们写道，我们在雀巢的持股受益于瑞士法郎的上涨。如何受益呢？雀巢98%的收入来自瑞士境外。它可能总部设在瑞士并在瑞士上市，并以瑞士法郎发布财务报告，但事实是，一家公司的货币敞口主要取决于其开展业务的地点。就雀巢而言，印度卢比的风险敞口大于瑞士法郎。

有人阅读公司账目吗

我还发现几乎没有人再阅读公司账目了。相反，它们依赖于管理层给出的财务数字，这些数字通常使用"基本""核心"或"调整后"数字。并非巧合的是，为获得核心或基本数字而进行的调整几乎总是会消除负面项目。阅读实际账目可以绕过这种会计伎俩。

我们还发现了其他人似乎没有注意到的账目错误。比如早先IBM现金流中出现的19亿美元的错误。并不是仅这一个错误阻止了我们投资IBM，但它有助于支持我们的结论，即几乎没有人会详细阅读其公司账目。

不要卖掉好公司

我还认识到，卖出一家好公司的股份几乎总是一个错误。以位于圣路易斯的美国化学公司西格玛奥德里奇（Sigma-Aldrich）为例。它向世界各地的科学家提供化学品试剂耗材，他们在测试和实验中使用它们。它的财务表现符合我们的标准，其运营特征也符合我们的标准——以每件产品400美元的平均价格向超过100万客户提供170,000种产品。它符合我们的投资标准，即该公司应该能够从日常大量的重复购买中赚钱,而且它还拥有一群依赖其服务的忠诚科学家。

这是一家可预测的公司,正是我们所寻求的类型。直到有人透露它正试图收购生命技术公司(Life Technologies),这是一家供应实验室设备的更大的公司。鉴于所涉及的执行风险,我们卖出了所持有的股份。结果是,西格玛奥德里奇并没有收购生命技术公司,因为另一家的出价更高。但在西格玛奥德里奇公开表示愿意与另一家企业合并之后,它再也无法捍卫其独立性,并最终被默克公司收购,收购价格比我们卖出时的价格高出了约40%。

卖出好公司很少是好的举动。好消息是我们不经常这样做。

我们最好的股票

我们最好的股票是达美乐比萨,从基金发行当天购买的首批股份中获得了超过600%的回报。我们可以从中学到什么呢?

- 人们通常认为,获得高回报的投资必须是有深度的、模糊的、难以理解的和未被其他投资者发现的。相反——最好的投资往往是最明显的。
- 长期持有你的赢家。投资者经常谈论"兑现利润"。如果你的投资产生了利润,则可能表明你持有的是一只值得长期持有的股票。相反,我们都倾向于长期持有输家,希望它们能回到我们当初买入时的价格。园丁培育花卉并拔掉杂草,而不是相反。
- 达美乐是特许经营商。如果你将高资本回报率视为优质公司的最重要标志,那么几乎没有比通过特许权经营的企业更好的了,因为大部分资本是由加盟商提供的。拥有特许权的公司从他人资本产生的收入中获得特许权使用费。
- 达美乐专注于在其行业取得成功的最重要的项目——食品。这与麦当劳等其他正在苦苦挣扎的快餐供应商形成了鲜明的对比。
- 达美乐主要提供送货业务。这意味着它可以在次要地段更便宜的场所运营，因此与需要商业街餐厅场所的快餐经营者相比，减少了运营所需的资金。

● 达美乐为贝恩资本（Bain Capital）所有。与许多私募股权公司一样，贝恩在IPO前通过举债向自己支付股息提高了企业杠杆率，因此它后来成为一家高杠杆的上市公司。这可以提高净资产收益率。在一项可以偿还债务的业务中，随着债务被偿还和股权风险下降，价值转移给了股权所有者手中。请注意——这并不表示高杠杆总是能提高回报率。

2015年度致股东的信

Fundsmith，2016年1月

这是写给Fundsmith股票基金投资者的第6封年度信函。下表显示了上一年度的业绩数据，自2010年11月1日基金成立以来的累计收益和年化收益，以及各种比较基准。

总回报（%）	2015年1月1日至12月31日	成立至2015年12月31日	
		累计	年化
Fundsmith股票基金①	+15.7	+131.4	+17.6
股票②	+4.9	+64.3	+10.1
英国债券③	+1.0	+24.3	+4.3
现金④	+0.0	+3.5	+0.7

①③④资料来源：彭博，②资料来源：www.msci.com

该表显示了T类累计份额的表现，其在2015年上涨了15.7%，相比之下，在股息再投资的情况下，以英镑计价的MSCI全球指数上涨了4.9%。因此，该基金在2015年跑赢市场10.8%，这是其连续第5年跑赢市场，具有讽刺意味的是，在任何特定报告期内的表现都优于市场并不是我们寻求实现的投资目标。

然而，我们意识到，我们的许多或实际上大多数投资者并未将MSCI全球指

---

① T类累计份额（扣除费用），以英国时间午盘定价。
② MSCI全球指数，英镑净值，以美国时间收盘定价。
③ 彭博/EFFAS英国政府5—10年债券指数。
④ 3个月Libor利率（伦敦银行同业拆借利率）。

数用作其投资的自然基准。

有些投资者,他们生活在英国并以富时100指数作为衡量投资的自然基准,以及(或者)持有以富时100指数为基准并经常拥抱该指数的基金,他们的投资回报将会差于MSCI全球指数的表现。富时100指数在2015年下跌4.9%,包括股息再投资在内的总回报仍为负值,即-1.0%。

同样,对于美元投资者而言,标准普尔500指数全年下跌0.7%,仅在股息再投资的情况下实现了1.4%的回报。

2015年也是我们基金成立五周年,因此也许是停下来反思长期表现的好时机。除了相比MSCI全球指数的10.1%的复合回报率,我们以17.6%的复合回报率跑赢市场之外,我们还是投资协会全球板块203只基金中业绩排名第三位的基金。你可能会问,为什么只排在第三位?表现优于我们的两只基金是医疗保健行业基金,它们受益于近年来生物技术领域的异常收购热潮。这不会无限期地持续下去,届时任何从这些公司和基金中受益的投资者都需要找到下一个热门行业,如果那是他们的投资策略的话。这是我们自认为没有能力参与的游戏,因此不会尝试。大多数其他投资者似乎也无法掌握参与这种游戏的技能,但这似乎并没有阻止他们参与其中。

2015年并不是牛市,拖累市场上涨的因素包括新兴市场国家经济放缓,以及美国从结束量化宽松政策到美联储近10年内首次加息。毕竟标准普尔500指数全年下跌了0.7%。

有无数分析师都在研究这种利率上升可能产生的影响,我无意加入这场辩论。然而,有一个方面可能值得讨论。至少在过去三年中,我们一直能阅读到一些评论,这些评论认为我们基金的投资者至少面临着一个问题:我们持有的股票估值很高,而且近年来它们的估值变得更高了。这通常与这些股票是"债券替代股"有关——与大多数股票相比,它们的回报率和股息的相对确定性使它们成了债券的替代品。债券成了许多投资者现在设法回避的品种,因此随着利率上升,债券替代股可能会与债券一样表现不佳。

对此，有几点需要考虑。

一是在这些评论员发出警告的这段时间里，这些股票和我们的基金继续大幅跑赢市场。因此，就像那句谚语所说，就算是坏掉的钟，一天也会准两次，即使他们描绘的场景最终实现了，如果你在他们给出建议的时候听从了他们的建议，你所错过的上涨也是值得记住的。当他们宣称自己的远见卓识和准确预测的时候，他们肯定会忘记提及因此错过的上涨。

我们也有理由怀疑他们的预测和他们提出的解决方案的有效性。

首先，所有美国利率均由美联储设定的假设过于简单化了。目标联邦基金利率为短期利率，于2015年12月17日从0—0.25%上调至0.25%—0.50%。长期利率由美国国债市场和掉期市场设定，银行、公司、抵押贷款人和投资者可以在固定利率和浮动利率之间转换。目前30年期美国国债的收益率略低于3%，这看起来并不低。

美联储加息的主要惊喜是，后续加息空间有限且对长期利率没有影响（在提到加息时，我拒绝使用"hike"这个流行词语，因为"hike"一词在字典中被描述为急剧或意外大幅的提高——这种描述显然不适用于美联储的决定）。在这种情况下，对所谓的债券替代股的影响，人们的担心可能被证明是过头了。

其次，对于这种可能对债券替代股产生的不利影响，这些评论员会怎么做？考虑到这场可预见的灾难，他们大概会建议将它们卖出，并将你的钱投资到其他地方。评论员给出的答案是投资一只"更不易受到未来市场表现影响"的基金（这似乎是一个过于适度的目标——为什么不找一个只会上涨的基金呢？），最常见的建议是，你应该考虑转向更具周期性的股票，因为它们的估值较低，而且其回报波动非常大，所以不能被视为债券替代股。在预期利率上升的情况下转向周期性股票，可能会出现什么问题呢？

与以往一样，识别我们或其他人的投资策略的潜在问题并不困难。在我的从业生涯中，我从未发现识别问题与解决问题一样困难。同样，建议你转向那些不受利率上升影响的投资品种，这要更困难一些。

然而，类似于"坏掉的钟"的评论员似乎迟早会被证明是正确的，我们的基金将经历一段表现不佳的时期。该怎么办呢？你可以尝试一些择时交易并在此事件发生之前赎回你在该基金中的份额，然后在你认为该基金再次开始表现出色的时候再次进行投资。如果你这样做，我希望你有比我更好的运气和（或）技能，因为我知道自己不能成功地做到这一点。

如果你打算像我一样继续投资于我们的基金，包括在任何表现不佳的时期，你也可能会像我一样感到欣慰的是，我们的投资策略首先是基于购买好公司的股票。关于我们的基金，我们不能向你承诺太多。但我们清楚的一件事是，我们寻求持有好公司的股票，并且至少在大部分时间里我们都成功地实现了这一目标。

我们继续以去年采取的方法来证明这一点，如果我们不把Fundsmith基金看作一家共同基金，而是看作一家公司，并在"透视"的基础上计算其在投资组合中持有的股票业绩，下表显示了计算结果，并将其与市场（在这种情况下是富时100指数和标准普尔500指数）进行了比较。

	Fundsmith股票基金[*]	富时100指数[+]	标准普尔500指数[+]
已动用资本回报率	26.0%	14.8%	17.5%
毛利率	61.1%	40.2%	43.7%
营业利润率	25.0%	14.3%	15.3%
现金转换率	98.4%	69.8%	70.9%
杠杆率	29.3%	38.5%	52.5%
利息覆盖率	16.1 ×	8.2 ×	8.7 ×

注：已动用资本回报率、毛利率、营业利润率和现金转换率，Fundsmith股票基金使用的是加权平均值，富时100指数和标准普尔500指数使用的是平均值。富时100指数和标准普尔500指数不包括金融股。杠杆率和利息覆盖率是中位数。

[*]资料来源：Fundsmith LLP，[+]资料来源：彭博

2015年度致股东的信

这张表格说明了什么？简而言之，我们公司的财务业绩比整体市场要好得多，而且使用资金也更加保守。

我们投资组合中的公司当然不能避免业务周期性低迷和（或）管理失误，也不能避免它们的股价受到常见市场因素的影响，但我们至少可以合理地确定，由于持续以较高的回报率进行投资，它们正在随着时间的推移不断增加内在价值。

如果我给你一份详尽的清单，列出所有让我困惑的投资主题，以及投资者和评论员的表现，那么这封年度信函会更长。然而，让我感到困惑的主题之一就是对股价的痴迷。当然，对股价走势的关注是正确的。如果它们的业务实力从未反映在股价中，那么持有好公司的股票是没有用的，但持续关注股价走势而将公司的财务基本面排除在外，这种做法既不妥当也没有益处。从长远来看，一个因素会跟随另一个因素发生变化，但不是基本面会跟随股价。

我们回到估值的主题，与评论员的观点截然相反的事实是什么？我们投资组合的加权平均自由现金流收益率（公司产生的自由现金流除以其市值）年初为4.5%[*]，年末为4.3%[*]，因此在2015年整个投资组合几乎没有增加估值。我们所持有公司的每股自由现金流在这一年平均增长了9.7%[*]，这对业绩的贡献要大得多。

这个4.3%的自由现金流收益率的比较基准为，标准普尔500指数中非金融股票的自由现金流收益率中位数为4.4%[+]，平均值为2.7%[+]，或者富时100指数中非金融股票的中位数为3.8%[+]，平均值为3.9%[+]。与市场相比，我们的股票价值看起来并不差，尤其是考虑到它们相对较高的质量。当然，虽然两者都可能有些昂贵——但未来两者都可能继续如此，甚至变得更加昂贵。

2015年，对该基金业绩贡献排名前五位的公司分别为：

胡椒博士	+1.94%
帝国烟草	+1.79%
微软	+1.69%
Sage	+1.36%

| 利洁时 | +1.05% |

对该基金业绩贡献排名后五位的公司分别为：

宝洁	−0.22%
PayPal	−0.15%
3M	−0.02%
通力电梯	+0.02%
高露洁	+0.05%

在表现最差的五家公司中，唯一让我们感到担忧的是宝洁公司，执掌该公司的是多年来第三位来自内部的首席执行官。

我们在这一年卖出了达美乐比萨，因为它的估值达到了非常高的程度，我们认为这一估值只有在保持当前快速增长的情况下才是合理的（我们怀疑它难以保持这种增长速度）。然而，我们带着一些遗憾和不安卖掉了它。遗憾的是，这无疑是一家不错的企业，并且自我们的基金成立以来一直是我们表现最好的股票。因为卖出好公司的股票而感到不安，这是我们不愿意做的事情。尽管如此，我们相信你可以"与老朋友一起赚钱"——也就是说，如果以后它有机会达到我们认为的合理估值，我们将非常希望再次持有达美乐。

我们还在2015年卖出了我们在精选酒店的持股，因为我们不喜欢该公司投资开发名为SkyTouch的第三方预订系统所带来的潜在风险/回报。由于我们不会做太多的交易以便在我们持有的资产之间重新分配基金资本，我们依赖于所投资公司的管理层来为我们对其产生的部分现金流进行再投资。当他们发展不同的、令人兴奋的并且超出他们核心能力范围的业务时，我们就会变得担心。因此我们卖出了精选酒店。

我们还出售了在eBay的持股，这是我们在eBay拆分Marketplaces和PayPal（我们保留了这部分持股）时获得的股票。

年内，我们新增加了一只持股，美国质谱分析、液相色谱和热成像设备制造商沃特世公司，该公司的大部分回报来自向已安装其设备的操作员销售耗

2015年度致股东的信

材、服务、备件和软件。从看似明显的趋势——对产品进行更多的测试和认证——来看，该公司拥有明确的增长来源。

我们还新增加了另外两只持股，一家是具有类似增长来源的测试公司，另一家是新的消费必需品公司，这两家公司都将在适当的时候公布。

最小化投资组合换手率仍然是我们的目标之一，并且在此期间以2%*的投资组合换手率再次实现了这一目标。知道我们在自愿交易上总共花费了496,507英镑或基金的0.014%（1.4个基点）可能更有帮助，其中不包括与基金认购和赎回相关的交易成本，因为这些是非自愿的。

为什么这很重要？它有助于将成本降至最低，而将投资成本降至最低对于实现令投资者满意的结果有着重要贡献。投资者、评论员和投资顾问经常关注年度管理费用或持续费用数字，后者包括向基金收取的超出年度管理费用的一些成本。2015年T类累计份额的持续费用数字为1.07%。*问题在于持续费用数字不包括成本的一个重要因素——交易成本。当基金经理通过买卖投资品种进行交易时，该基金通常会产生支付给经纪人的佣金成本、所交易股票的买卖差价以及在某些情况下的印花税。这可能会显著增加基金的成本，但它并未包含在持续费用数字之中。

我们已经发布了我们自己版本的总成本，这其中包括交易成本，我们将其称为总投资成本。对于2015年的T类累计份额，这相当于1.13%*的总投资成本，包括资金流入和流出的所有交易成本，而不仅仅是我们的自愿交易成本。我们认为，如果或当其他基金产生可比数字时，这个数字将被证明是较低的，我们对这样的结果充满信心。然而，正如我们认为只关注股价而忽略公司的基本面表现是不健康的一样，我们也警告投资者不要过度沉迷于费用，以至于你会失去对基金业绩的关注。值得指出的是，这封信开头的基金表现是在扣除了所有费用之后的结果，或者用一些人的更优雅的说法是"物有所值"，或者至少你应该以此为目标。

*资料来源：Fundsmith LLP，+资料来源：彭博

如果你在2016年用你的资金做一项投资

《金融时报》，2016年1月15日

如果你在2016年用你的资金做一项投资，那应该是：购买一只你可以忘记的基金。

"鞋匠的孩子没有鞋子"这句话说明，专业人士倾向于专注于自己的工作而忽视自己的需求——即使是在他们自己的专业领域。投资专业人士也不能免于这种趋势。但是，如果你没有时间或意愿每天甚至每周或每月管理你的投资，那么当然最好的选择是，采用一种可以因为这种明显的忽视而大获成功的投资策略。

我说明显的忽视是因为，结合正确的投资策略，这种不主动的投资方式就成了一种优势，因为它降低了交易成本，这正是拖累投资业绩的重要因素。

在我看来，有两条明显的途径可以实现卓越的投资业绩，而无须时刻保持警惕或主动。

一种途径是购买指数基金。鉴于主动基金经理的平均表现差于相关指数基准，收取的费用比指数基金多，交易更多，这种结果是不可避免的。我指的是指数基金，而不是交易所交易基金（ETF）。鉴于你选择该策略的根本原因是你对投资的关注度不够，你为什么要选择一只允许日内交易的基金呢？这就是交易所交易基金中的"交易所交易"告诉你的它提供的功能。

另一种途径是投资于由好公司构成的股票投资组合，随着时间的推移，这些公司的股票价值将得到复合增长。这些公司已经存在了几十年或更长时间，即使在经济周期的底部也有良好的财务业绩（高资本回报率、高利润率、良好的利润转换现金能力和适度的债务水平）。

它们还具有可识别的竞争优势，这使它们能够保持这种高回报率，尽管它们会引起竞争对手的注意。

无论你选择哪种投资途径，购买它们，然后忘记它们并享受投资成果。

投资者不应放弃债券替代股

《金融时报》，2016年9月8日

我经营的Fundsmith股票基金旨在通过简单的三步策略为投资者带来卓越的回报率：

1. 购买好公司的股票；
2. 不要支付过高价格；
3. 什么都不做。

这三个步骤不是意外地按照这个顺序排列的。该策略的第一步是决定股票是否属于一只优质股，我们是否希望持有这只股票。在我们看来，这比估值更重要。

以下是伯克希尔-哈撒韦公司副董事长，沃伦·巴菲特的合伙人查理·芒格，在题为"与投资管理与商业相关的基础知识课"的演讲中就这一主题所说的话：

> 从长期来看，从一只股票上获得的回报率很难高于该企业的资本回报率。如果该企业在40年内的资本回报率为6%，并且你持有它40年，那么你将会获得与6%相差无几的回报率——即使你最初以巨大的折扣价格购买了这只股票。相反，如果一家企业在20年或30年内获得18%的资本回报率，即使你付出了看似昂贵的价格，最终也会获得不错的结果。

芒格先生不是在猜测或提出一个理论。他是在陈述一个事实。如果你是长期投资者，则公司可以产生的资本回报率，及其以较高回报率进行再投资的能力，更有可能决定其股票的表现，而不是你买进或卖出时的估值。或者正如他的合伙人巴菲特说过的,"以合理的价格购买一家好公司,远比以好的价格购买一家普通的公司要好得多"。

然而,大多数人由于行为上的原因和(或)因为"得益"于理财顾问——他们认为自己存在和收取费用的理由是由交易活动驱动的,因此无法成为长期投资者。

高资本回报率可以弥补看似高的估值,而低回报率的公司对于长期投资者来说几乎是不值得投资的,无论股票的估值有多低。大多数选择投资于持续低回报公司的投资策略,通常是认为公司即将出现周期性向上趋势的业绩或事件,于是提前购买股票,然后等待估值提高,从而股价提高。

问题在于——抛开很少有投资者能够成功执行这种交易不谈——即使你做对了,你也必须卖出这些股票并找到符合这些标准的新股票。你永远不应该长期持有这类股票,因为其股票回报率会回归到低水平,因为该公司产生的资本回报率会回归到低水平。

有一句谚语说"你就是你所吃的"。在这句谚语的企业版本中,许多企业集团通过收购基本食品、建筑产品和工程领域的企业,证明了主要基于估值而非质量的投资方法的缺点。他们设法通过提高盈利能力来产生短期收益,但这是因为他们用了一些收购会计学的手段,而不是因为被收购企业的基本面。此后,被收购的企业所产生的回报率和增长率水平,开始将收购者的业绩拖累到被收购者的水平。

因此,BTR[①]、Hanson[②]和Tomkins[③]等公司都消亡了。几乎唯一成功逆势而为的英国连续收购者是梅尔罗斯(Melrose)[④],一旦企业实现短期收益,它就会将它们出售,这与投资组合经理采取的投资方式非常相似。

尽管两位伟大的投资者提出了合理的建议,但投资者仍然经常问我,股

---

① 总部设在英国伦敦的跨国工业集团公司。
② 建筑材料供应商。
③ 总部设在英国伦敦的跨国工程公司。
④ 一家专注于优秀制造业企业的收购和绩效改善的公司。

票是便宜还是昂贵，而不是问我，它是否属于优质股。最近，随着所谓的债券替代股表现强劲，这种情况达到了高潮。这些公司的股票具有非常可靠的回报率，投资者纷纷涌向这些股票进行投资。

他们的建议是，虽然这些债券替代股表现良好（因为投资者在低利率、零利率甚至负利率的时代拼命地追求收益率），但它们的估值现在已经非常高，以至于该策略已经不可行了。

毋庸置疑，这个建议似乎通常来自那些完全错过这些股票表现，并且已经唱了相当长一段时间的"塞壬的歌声"的投资者。

迄今为止，遵循他们的建议将是灾难性的。我可以追溯到三年多以前有关所谓债券替代股估值过高的警告，在此期间，该策略的总回报接近100%。然而，一个理论在一段时间内一直是错误的，这并不意味着它最终不会被证明是正确的——就像那句谚语所说的，就算是坏掉的钟，一天也会准两次。

所以我决定进一步探索这个主题。在下周发表的下一篇专栏文章中，我将转向漂亮50（Nifty Fifty），在20世纪六七十年代纽约证券交易所上市的50家公司，它们被视为可靠的可以"买入并持有"的成长股。

所谓的债券替代股的兴起通常被比作漂亮50年代，所以回顾这些事件并看看我们可以从中学到什么，这可能是明智的做法。

漂亮50对债券替代股的启示

《金融时报》，2016年9月14日

上周，我建议我们可以通过研究漂亮50在其所处时代的表现及其后来的结果来了解所谓的债券替代股票的前景。

漂亮50在当时的情况如何呢？漂亮50指的是20世纪60年代和70年代期间，在纽约证券交易所上市的50只大盘股，它们被广泛视作可以"买入并持有"的成长股，但具有很高的估值水平。这些股票通常被称为"一次性抉择股"。它们被视为盈利增长极其稳定的股票，即使在很长一段时间内也是如此，因此只需要决定买入它们，因为它们永远不需要被卖出。

它们最常见的特征是稳健的盈利增长，因此这些股票的市盈率非常高。优质股投资策略的批评者经常引用漂亮50年代作为忽视估值的投资者可能取得不佳业绩的证据。与今天的债券替代股进行比较，他们指出漂亮50名单中的大部分股票随后表现不佳，这是当今投资者应该注意的警告。然而，与许多其他股市事件一样，我发现他们更多地依赖于故事传说而不是分析。

因此，让我们研究一下数据。第一个问题是，从来没有一个官方的漂亮50股票名单。摩根担保公司（Morgan Guaranty）和基德·皮博迪公司（Kidder Peabody）发布的各种股票名单都被作为替代名单。小马尔科姆·福布斯在1977年《福布斯》杂志的一篇题为《当华尔街变得痴迷》的文章中，引用了摩根担保公司的名单。基德·皮博迪公司的名单实际上来自该公司每月公布的在纽约证券交易所交易的最高市盈率股票名单。然后，一篇研究论文将同时出现在这两个名单上的24只股票称为"极佳24"（Terrific 24）。

但是，无论你想采用哪个股票名单，它们的平均市盈率都在市场平均水平的两倍到三倍之间：

1972年底市盈率

股票	平均倍数
摩根担保漂亮50	45.2
基德·皮博迪漂亮50	57.9
"极佳24"	59.8
标准普尔500指数	19.2

资料来源：Fundsmith研究

这些股票如何获得如此高的估值尚不清楚。这不是典型的市场狂热，例如20世纪20年代对大规模生产的兴奋，也不是互联网时代对技术前景的盲目狂热——尽管漂亮50名单上到处都是新技术股，这些股票后来被证明是代价高昂的灾难（伊士曼柯达、宝丽来和施乐是最明显的例子）。

似乎已经发生的事情是，投资者的行为在某种程度上反映了整个社会的行为。投资者决定抛掉他们原来持有的保守派息股票，转向所谓的成长股。这成为一种自我实现的投资策略，同时投资业绩得以持续。一位评论员总结道，这是"华尔街时代精神的改变"。

泡沫破灭很容易解释。标准普尔指数在1973年1月5日达到顶部，然后在接下来的22个月内下跌了48%，因为通货膨胀率从1972年的3.2%上升到了1975年初的11.8%。在第四次中东战争之后，油价几乎翻了两番，1973年至1975年经济衰退开始，美国陷入了水门事件的旋涡之中。

数据很难获得，但漂亮50股票的上涨时间比市场要长一些——尽管它们最终也难逃脱熊市厄运。也就是说，可口可乐的股价在1973年1月与市场同时达到顶部，然后在接下来的22个月内下跌了66%。强生公司的股票也在1973年1月达到顶部，但此后到1974年10月，其跌幅一直保持在42%。在估值最高的公司中，迪士尼也在1973年1月达到顶部，然后到1974年10月下跌了82%。20世纪70年代的长期熊市，一直持续到了1982年，导致漂亮50的估值与其他股票一起跌至较低水平，其中大部分股票的表现都低于市场平均水平。这似乎证实了对债券替代股难逃厄运的预测。

如果今天有一个漂亮50股票名单，它会包含哪些股票呢？采用与最初的漂亮50相同的方法，今天标准普尔500指数中估值排名第50位的是医疗保健物业提供商Welltower①，其市盈率为40.7倍。这个估值非常类似于基德·皮博迪1972年名单上的第50只股票——消费品公司高乐氏，其市盈率为41.4倍。

此外，今天标准普尔500指数的整体市盈率为20.5倍，与1972年的市盈率相似。相比之下，标准普尔500指数消费必需品板块的当前市盈率——即所谓的债券替代股中的最大成分股——只有22.8倍。与1972年的相似之处看起来相当清楚，但对债券替代股的解读却并非如此。

事实上，在我更新的漂亮50版本当中，唯一的消费必需品股票是能量饮料公司怪物能量饮料（Monster Beverage）。剩下的股票是什么类型呢？好吧，下面列出的一些股票，可能有助于解释这个问题：动视（Activision）、奥多比（Adobe）、亚马逊（Amazon）、博通（Broadcom）、Digital Realty②、Expedia③、脸书（Facebook）、因美纳（Illumina）、美国美光（Micron）、奈飞（Netflix）、安博（ProLogis）、红帽（Red Hat）、猫途鹰（Tripadvisor）、雅虎（Yahoo）和亚力兄制药（Alexion Pharma）、艾尔建（Allergan）和再生元制药公司（Regeneron）。在目前的漂亮50中，只有29只股票支付股息——这通常不是一个好的信号，也不是你可以针对债券替代股提出质疑的依据。漂亮50目前的所有成分股都不在我经营的基金——Fundsmith股票基金——的投资组合中，也不在我们准备持有的可投资股票中。

如果你在选择投资品种时，担心过高的估值以及由利率上升可能导致的价值损失，我认为，相比所谓的债券替代股，更需要担心的是极端估值。

---

① 该公司的业务范围涵盖了老年人住房和医疗保健房地产。
② 全球领先的数据中心、托管和互联解决方案提供商。
③ 全球领先的在线旅游公司。

专注于"已知的已知事物"

《每日电讯报》，2016年10月29日

美国前国防部长唐纳德·拉姆斯菲尔德（Donald Rumsfeld）曾说过："有的是已知的已知事物。有些事情我们是知道的。有的是已知的未知事物。也就是说，有些事情我们知道自己不知道。但也有未知的未知事物。有些事情我们不知道自己不知道。"

让我感到很惊讶的是，人们将大量的时间和精力浪费在了猜测已知的未知事物上面。英国脱欧、新兴市场、大宗商品、利率、油价、量化宽松和美国总统大选都是已知的未知事物。

以英国脱欧为例：当每个民意调查员都出错时，谁会有足够的信心根据这样的事件调查结果进行投资呢？显然，一些基金经理确实这么做了：一位绝对回报（这是一个多么不恰当的头衔）基金经理惊呼"英国脱欧改变了一切"，他的基金今年迄今为止下跌了20%以上。

相反，到目前为止，我认为英国脱欧引起的改变微乎其微。毕竟，这件事情还没有发生。

在脱欧公投之后，有少数几位基金经理的基金立即上涨了20%，并因此受到了称赞。我对他们也没什么同情，因为他们似乎愿意将投资者的资金押在抛硬币上。

问题不仅在于这些事件难以预测甚至无法预测。市场是所谓的"二阶"系统：要想在此基础上进行成功投资，你不仅必须预测事件的结果，还必须知道市场的预期以及市场将如何反应。祝你好运。

然后是"未知的未知事物"的问题。可能导致市场发生重大变动的事件，可能是根本没有人发现的事件。如果一个事件你甚至不知道它的存在，那么你将很难预测它的结果。

一种针对这种不确定性提出的投资解决方案是所谓的绝对回报基金，它近年来吸引了大量资金，其总资产从2008年6月的20亿英镑增加到了2016年6月的630亿英镑。它们的表现如何呢？

绝对回报基金过去一年平均上涨0.7%，2015年平均上涨2.9%，2014年平均上涨4.3%。相比之下，Fundsmith股票基金过去一年上涨42%，2015年上涨15.2%，2014年上涨15.3%。绝对回报基金在过去5年中，有4年跑输了MSCI全球指数。

总回报（%） 截至9月30日的年份	2016	2015	2014	2013	2012
投资协会目标绝对回报板块	+0.7	+2.9	+4.3	+4.9	+2.5
MSCI全球指数	+29.9	+1.6	+12.1	+19.9	+17.3

抛开绝对回报基金使用那些你我都不了解的复杂对冲策略不谈。他们的对冲几乎确保了虽然他们的投资者没有亏钱，但他们也不会赚到钱，以至于他们基金名称中的"回报"一词显得很不恰当。

那么你应该关注什么呢？我只建议三件事。

首先，投资好公司的股票。它们并不难识别，这些公司通常已经存在了很长时间，并通过提供客户想要的产品和服务产生了良好的财务业绩。

我管理的Fundsmith股票基金投资组合中的公司平均成立于1912年。它们在两次世界大战、大萧条和金融危机中幸存下来，它们很可能会在未来任何已知或未知的未知事件中幸存下来。

其次，坚持投资于你能理解的投资品种。我从未发现有人不同意这是成功的基本要素。但投资者非常不善于定义他们勉强理解的投资品种。你真的了解现在的银行业吗？如果不是，你为什么持有银行股？绝对回报基金如何使用衍生品？不知道？那你为什么持有它？交易所交易基金如何运作？不知道？那就购买一只指数跟踪基金（如果你认为ETF和指数跟踪基金是一样的，那你肯定没看懂这个主题）。

最后，不要过分担心估值。如果咨询专家和评论员，他们会告诉你好公司的股票估值过高。他们迟早会是对的，尽管只是暂时的，但是在等待它发生的同时，你会放弃多少收益？如果你是长期投资者，购买好公司的股票比估值更重要。如果你不是长期投资者，你投资股市做什么？

2016年度致股东的信

Fundsmith，2017年1月

这是Fundsmith股票基金写给投资者的第7封年度信函。下表显示了上一年度的业绩数据，自2010年11月1日基金成立以来的累计收益和年化收益，以及各种比较基准。

总回报（%）	2016年1月1日至12月31日	成立至2016年12月31日	
		累计	年化
Fundsmith股票基金[①]	+28.2	+196.6	+19.3
股票[②]	+28.2	+110.6	+12.8
英国债券[③]	+6.5	+32.4	+4.7
现金[④]	+0.6	+4.0	+0.6

[①][③][④] 资料来源：彭博，[②] 资料来源：www.msci.com

该表显示了T类累计份额的表现，这是最常持有的类别，也是我所投资的类别。2016年，T类份额上涨了28.2%，相比之下，包括股息再投资在内，以英镑计价的MSCI全球指数上涨了28.2%。因此，该基金在2016年的表现与该基准持平，在投资协会全球板块中，自成立以来的业绩，我们的基金目前仍排名第一，比排名第二位的基金高出15%的累计利润，更是比平均水平高出127%。

---

① T类累计份额（扣除费用），以英国时间午盘定价。
② MSCI全球指数，英镑净值，以美国时间收盘定价。
③ 彭博/EFFAS英国政府5—10年债券指数。
④ 3个月Libor利率（伦敦银行同业拆借利率）。

然而，我们意识到，我们的许多或实际上大多数投资者并未将MSCI全球指数作为其投资的自然基准。

有些投资者，他们生活在英国并将富时100指数作为衡量投资的自然标准，以及（或者）持有以富时100指数为基准并经常拥抱该指数的基金，他们的投资回报将会差于MSCI全球指数的表现。富时100指数在2016年上涨了14.4%，包括股息再投资在内的总回报为19.2%。我们的基金跑赢了9%。

评论员的一种陈词滥调是足球是两个半场的比赛，我们在2016年的相对表现正是如此。在6月30日的中场休息时，我们的基金（T类累计份额）上涨了16.4%，而MSCI全球指数上涨了11.0%，我们的良好表现得益于在6月23日英国脱欧公投后英镑的大幅下跌，因为我们投资组合中的大部分股票在美国上市。尽管这并不能准确反映该基金的货币敞口，因为这实际上取决于上市公司的收入和利润来自何处，不过事实是美元仍然是我们拥有的最大货币敞口。

那么下半年发生了什么呢？我们经历了股市评论员经常说的板块"轮动"，其中我们投资的行业大多失宠，这些公司的股价表现不佳，而我们没有持有的其他行业表现良好，尤其是银行板块。

这种"轮动"似乎是出于对经济增长提速的预期，这集中体现在对周期性股票表现的潜在复苏预期上。在11月初唐纳德·特朗普当选美国总统之后（这可以称得上"意外"——对于一些人来说，英国脱欧可能更符合对"意外"的定义），这种预期变得愈加强烈，因为人们预测，他的经济政策将会更快速地刺激美国经济增长。

我不知道这种"轮动"是否会继续下去，但同样，任何对此发表过意见的分析师或评论员也不知道。

在判断这种情况时，我认为值得牢记以下几点。

我可以追溯到四年前的市场评论，这些评论警告称，我们投资的那些股票、我们的策略和我们的基金将表现不佳。在此期间，该基金的价值上涨了约100%。如果你听从了他们的建议，你将会错失这些收益，这些市场评论员当然也不会记得他们当时的建议。

大部分评论都很简单——例如，集中在消费必需品行业的评论，这是我们所投资的一类易于识别的股票，正如德意志银行最近的一份报告中所说的消费必需品"狂欢已经结束"。即使这是真的，这些也只占我们投资组合的三分之一左右。

对表现不佳的预测还集中在所谓的"债券替代股"——回报相对可预测的股票。当债券收益率下降到（甚至跌破）零时，投资者曾转向债券替代股。我们被告知，当利率上升时，这些债券替代股的表现会很糟糕，而且它们已经表现出了这种倾向。在我撰写本文时，美联储在一整年的时间里已将联邦基金利率从历史低点总共上调了0.5%（首次上调0.25%发生在2015年12月17日——时间过得真快！）。正如我去年指出的那样，这种缓慢的上调似乎与市场流行的说法——"hike"——并不相符，字典中将其定义为急剧或意外的增长，这种描述显然不适用于美联储的决定。当然，我不知道美联储或任何其他中央银行随后会在何时或以多大幅度加息。我认为，从它们迄今为止的记录来看，任何评论员或分析师都无法断定加息节奏——但这并不会阻止他们做出预测并建议你应该根据他们的观点做出投资决策。

还有一个问题是，如果我们选择出售基金所持有的防御性的债券替代股，或者你选择赎回我们基金中的份额，我们应该投资什么品种作为替代方案。有一个明显的建议，而且它在2016年下半年能起到很好的效果，那就是你应该转向银行股等周期性股票。在预期利率上升的情况下，购买周期性股票确实会带来一个相当明显的问题——如果利率上升导致经济放缓，它们的表现会不会比防御性股票更差？还有一个事实是，这些股票的公司随着时间的推移不会通过产生高于资本成本的资本回报率来创造股东价值，也不会通过以该回报率投资更多资本来使股东价值不断增长，而我们寻求投资的公司与此相反。如果你选择投资此类公司，我认为这不是因为你想无限期地持有它们的股票并允许它们的价值得到复合增长，而是因为你认为这其中存在交易性机会，你可以买入它们然后以更高的价格卖出去。如果是这样，我希望你在这场"博傻"游戏中，在把握时机上有比大多数人更好的运气（在这场游戏中，你希望从一个比你更没有能力发现这个机会的卖家那里买入，然后当时机成熟时，你需要卖给一个同样不太明智的买家）。由于我们认为自己不具备这种技能，因此我们的基金不会尝试这种游戏。

让我仍然感到惊讶的是，有大量的评论员、分析师、基金经理和投资者似乎痴迷于不断预测宏观事件，并以其作为他们投资决策的基础。事实上，他们似乎无法预测这类事件，但这并未阻止他们继续这样做。2016年，我们目睹了各大民意调查机构和主流媒体未能预测英国脱欧公投或美国总统大选结果的盛况。然而，同样的那些人中又有很多人正在忙于告诉我们，特朗普先生的经济政策将会产生什么影响，以及它们将如何影响我们的投资。

我很少花时间去担心宏观趋势，甚至花更少的时间去尝试应用趋势预测来管理我们的投资组合。以下是可能在不久的将来影响公司和市场的宏观因素的简短列表：

- 英国脱欧
- 中国
- 印度"废钞"
- 法国总统选举
- 德国选举
- 利率
- 朝鲜
- 特朗普总统
- 欧洲央行的量化宽松政策
- 叙利亚
- 石油价格

即使你可以正确预测这些事件的发展方向以及发生的时间，这也不能让你将其作为投资决策的基础。市场是一个所谓的二阶系统——为了有效地运用你的预测,你不仅需要做出大部分正确的预测,还需要衡量市场预期会发生什么,以预测它们会如何做出反应。祝你好运。

就像我们最钦佩的一些公司的管理层一样,我几乎不会浪费时间去猜测我无法控制或预测的因素会发生什么,并将大部分时间和精力投入我可以控制的事情上。其中两个就是我们是否持有好公司以及我们为持有它们的股票支付的价格。

像往常一样,我们希望通过列表来向你说明我们投资策略的第一个步骤——我们是否持有好公司。该表显示了如果Fundsmith基金不是一只基金而是一家公司,它的运营情况如何,并在"透视"的基础上计算其在投资组合中持有的股票业绩,最后将其与市场基准(在这种情况下是富时100指数和标准普尔500指数)进行比较。

	Fundsmith股票基金[*]	富时100指数[+]	标准普尔500指数[+]
已动用资本回报率	26.7%	13.5%	14.7%
毛利率	61.9%	40.0%	43.2%
营业利润率	25.5%	12.9%	13.9%
现金转换率	99.4%	81.4%	83.6%
杠杆率	37.7%	48.9%	52.1%
利息覆盖率	17.0 ×	7.9 ×	7.9 ×

注:已动用资本回报率、毛利率、营业利润率和现金转换率,Fundsmith股票基金使用的是加权平均值,富时100指数和标准普尔500指数使用的是平均值。富时100指数和标准普尔500指数不包括金融股。杠杆率和利息覆盖率是中位数。所有数据都是最终公告数值。

[*]资料来源:Fundsmith LLP,[+]资料来源:彭博

我们投资组合中的公司的资本回报率和利润率明显高于指数的平均水平。它们将更多的利润转化为现金,并以比一般公司低得多的借贷水平实现了这一

目标。这也并非一次性的偶然业绩——它们多年以来始终取得了这些卓越业绩。年末我们投资组合中的公司的平均成立年份为1912年。

持续较高的资本回报率是我们在寻找公司进行投资时要考虑的一个重要因素。另一个是增长来源——如果企业无法增长，且不能以高回报率配置更多资本，那么高回报率就没有多大用处。那么，我们的公司2016年在这方面的表现如何呢？2016年加权平均自由现金流（公司支付除股息以外的所有费用后产生的现金，这是我们更喜欢的衡量标准）增长略高于11%*。我们认为这是一个相当不错的结果，因为世界范围内普遍正在经历乏力的增长，并导致过去一年富时100指数和标准普尔500指数公司的盈利下降。

这就引出了估值问题。年初投资组合的自由现金流收益率（公司产生的自由现金流除以其市值）为4.3%*，年末时为4.4%*，因此它们没有变得更高估值。富时100指数的平均自由现金流收益率为4.7%⁺，中位数为4.6%⁺。标准普尔500指数的平均自由现金流收益率为4.3%⁺，中位数为4.8%⁺。从所有这些均值和中位数来看，我们投资组合中的公司从基本面上来看要比指数中的公司好得多，它们的估值略高于富时100指数公司的平均水平，与标准普尔500指数公司的平均水平大致相同，并且它们在过去一年中增长速度更快。我认为这对我们的投资组合来说并不是一个糟糕的情况。

2016年，对该基金业绩贡献排名前五位的公司分别为：

爱德士实验室（IDEXX Laboratories）[①]	+3.10%
史赛克	+2.54%
巴德	+2.06%
洲际酒店	+1.71%
强生	+1.68%

对该基金业绩贡献排名后五位的公司分别为：

[①] 兽医诊断、软件和水微生物检测领域的全球领导者。

雅诗兰黛	-0.06%
宝洁	-0.02%
诺和诺德（Novo Nordisk）①	+0.07%
高露洁	+0.23%
帝国烟草（Imperial Brands）	+0.37%

最大的贡献者爱德士实验室（IDEXX）是我们从2015年开始买进的一家公司。它是世界上最大的兽医检测设备制造商。其他贡献排名靠前的史赛克、洲际酒店和强生是我们自基金成立以来一直持有的。

在表现最差的五家公司中，我们于2016年1月卖出了宝洁公司的股份。你可能会注意到，在去年对我们业绩贡献最差的五家公司中，有四只是消费类股票，至少有三只经常被称为"债券替代股"。我们被指责从这些市场追捧的股票中受益，而实际上它们的表现并不好，这似乎是很奇怪的一件事。

我们最近才开始购买美国化妆品企业雅诗兰黛的股份，甚至最近才开始购买诺和诺德的股份，这是一家丹麦公司并且是世界领先的胰岛素供应商。

转向我们策略的第三步，我们简洁地将其描述为"什么都不做"，使投资组合换手率达到最小化仍然是我们的目标之一，并且在此期间，以-15.6%*的投资组合换手率再次实现了这一目标。了解以下信息可能对你更有帮助，自成立以来我们一直持有投资组合中的14家公司，并且我们总共花费了181,025英镑或基金的0.003%（0.3个基点）用于自愿交易，这不包括基金认购和赎回相关的交易成本，因为这些都是非自愿的。

为什么这很重要呢？因为它有助于将成本降至最低，而将投资成本降至最低对实现投资者满意结果具有重要贡献。投资者、市场评论员和投资顾问经常关注年度管理费用或持续费用数字，后者包括向基金收取的超出年度管理费用的一些成本。2016年T类累计份额的持续费用数字为1.06%。*问题在于持续费用

---

① 诺和诺德是世界领先的生物制药公司，在用于糖尿病治疗的胰岛素开发和生产方面居世界领先地位。诺和诺德总部位于丹麦首都哥本哈根。

数字不包括成本中的一个重要因素——交易成本。当基金经理通过买卖投资品种进行交易时，该基金通常会产生支付给经纪人的佣金成本、所交易股票的买卖差价以及在某些情况下的印花税。这可能会显著增加基金的成本，但它并未包含在持续费用数字之中。

我们提供了自己的总成本版本，包括交易成本，我们将其称为总投资成本。对于2016年的T类累计份额，总计1.11%的总投资成本，*包括流入和流出基金的所有交易成本，而不仅仅是我们的自愿交易成本。我们认为，如果其他基金可以给出可比较的数字，我们这个数字将被证明是较低的。但是，我们提醒投资者不要过于沉迷于费用，以至于你无法专注于基金的表现。值得指出的是，这封信开头的基金业绩是在扣除了所有费用之后得到的结果。

作为一个关于"什么也不做"的优点的警示故事，你可能还记得，我们在2015年卖出了我们持有的达美乐比萨，因为它的估值达到了较高水平，我们认为只有在其持续保持快速增长的情况下这一估值才是合理的，我们对其能持续保持快速增长持怀疑态度。在去年的年度信函中，我提到过，我"带着一些遗憾和不安卖掉了它。遗憾的是，这无疑是一家不错的企业，并且自我们的基金成立以来一直是我们表现最好的股票。因为卖出好公司的股票而感到不安，这是我们不愿意做的事情"。达美乐最终以最痛苦的方式证明了这些担忧，因为其股价在2016年上涨了45%+。这一结果除了证明我……（我们能就"易犯错误"这个形容词达成一致吗）以外……我希望这能说明为什么我不愿意接受市场评论员的意见，他们建议你或我应该卖出由好公司构成的投资组合，并转向各种垃圾投资组合，然后寄希望于它会上涨，伟大公司的股价会下跌，而我们随后可以有利可图地扭转这笔交易。

*资料来源：Fundsmith LLP，+资料来源：彭博

新兴市场ETF和死亡之颚

《金融时报》，2017年2月17日

对于采用主动投资策略的基金经理来说，接受被动投资或指数投资似乎很奇怪，但我支持这种被动投资策略。

指数投资的优势显而易见。由于管理费用很低，交易成本也很低，因此投资者可以以最低的成本投资于广泛多样化的投资组合。

指数基金和ETF的明显缺点是，它们剥夺了投资者只投资于价值合理或更好的好公司的机会。然而，似乎大多数主动型基金经理甚至不会尝试只投资于那些好公司，或者即使他们这样做了，他们也不太擅长识别好公司。他们似乎在确定什么是合理价值方面存在类似的问题。许多基金经理在他们的投资组合中持有相当多的股票，以至于必然会导致跟踪指数。当加上主动管理费用和交易成本时，这意味着它们肯定会跑输指数。因此，我认为大多数投资者投资指数基金能收到更好的效果。

但指数基金和ETF的规模增长具有显著的副作用。在指数基金或ETF中，不同股票之间的权重是基于用于编制指数的某一标准，这通常是公司的市值。这意味着，随着投资于指数基金或ETF的资金越来越多，这些资金将通过基金自动分配到相关指数中的成分股，并且仅仅根据它们的市值。

这可能会导致一些重大的扭曲，我们几乎可以肯定，最近在新兴市场中就出现了这种现象。过去几年，随着投资者寻求从经济复苏中获利，流入新兴市场的资金大幅增加。然而，所有这些资金和更多资金流向了新兴市场ETF，而资金实际上已从新兴市场主动基金中撤出，如下图所示：

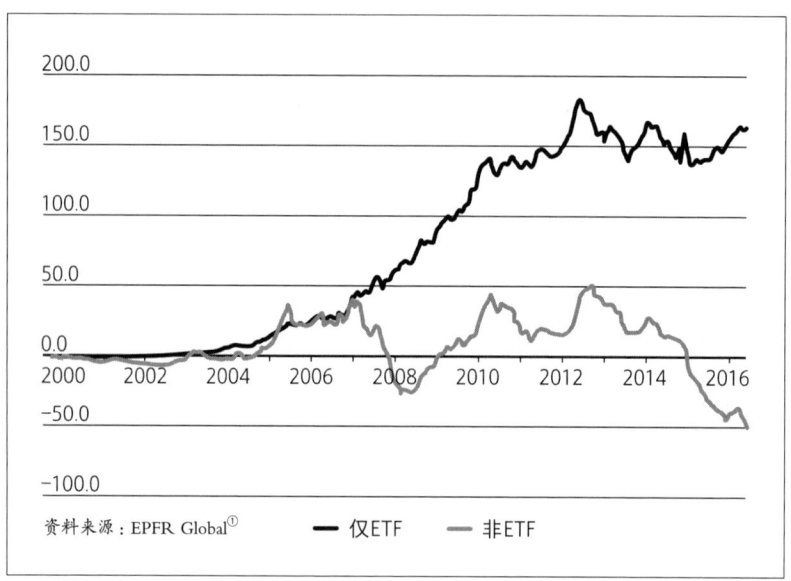

2000年以来新兴市场累计资金流

它看起来很像死亡之颚（Jaws of Death），这个词源自鲨鱼袭击之类的电影和诸如电影《轻骑英烈传》（Charge of the Light Brigade）中的军事遭遇战。

随着资金不断流入，越来越多的资金被分配到新兴市场指数中的最大几家公司，它们并不是好公司。去年，MSCI新兴市场指数前十大成分股的已动用资本回报率平均仅为12%。

当然，这仅是单个年份的情况，你可能会怀疑它是否具有代表性。回顾过去十年，该指数中的最大几家公司的回报率或多或少都是持续下降的，这些公司似乎是基于它们的债务资本成本接近于零而进行投资的。正如互联网泡沫时代和20世纪80年代后期的日本所表明的那样，这始终是一个危险的假设。

或者也许主导该指数的股票估值很低，这足以弥补它们的低回报率？鉴于当前十大成分股的市盈率为28倍，而MSCI指数的市盈率为23倍，情况似乎并

---

① 资金流向监测机构。

非如此，除非它们的收益即将大幅提升。然而，对于在该指数中占有主导地位的互联网和电子商务股票、电子制造商、银行和移动通信公司来说，这似乎不太可能。

许多主动型基金经理对指数基金和ETF的兴起感到不满，因为他们说这让他们的工作变得更加困难。从短期来看，这无疑是正确的。如果资金通过ETF涌入市场，这将导致指数中最大公司的股票表现良好，无论它们的质量或价值如何，即使那些寻求质量和（或）价值投资的主动型基金经理不想拥有它们。资金流的权重将使其成为一个自我实现的预言，即指数将跑赢以这种理性方式行事的主动型基金经理。

这可能是非常令人沮丧的结果，但主动型基金经理应将此视为拥有更多优于指数平均水平的股票的机会，并且如果基金经理和投资者有足够的耐心等待这种情况发生，最终将获得更高的回报率。具有讽刺意味的是，主动管理作为一种利用市场低效率（例如新兴市场ETF兴起造成的市场低效率）的手段，对投资者而言具有价值，但这些事件使基金经理和投资者更难遵循主动投资路径。

权益类投资的独特优势

《金融时报》，2017年4月20日

投资股票——权益类资产——比其他资产类别具有独特的优势。根据我的经验，很少有人理解这一点，也几乎从未对此讨论过。

权益类资产可以以某种方式实现价值的复合增长，而投资于其他资产类别（如债券和房地产）则不可以。原因很简单：上市公司会留存其产生的一部分利润用于再投资。

如果你查看主要指数中的公司，例如标准普尔500指数或富时100指数，你会发现，平均而言，上市公司会将大约一半的收益用于支付股息。余下的收益会用于企业再投资。

没有其他资产类别能提供再投资。如果你持有债券，你会收到利息，但利息不会自动再投资于债券。唯一的例外是高杠杆公司发行的所谓"实物支付"债券，如果它们无法支付现金支付的利息，则可以向债券持有人派发额外债券。因此，你可以获得更多债券，但这时你最不希望的就是你的利息被投资于更多此类垃圾债券。

同样，如果你持有房地产，你将获得租金收入，但租金无法再投资于房地产。

除了作为权益投资的一个独特特征之外，这也可以成为你的投资价值复合增长的宝贵来源。例如，如果你持有标准普尔500指数中的一般公司，它去年的净资产收益率为13%。如果它可以留存一半收益，并且可以随着业务的增长继续以目前的回报率进行投资，那么这一半收益也应该获得13%的收益。更有吸引力的是，标准普尔500指数中的公司平均以账面价值的三倍进行交易，因此对于它们留存的每1美元收益，目前创造了3美元的市场价值（当然，这——估值——可能发生变化）。

这与人们经常所说的大部分股本回报来自股息再投资不同。再投资的股息必须用于以市场价值购买股票——按目前标准普尔500指数中的公司的账面价值的三倍，而每1美元的留存收益按账面价值进行再投资。是留存收益的再投资，而不是股息的再投资，提供了权益投资价值的大部分增长。

当然，更有吸引力的是，如果不是简单地持有指数基金，并希望上市公司以平均回报率再投资你的留存收益，而是只持有那些能够实现高资本回报率的公司，则可以将每1美元的留存收益转化为比账面价值高得多的市场价值。

如果你明白了这个道理，就会得出结论，如果一家公司能够以高回报率投资留存收益，那么你最不希望它做的就是向你支付股息。沃伦·巴菲特的伯克希尔-哈撒韦公司也许就是最好的证明，该公司已经半个多世纪没有支付股息了。

当然，这需要谨慎对待。有一个相当合理的经济理论称为"均值回归"，它表明产生高回报率的公司会吸引竞争，最终将其回报率降低到平均水平，或者更糟。能够设法避开这一定律的极少数公司具有某种防御，使它们能够抵御这种竞争。这就是被广泛使用的、由巴菲特先生提出的"护城河"概念。

在这篇文章中，我纯粹从财务角度描述了权益投资的好处，但公司必须有一个增长来源，使其能够将留存收益进行再投资——此外，增长必须为其以较高的回报率进行再投资提供机会。有很多公司的情况是，它们以良好的回报率开始，但随后以低得多的回报率投资留存收益，并最终破坏了股东的价值。想要详细了解这一点，请阅读我写的有关乐购出了什么问题的文章（《投资者如何忽视了乐购的警告信号》，第147—149页）。

阿斯利康开始看起来很像乐购

《金融时报》，2017年8月4日

人们容易孤立地看待上周阿斯利康的股价下跌，将其与"神秘"肺癌药物试验结果联系起来。然而，我怀疑阿斯利康的问题要比在单一药物上的挫折严重得多。

我们改了1951年佩里·科莫（Perry Como）的一首热门圣诞歌曲的名字用作本文的标题，阿斯利康开始看起来很像乐购。

近两年前，我在《金融时报》上写了一篇关于阿斯利康的会计方面的专栏文章（《如果没人看会计账目，为什么还要做假账呢》，第197—200页），其中我强调阿斯利康在2007年开始报告"核心"收益，这样就从其报告利润中排除了三项主要成本，即：

- 重组成本
- "特殊"法律费用
- 无形资产摊销

也就是说，在计算利润时忽略了主要成本。正是这种会计方法让我想起了乐购。

从历史上看，乐购在1998年至2011年期间，即特里·莱希担任首席执行官期间，对资本回报率的定义进行了八次变更（我在2014年9月的《金融时报》专栏中研究了这些问题，《投资者如何忽视了乐购的警告信号》——第147—149页）。

阿斯利康从2007年开始报告"核心"收益。2012年，它开始排除所有无形资产摊销和减值费用，而不仅仅是特定摊销费用。在制药公司，几乎所有资产都是无形资产，即药品专利。这一变化导致2012年报告的"核心"收益上升。

多么令人"惊喜"！虽然这种会计处理不会愚弄一个称职的分析师，因为他无论如何都会关注现金流而不是收益，但这似乎确实愚弄了其他一些人。

阿斯利康开始与乐购相似的另一个方面是，它以牺牲回报率为代价大幅增加了投入资本。你可能知道，我认为资本回报率是企业财务成功的唯一最佳衡量标准（沃伦·巴菲特也是这么认为的）。

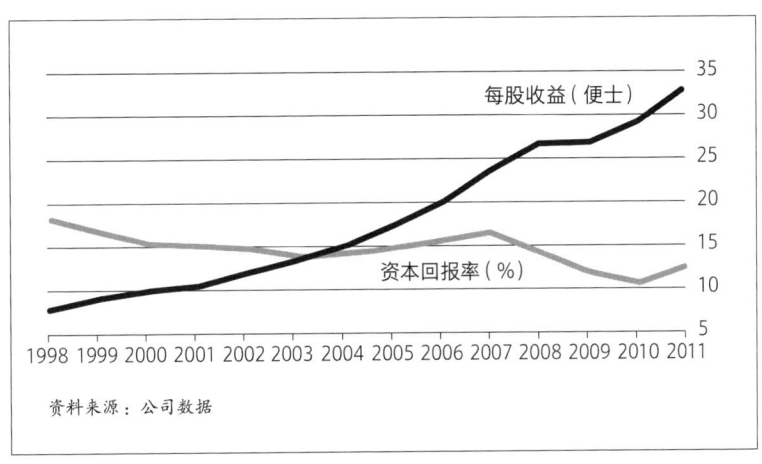

乐购：莱希任职期间

在我2014年9月的文章中，关于乐购股价下跌的分析，我认为关键的一点就是上面这张图表，乐购每股收益稳步上升（这似乎让投资者着迷），但已动用资本回报率或多或少地持续下降。

下图是阿斯利康2001年至2016年期间的已动用资本回报率。你会看到，回报率从2001年的28.4%和2006年的近40%下降到了几乎无法令人接受的11.9%（最近低至5.1%）。

这并不意外，自2006年回报率达到顶峰以来，作为计算回报率的分母的投入资本增长了114%。即使是"核心"每股收益在同期也仅增长了10%，这还是得益于所有那些"核心"调整才能得到的数值。

看起来好像所有这些额外的资本都没有得到很好的投资。一个例子可能是

2007年以156亿美元收购美国生物技术公司MedImmune。

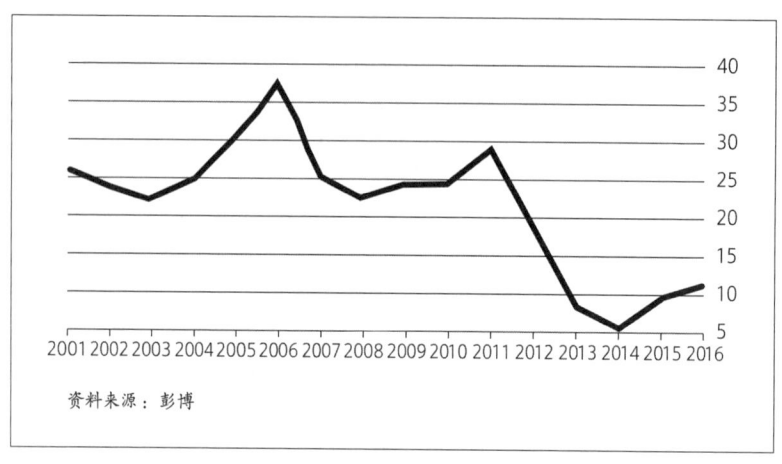

资料来源：彭博

阿斯利康资本回报率（%）

MedImmune的收入仅为13亿美元，其当时的主要产品——一种名为FluMist的鼻内用流感喷雾剂——未能达到预期。然而，阿斯利康在MedImmune挂牌出售之前支付了比其股价高出53%的溢价。加拿大帝国商业银行全球市场的一位分析师布莱恩·利安（Brian Lian）将这一价格描述为"超乎寻常的"和"难以合理化的"。

我想，如果你在计算盈利时排除由此产生的重组成本以及无形资产的减值，那么合理化并不难。阿斯利康的已动用资本回报率在此次收购的前一年达到顶峰，并在当年开始报告"核心"收益，这并非巧合。

抛开阿斯利康在收购和会计方面的问题不谈，上周的神秘药物试验问题并不是他们首次暴露出问题。过去，被宣传为治疗心脏病、中风、肺癌、糖尿病和血栓的潜在重磅药物的临床试验也全都以失败告终。

鉴于任何一种药物通过临床试验的所有阶段并进入市场的概率约为万分之一，这种结果并不意外。此外，即使一种药物取得成功，专利的生命周期也是有限的，制药公司一直处于"不进则退"的竞赛当中，需要更多、更重要的发现和产品开发来推动增长。

这让我想知道,他们究竟有什么地方能够如此吸引投资者。你可能会说股息收益率——阿斯利康股票现在的收益率接近5%,但股息覆盖率仅有1.1倍,股息的命运可能很快也会让我想到乐购。

我猜现在阿斯利康的股东们正在为他们三年前拒绝辉瑞(Pfizer)每股55英镑的收购报价感到后悔。

许多投资者对这些公司及其会计问题的态度,让我想起了另一首歌曲的旋律——由彼得、保罗和玛丽于1962年演唱的《花落何处》(*Where Have All the Flowers Gone?*)。①

---

① 《花落何处》是一首反战歌曲,最后两句歌词是"When will they ever learn?",意思是,他们何时才能醒悟。

2017年度致股东的信

Fundsmith，2018年1月

这是写给Fundsmith股票基金投资者的第8封年度信函。下表显示了上一年度的业绩数据，自2010年11月1日基金成立以来的累计收益和年化收益，以及各种比较基准。

总回报（%）	2017年1月1日至12月31日	成立至2017年12月31日	
		累计	年化
Fundsmith股票基金①	+22.0	+261.7	+19.7
股票②	+11.8	+135.5	+12.7
英国债券③	+1.4	+34.2	+4.2
现金④	+0.4	+4.4	+0.6

①③④资料来源：彭博，②资料来源：www.msci.com

该表显示了T类累计份额的表现，这是投资者最常持有的类别，也是我投资的类别，在2017年上涨了22.0%，相比之下，在股息再投资的情况下，以英镑计价的MSCI全球指数上涨了11.8%。因此，该基金在2017年的表现超过了这一基准，在投资协会全球板块中，自成立以来的业绩，我们的基金仍然排名第一，累计利润比排在第二位的高出40个百分点，比板块平均水平101.2%的回报

---

① T类累计份额（扣除费用），以英国时间午盘定价。
② MSCI全球指数，英镑净值，以美国时间收盘定价。
③ 彭博/巴克莱英国政府5—10年债券指数。
④ 3个月Libor利率（伦敦银行同业拆借利率）。

率高出160个百分点。

但是，我意识到我们的许多或实际上大多数投资者并未将MSCI全球指数作为其投资的自然基准。居住在英国的投资者可能会将富时100指数视为衡量标准，并且可能持有以该指数为基准并经常拥抱该指数的基金。富时100指数在2017年的总回报为12.0%，因此我们的基金以10.0%的幅度跑赢该指数。稍后我将回到富时100指数的主题。

去年，为了描述我们基金当年的表现，我引用了评论员的一种常用说法，即足球是两个半场的比赛，因为我们的基金在2016年上半年表现强劲，而下半年表现较弱。2017年，我们经历了股市评论员常说的行业"轮动"，我们投资的行业大多失宠，这些公司的股价表现不佳，而我们不持有的其他行业表现良好——尤其是银行板块。

这种板块轮动似乎是由于对实现经济增长的期望，这将导致周期性股票的潜在复苏，特别是在11月初唐纳德·特朗普当选美国总统之后，人们预测他的经济政策将刺激美国经济以更快的速度增长。

我想用评论员的话来描述今年的表现，这句话出自尤吉·贝拉，他是一位美国棒球运动员、经理和教练，他有一些看似简单或看似不合逻辑的妙语。我最喜欢的一句是"观察能让你学会很多东西"，我认为有些人仔细考虑一下这句话有助于他取得更好的业绩。然而，我认为适合用来描述基金和市场在2017年的表现的一句话是"一切又似曾相识"。我们在12月经历了什么？科技股下跌，银行股上涨，因为人们预期美联储会再次加息（作为一个坚持正确使用语言的人，我拒绝使用流行词语"hike"来描述美联储的行为，因为这个词在这种语境下的词典定义是急剧增加。我相当有信心地认为，这不是现实情况。我对正确用词的关注，可能不是每个人都喜欢，但在我看来，我们应该比许多现代评论员更谨慎地使用语言，因为这毕竟是我们的主要交流方式）。

在判断这些事件时，我们似乎在以前见过类似的电影情节，这可能会让我们得出结论，我们知道它的结局如何。

我现在可以追溯到五年前的市场评论，这些评论警告称，我们投资的那种股票、我们的策略和我们的基金将表现不佳。在此期间，该基金的价值上涨了175%以上。如果你听从了他们的建议，你就会错过这个收益。他们预测我们的策略将会跑输购买周期性股票、金融股和各种垃圾股的"价值"策略，如果他们的预测在一段时间内获得回报，他们当然会忘记错过大幅上涨这一事实。

你或他们很可能会反驳说，该基金过去的表现都很好，但这并不能帮助你决定是否从今天开始持有我们的基金，这肯定取决于其未来的表现——或者，像那句法律用语所说的，"过去的表现不一定代表未来的表现"。我认为这句话的关键词是"一定"。

下面我就这个主题给出一些我的想法。

第一个问题当然是你信任的评论员可能是错误的。我已经记不得有多少分析师、评论员和专家预测过以下内容：

- 英国将在脱欧公投中投票支持"留欧"；
- 如果投票"脱离"欧盟，英国将立即陷入衰退；
- 唐纳德·特朗普不会成为总统；
- 纳伦德拉·莫迪不会成为印度总理；
- 纳伦德拉·莫迪的经济改革将失败；
- 特蕾莎·梅将在2017年大选中大获全胜，工党将瓦解；
- 安格拉·默克尔将在德国大选中大获全胜；
- 特朗普总统的税改法案不会被美国立法机构通过。

有些时候，他们做出预测时，听众很多。但当他们已被证明完全错误后，这一事实似乎并没有阻止他们继续做出预测。在这方面，他们让我想起了一位总是预测错误的经纪人。策略师和对冲基金经理巴顿·比格斯（Barton Biggs）在他的《对冲基金风云录》（*Hedgehogging*）中也提到过这位经纪人。比格斯发现与他交谈很有用，因为一旦经纪人就将要发生的事情或该做什么给出他的看法，比格斯就知道相反的情况一定是正确的。值得一提的是，一些评论员似乎在仿效这位经纪人。我对这个问题的判断是，他们正在经历角色混淆。他们似乎忘记了他们的职责是准确报告事件，而不是试图影响所预测的事件并得到他们想要的结果。他们似乎也没有意识到，在回音室中表达你的观点不太可能导致一场能考验你的观点且具有挑战性的辩论。

值得庆幸的是，为了管理我们的投资组合，我几乎没有花时间去尝试预测宏观事件。但是，这并不意味着我不考虑它们。正如我在金融危机爆发后十年的大部分时间里一直坚持的那样，回顾大萧条，寻找一个类比，这使我们能够理解这些事件，并了解有哪些可能错误的发展方向。

一个更好的类比可能是1873年至1896年的长期萧条，当时一个新的工业强国出现并引发了一波通货紧缩，因为它可以生产出比旧世界更便宜的商品。那个工业强国就是内战后的美国。长期萧条之前还发生了部分银行系统的崩溃。这听起来有点熟悉吗？

我们所经历的通货紧缩浪潮是由多种因素导致的。其中包括中国崛起成为世界上最大的工业强国、其他廉价制造商（例如韩国、泰国、越南、印度和马来西亚），以及根据自由贸易协定将制造业外包给廉价制造商，例如北美自由贸易协议。现在的情况可能比长期萧条时期更糟，因为那时的服务业几乎没有国际竞争，而现在在我们的互联世界中却存在着国际竞争，例如，软件（印度）和呼叫中心（菲律宾）等。此外，还有所谓的零工经济兴起，互联网、临时就业和资产共享使价格比较变得更加容易，并压低了零售（亚马逊）、交通（优步）和住宿（爱彼迎）等行业的价格和回报率。

如果自金融危机以来，与我们所经历的事件最接近的类比是长期萧条，那么仅根据运行时间来看，我们可能仅仅经历了一半的金融危机。在这种情况下，我们过去十年所经历的经济增长乏力和低利率的时期，可能会持续相当长的一段时间。我认为这可能是出于一个最简单的原因：几乎没有或根本没有采取措施来纠正导致金融危机的问题。引发危机的不可支持的信贷扩张尚未得到解决。事实上，现在存在的债务比2007年还要多。不可否认，其中的一些债务是在不同的人手中——中国现在有了更多的债务，发达国家的大部分债务已经"社会化"并由政府承担。然而，政府只是我们的集合。过去十年中发生的事情似乎是通过借贷解决债务问题的长期实验。也许它会奏效，虽然我是持反对意见的人之一，但这肯定不是那种表明经济"正常"复苏或利率可能迅速上升的情况。

顺便说一句，我认为，在金融危机之前，西方世界大部分地区的信贷扩张是为了弥补通货紧缩的影响。制造业和服务业工作岗位流失到发展中国家意味着我们不得不接受以更低的工资和更低的生活水平去参与竞争，我们没有接受这种做法，而是选择了国家扩张、非生产性工作岗位的迅速增加和借贷来维持我们的消费模式。

其次，如果你仍然认为我们基金的策略确实表现良好，但它所持有的这类股票的估值很高（我将在后面提到估值），并认为这将限制它们至少在近期的股价表现，这带来的明显问题是，你或我们应该选择投资哪个替代品种。

这提出了几个问题。一是基金所持有股票的估值并不比市场高多少，尤其是考虑到它们的相对质量。当然，所有这一切都可能证明所有股票都很昂贵，或者至少是高估值，而且有很多专家和基金经理确实认为我们处于泡沫之中，泡沫会以很长的一段时间的下跌而告终。到目前为止，他们仅证明了做出预测以及根据预测实施行动的难度。即使他们最终被证明是正确的，为什么一篮子周期性股票和金融股在这种情况下会比一组生产必需消费品的高质量和防御性的公司表现更好？2007年至2009年的事件表明情况正好相反。

还有一个事实是，投资周期性股票、金融股和所谓的"价值"股，随着时间的推移，这些公司不会通过产生高于资本成本的资本回报来创造股东价值，不会通过投入更多的资金并以较高的回报率进行投资来实现增长。而我们正是寻求投资于实现这一目标的公司。

沃伦·巴菲特被称为"奥马哈的圣人"，并可以称得上过去50年来最好的投资者，在我看来，引用他的话似乎有些过时了。他的追随者或模仿者经常引用他的话，而其中许多人似乎只是对他实际所做的事情进行了最粗略的研究，如果他们进行过研究的话。所以我要引用他的合伙人和伯克希尔-哈撒韦公司的副主席查理·芒格的一段话：

> 从长期来看，从一只股票上获得的回报率很难高于该企业的资本回报率。如果该企业在40年内的资本回报率为6%，并且你持有它40年，那么你将会获得与6%相差无几的回报率——即使你最初以巨大的折扣价格购买了这只股票。相反，如果一家企业在20年或30年内获得18%的资本回报率，即使你付出了看似昂贵的价格，最终也会获得不错的结果。

我不知道芒格先生为什么选择这些特定的回报率，但我所知道的是，他不是在表达一种观点。他所描述的是一种数学上的确定性。如果你长期投资于能够产生高资本回报率的公司，并且该公司至少将其产生的大部分现金流进行投资，并赚取同样的高回报，那么随着时间的推移，相比你为它们付出的代价来说，这会对股票的表现产生更大的影响。然而，投资者经常问我的问题是，股票、策略或基金的价格是便宜还是昂贵，而不是所投资的公司提供什么水平的回报率，以及它们是否是创造价值的好公司。

尽管芒格先生是对的，但需要从长期投资的角度来捕捉高回报公司的复利，找到这些公司并不容易，尤其是当你需要评估它们的增长和抵御竞争的能力时。但是，应用芒格先生的名言所建议的投资策略（也是我们寻求采用的投资策略），最困难的部分是我们自己。我们无法以真正的长远眼光来看投资，这是我们最大的敌人，有时候我们选择的策略和公司表现不如那些当下处于上涨时期的较差公司，这时尤其难以做到这一点。

我将用一个体育项目的类比来结束这个主题。我们经常被告知，生活是一场马拉松，而不是短跑。投资也是如此。我们大多数人一生中的大部分时间都是投资者。如果我们在30多岁时开始投资，按照目前的平均预期寿命，我们中的大多数人将投资半个多世纪。这使得芒格先生那段话中提到的40年看起来有点短。那么我们为什么应该考虑在更短的时间段内发生的事情，比如几个季度甚至几年，这有点令人困惑。

然而，有些人表现得好像赢得这场马拉松的最佳方法是以105个400米运动员的身份参赛（42.195千米除以0.4≈105.5），他们认为这样肯定会跑得比一个马拉松运动员更快。这在投资中的类比是一种策略，在这种策略中，你经常更换基金经理或投资组合中的股票，以适应你对市场条件的预期变化。问题是：如果你选择105个400米运动员的方法，我认为要使这场与马拉松运动员的比赛真实地进行，你必须使用一个接力棒，并将其交给下一个运动员。这相当于你决定卖出所有优质股票并转向更便宜（尽管可能不便宜）的周期股和价值股。但是，我记得在接力比赛中经常发生掉棒，或者没有在允许的区域内完成接力，导致团队被取消资格。我想对于投资版本的接力赛是你弄错了换仓时机，或者你按照一个策略卖出了股票但现在持有现金。

在现实投资世界中尝试应用这种短跑策略的问题更严重。在接力赛中，每个赛段的参赛选手都是事先选定的。而在尝试将这种策略应用于投资时，你需要在每次进入转换区域时选择把接力棒传递到哪个人的手中。那么，你是否事先知道你是想从优质消费品转向金融、大宗商品、工业、新兴市场、债券还是这些品种的某种组合？交接失误的范围是无穷的。而且你必须多次这样做，才能通过这种方法取得成功。

继续根据我们基金的策略来回顾2017年的业绩。正如你所知道的那样，我们有一个简单的三步投资策略：

1. 购买好公司；

2. 不要支付过高价格；

3. 什么都不做。

我将依次审查我们对每个步骤的执行情况。

像往常一样，我们希望通过一张表格来说明第一个问题——我们是否持有好公司，我们继续把Fundsmith基金看作一家公司，而不是一家共同基金，并在"透视"的基础上计算其在投资组合中持有的股票业绩，下表显示了计算结果，并将其与市场（在这种情况下是富时100指数和标准普尔500指数）进行比较。

今年，我们不仅向你展示投资组合与主要指数的比较情况，还向你展示它是如何随着时间的推移而演变的。

Fundsmith股票基金投资组合									标准普尔500指数	富时100指数
年份	2010年	2011年	2012年	2013年	2014年	2015年	2016年	2017年	2017年	2017年
已动用资本回报率	29%	28%	29%	31%	29%	26%	27%	28%	15%	14%
毛利率	54%	58%	58%	63%	60%	61%	62%	63%	44%	41%
营业利润率	20%	22%	23%	24%	25%	25%	26%	26%	13%	13%
现金转换率	117%	103%	101%	108%	102%	98%	99%	102%	97%	96%
杠杆率	63%	15%	44%	40%	28%	29%	38%	37%	52%	46%
利息覆盖率	15×	27×	18×	16×	15×	16×	17×	17×	7×	8×

资料来源：Fundsmith LLP/彭博。已动用资本回报率、毛利率、营业利润率和现金转换率，Fundsmith股票基金使用的是所投资公司的加权平均值，富时100指数和标准普尔500指数使用的是平均值。富时100指数和标准普尔500指数不包括金融股。杠杆率和利息覆盖率都是中位数。所有比率均基于截至12月31日并由彭博定义的上一财务年度账目。现金转换率将每股自由现金流与每股净利润进行比较。

我们投资组合中的公司的资本回报率和利润率一直显著高于指数的平均水平。它们将更多的利润转化为现金，并以比一般公司低得多的借贷水平实现了这一目标。此外，这些公司的平均借贷水平明显低于我们发行该基金时的水平。整个世界可能没有太多的减债增资，但我们投资组合中的公司却做到了这一点。这也不是一次性的业绩——它们多年来一直在取得这些卓越的回报。年末我们投资组合公司的平均成立年份为1916年。

持续的高资本回报率是我们在寻找公司进行投资时考虑的一个重要因素。另一个是增长来源——如果企业无法增长，且不能以高回报率配置更多资本，那么高回报率就没有多大用处。那么，2017年我们的公司在这方面的表现如何呢？2017年加权平均自由现金流（公司在支付除股息以外的所有费用后产生的现金，这是我们更喜欢的衡量标准）增长了13%。我们认为这是一个非常好的结果，因为世界经济仍然普遍增长乏力。

这就引出了估值问题。投资组合的加权平均自由现金流收益率（公司产生的自由现金流除以其市值）年初为4.4%，年末为3.7%，因此它们的估值确实变得更高。然而，重要的是要记住，这并非完全可比，因为我们的投资组合在一年中并没有保持不变。事实上，我们卖出的两只股票——帝国烟草和斯味可（J. M. Smucker）[1]——在投资组合中拥有最高的自由现金流收益率，远高于我们购买的股票——财捷（Intuit）[2]的自由现金流收益率。如果我们没有做出这些改变，投资组合的自由现金流收益率将保持在4.0%（尽管值得注意的是，增长率原本会低得多——这两家公司的自由现金流都在2017年下降了），所以收益率下降的部分原因是我们的交易行为，而不是由于市场估值的上升。

标准普尔500指数年末平均自由现金流收益率为3.9%，中位数为4.1%。富时100指数的年末平均自由现金流收益率为5.6%，中位数为4.9%。我们在前者指数中的股票数量多于后者。所有这些平均值和中位数表明，我们的投资组合中的公司在基本面上要比指数中的公司好得多，并且估值高于富时100指数公司的平均水平，略高于标准普尔500指数公司的平均水平。

就富时100指数而言，这是因为该指数的估值由那些我们认为不可投资的公司主导，例如英美资源集团（Anglo American）[3]和森特理克（Centrica）[4]，截至2017年12月31日，它们的自由现金流收益率约为15%。鉴于它们较差的质量，

---

[1] 美国食品饮料巨头，产品包括果酱、宠物食品等。
[2] 一家以财务软件为主的高科技公司。
[3] 一家全球性多元化的矿业公司。
[4] 英国最大的天然气供应商。

它们的估值也许很低，但这并不意味着它们一定很便宜。历史业绩可能并不一定代表着未来业绩，但自2011年以来，它们的平均资本回报率分别为3%和6%，并且在2010年11月1日至2017年12月31日期间，它们的股东总回报率分别为-35.3%和-40.7%。我们的基金（T类累计份额）回报率为261.7%。也许这一切即将改变。如果你正在考虑持有它们或富时100指数，那么等到改变发生时可能会有更好的回报。

富时100指数的特点让我惊叹。有些人会使用该指数作为投资产品或指南，他们认为这样可以"投资于英国"。首先，我必须质疑你为什么要将投资限制在英国。你可能像我们的大多数投资者一样居住在英国，但就像亚瑟·戴利（Arthur Daley）所说的："世界是你们的。"你可以在英国之外进行投资，而且，你可能通过投资而受益的世界上的所有或者多数优秀公司，它们的总部或上市地点不太可能集中在一个约占世界GDP3%的国家。

还有一个问题是富时100指数对英国经济的代表性如何。截至2017年12月31日，富时100指数中十大市值（非金融）公司中，只有三家以英镑报告账目。在上次报告的账目中，只有排名第6、第8、第9和第10位的公司给出了涉及英国的相关数字：

- 第6位，力拓[①]，英国占销售额的1%。澳大利亚占比更大。
- 第8位，葛兰素史克，英国占销售额的3.8%。美国占比更大。
- 第9位，阿斯利康，英国占8%的销售额。日本占比更大。
- 第10位，沃达丰[②]，英国占销售额的14.5%。德国占比更大。

这就是投资于富时100指数并不等于投资于英国的全部线索。因此，如果你正在这样做，你可能已经做出了进行国际投资的决定，也许是无意中做出的。如果是这样，你不妨好好研究一下国外上市的公司。

最后，富时100指数中有哪些公司？有这样一个事实可能有助于我们理解

---

① 成立于1873年的跨国性矿产及资源集团。
② 世界上最大的移动通信网络公司之一。

这个问题，截至2017年12月31日，只有1.8%的富时指数属于信息技术行业。相比之下，标准普尔500指数中的这一比例为23.9%，这并非以科技股为中心的纳斯达克综合指数。我并不是说信息技术是唯一可以捕捉未来增长的行业，它也不能避免被高估和偶尔为投资者带来低回报。但如果你问哪组股票更有可能受益于未来增长，一组有1.8%的股票属于信息技术行业，另一组有23.9%，我认为答案已经非常明显。

出于所有这些原因，我并不会将富时100指数视为我们基金的真正基准，我也完全不关心该基金相对于它的估值。

然而，这并不意味着我们对投资组合中的股票看似越来越高的估值完全满意。它显然是一种有限且可逆的业绩来源。然而，投资组合的自由现金流增长提供了更大比例的业绩贡献，这是我们所希望看到的，也是芒格先生所预测的。

关于我们的业绩，投资者过往最经常提出的一个问题是，它从美元走强中的受益程度，因为我们持有的大部分股票都在美国上市。这是一个复杂的问题，因为货币风险取决于公司从哪儿获得收入来源，而不是其总部或上市地点。然而，今年明显没有此类问题。这可能是因为在2017年我们的最佳估计是，美元疲软使我们的基金损失了大约5.9%。尽管有这样的损失，2017年的表现仍然保持了以往水平。

2017年，对该基金业绩贡献排名前五位的公司分别为：

Paypal	+2.9%
艾玛迪斯	+2.3%
巴德	+1.8%
诺和诺德	+1.5%
沃特世公司	+1.4%

巴德连续第二年进入前五，部分是因为它被我们投资组合的另一家公司美国BD公司收购。

2017年，对该基金业绩贡献排名后五位的公司分别为：

斯味可	−0.3%
帝国烟草	−0.2%
胡椒博士	0.0%
高露洁	+0.1%
利洁时	+0.1%

2017年，我们卖出了斯味可和帝国烟草的股票。

斯味可的表现令人失望。它一半的业务是常温包装食品，这类产品很难产生增长——Folgers咖啡、Jif花生酱和斯味可果酱（如果你是美国人，则是果冻）。然而，引起我们兴趣的是斯味可从私募股权收购了Big Heart宠物食品业务。我们热衷于向宠物主人出售产品的企业，例如爱德士，尽管是间接的，而且我们在Big Heart宠物食品业务上获得了非常好的回报，在被私募股权收购之前，它由德尔蒙所有。然而，事实证明斯味可在业务利润和回报方面的结果令人失望，我们对管理层对此的反应感到担忧，尤其是斯味可是一家家族控制的公司。

帝国烟草是我们自基金成立以来一直持有的。我们越来越担心该公司的定位，它在发展中国家的发展不足，并且缺乏下一代低风险产品（如加热不燃烧设备），所有这些都导致销量下降的速度很难应付。我们更担心管理层的反应，我们真的无法理解。

高露洁连续第二年上榜五家表现最差的公司，尽管它是我们持仓最小的股票。它一直处于艰难时期，其最大的市场是巴西。

下面讨论我们投资策略的第三步，我们简洁地将其描述为"什么都不做"，最小化投资组合换手率仍然是我们的目标之一，并且在此期间以5.4%的投资组合换手率再次实现了这一目标。或许了解以下内容会更有帮助，我们投资组合中的13家公司是自基金成立以来一直持有的，并且我们在自愿交易上（不包括与基金申赎相关的交易成本，因为这些都是非自愿的）花费了总计130万英镑，或仅占基金平均价值的0.011%（1.1个基点）。

为什么这很重要？它有助于将成本降至最低，而将投资成本降至最低对实现投资者满意结果有着重要贡献。投资者、评论员和投资顾问经常关注或在某些情况下痴迷于年度管理费用或持续费用数字，后者包括向基金收取的超出年度管理费的一些成本。2017年T类累计份额的持续费用数字为1.05%。问题在于，持续费用数字不包括一个重要的成本要素——交易成本。当基金经理通过买卖投资品种进行交易时，基金通常会产生支付给经纪人的佣金成本、所交易股票的买卖差价以及在某些情况下的交易税，例如英国的印花税。这可能会显著增加基金的成本，但它并未包含在持续费用数字之中。

我们提供自己的总成本版本，这其中包括交易成本，我们将其称为总投资成本。对于2017年的T类累计份额，这相当于1.08%的总投资成本，包括流入和流出基金的所有交易成本，而不仅仅是我们的自愿交易成本。我们认为，如果或当其他基金产生可比较的数字时，这个数字将被证明是较低的。但是，我们警告投资者不要过度沉迷于费用，这会让你无法专注于基金的表现。值得指出的是，这封信开头的表格中的基金表现是在扣除了所有费用之后的表现，这肯定是主要关注点。

今年我想利用这封信提供的机会谈谈所谓的股东积极主义和收购，因为我们在过去一年中看到这些领域发生了很多影响我们持有和关注的公司的事件。

投资是一个以令人困惑的方式使用词语的世界。以主动（active）和股东积极主义（activism）这两个词为例。主动投资者与被动投资者相反，被动投资者只是寻求复制指数的表现。在Fundsmith基金，我们是主动投资者——我们的基金最多只持有30只股票（截至2017年12月31日，它持有27只），并且我们将其限制在具有我们所寻求特征的几个板块：必需消费品、一些非必需消费品、医疗保健和科技，这些是主要板块。因此，我们与被动投资者相去甚远。然而，我们很少改变我们的投资组合头寸，我想这使我们成为一个不主动的主动投资者。你可以明白为什么人们经常感到困惑。

积极主义股东与此完全不同。他们寻求通过使其投资的公司发生变革来谋取利益。积极主义股东通常是主动型基金经理，但有些人是被动型基金经理（这不是我编造的），因为他们寻求在其认为必要的领域，通过鼓动变革来提高他们指数基金的回报。所以我想他们可以被描述为被动型积极主义股东。还能跟上我的思路吗？

总的来说，我们不是股东积极主义的支持者。它似乎经常遵循以下步骤：

1. 积极主义股东"购买"一家公司的股份。我将"购买"加了引号，这是因为通常大部分或全部股权是通过衍生产品持有的，这意味着积极主义股东可以宣称持有看似庞大的公司股票头寸，同时承担相对较少的实际现金风险和投入。这种方法还提供了一些关于积极主义股东投资期限的线索，这个投资期限可能与我们的不一致，因为衍生产品有到期日，而股票没有。

2. 与目标公司发生公开争议并寻求董事会代表权、分拆部分业务、与竞争对手合并或出售给竞争对手、筹集债务以执行股票回购（积极主义股东可以通过提供股票来帮助完成回购）等。

3. 如果公司按照积极主义股东的要求做出回应，他们就会卖出手中的股份。

4. 我们和其他长期股东要面对的公司处境是，已经产生了大量并购费用，将经营业务的时间花在了响应积极主义股东并执行变革上面，现在的公司可能更加分散，杠杆率更高，并且不得不重建新的管理层。

5. 等待时机并对另一个目标重复以上步骤。

我们对积极主义股东的活动过程有很多反对意见。根据我们的经验，你寻求改变某人行为的对话最好在私下开始。在我们看来，一开始就寻求公开争议似乎更符合寻求打造某种公众形象，而不符合影响公司变革的愿望。这些分拆建议通常基于一两个误解。我们经常被告知，如果一家公司有两个部门，一个增长缓慢，一个增长较快（如百事可乐的软饮料和零食），那么如果将两者分拆 [正如纳尔逊·佩尔茨（Nelson Peltz）[①]向百事公司提议的那样]，增长较快

[①] 美国对冲基金Trian基金联合创始人。

的部门一旦独立，将获得更高的股票市场估值。这可能是真的，但这不是因为通过增长缓慢部门的较低估值得到的弥补吗？对于打算尽快抛售股票的积极主义股东来说，当然不是。值得庆幸的是，在我们看来，这次佩尔茨先生没有成功，百事可乐仍然是一家饮料和零食企业——这并不是说我们认为百事可乐的管理层做得都很好，或者佩尔茨先生总是错的。

利用资产负债表回购股票是积极主义股东的常见要求，并且总是被描述为"向股东返还现金"，而不仅仅是在积极股东的建议下。对这一活动的正确描述应该是"将现金返还给退出股东"，因为我们剩下的股东没有收到任何现金，这也许最好地概括了我们在这种做法中发现的问题。我们这些真正寻求持有公司并保持股东地位的人看到了债务增加，而那些希望退出的股东却带走了现金。我们不知道自己有什么理由希望发生这种情况，除非以非常便宜的价格购买了股份。

然而，虽然我们质疑积极主义股东的动机和方法，以及公司对他们的回应，但我们并非总是不同意他们的观点。例如，我们同意卡尔·伊坎的观点，即拆分eBay的两个业务（eBay Marketplaces业务和支付服务提供商PayPal）将使PayPal自由地快速增长，正如你所看到的，PayPal是过去一年对我们基金业绩的最大贡献者。

我们的投资组合公司发生了很多事情，我们在过去一年中看到了一些收购活动。除了对巴德的收购和卡夫亨氏对联合利华的收购提议之外，积极主义股东还介入了我们持有的ADP和雀巢以及我们已经卖出的宝洁（但它仍然在我们的可投资股票范围内，当满足一定条件时我们还会继续持有）。因此，我认为，如果我依次说明我们对以上收购活动的看法，可能会对投资者有所帮助，因为我们在改变投资组合头寸上也许不是很主动，但我们会经常考虑诸如此类的问题。

ADP/潘兴广场基金

由比尔·阿克曼（Bill Ackman）领导的股东积极主义基金潘兴广场（Pershing Square）试图收购薪资与人力资源服务公司ADP，阿克曼"购买"了8.3%的股份。加引号是因为，这部分股份涉及3680万股，其中2800万股实际上是看涨期权而不是实际股份。在我们看来，这并不构成真正的所有权，因为潘兴广场无权对这些看涨期权所涵盖的股票进行投票，他们也没有花费现金购买股票。

潘兴广场对ADP的收购变成了一场公开的争议和股票代理权角逐，潘兴广场发表了168页的演示文稿，在几封信函中提出了提高运营效率的方法（可以概括为"快速削减成本"），并要求获得三个董事会席位。

ADP管理层的反应很有趣。他们没有像许多管理层在面对积极主义股东时所做的那样，发布新的指引，说明预测利润或利润率的增长，增加股息和（或）股票回购。相反，他们挑战了潘兴广场提案背后的分析和假设。我们发现这是直接且令人耳目一新的坦诚。

甚至在潘兴广场介入之前，该股票在过去5年中的表现已经明显优于标准普尔500指数。如果阿克曼先生是对的，也许它可以做得更好，但在此期间，管理层还必须监督企业从主要基于纸面的业务转变为通过各种电子方式交付产品的业务，潘兴广场的建议并非没有风险。因此，我们决定对ADP管理层做出"无罪推定"[①]，与他们一起投票并反对潘兴广场的提议。我们怀疑，即使在我们的投资组合中，阿克曼先生也有更值得攻击的目标。

雀巢/第三点基金

由丹·勒布（Dan Loeb）经营的对冲基金第三点基金（Third Point）购买了

---

① 在缺乏证据时，不对有关人员做不利判定。

雀巢35亿美元的股份，在他6月份给投资者的信中，勒布谈到了雀巢"未实现的核心业务利润率提升及创新潜力，未优化的资产负债表，大量非核心资产"。

第三点基金对待雀巢的举措非常类似于我之前提到的股东积极主义活动步骤，它呼吁"提高生产力"，"向股东返还资本"，"重塑产品组合"，以及"将其欧莱雅股份货币化"。

在生产力方面，勒布先生表示雀巢应该"采用正式的利润率目标"。他接着指出，雀巢应该正式将利润率目标定为到2020年实现"18%—20%"。要想提高盈利能力，还有比承诺目标更重要的事情。这种做法让我想起了2014年的G20会议，当时各国承诺实现GDP增长2%以上。如果这么简单的话，为什么不承诺3%甚至4%？有些人似乎相信，GDP增长或利润率可以通过承诺来实现。遗憾的是，它需要的可能远不止这些。

关于返还资本，勒布先生表示，"资本返还与正式的杠杆目标相结合也很有意义"。他接着说，提高杠杆将会提供股票回购能力，鉴于高估值，股票回购可能是比收购更好的现金利用方式（请记住这一点）。

勒布先生提到了"重塑产品组合"，并援引了公司拥有2000多个品牌这一事实，他认为鉴于"其中一些品牌对潜在收购者有巨大的协同效应"，它们可能会获得"高于市场的市盈率"。他还认为雀巢应该考虑"在高增长和优势类别中进行增值、补强收购"（尽管这些类别存在高市盈率，这是他已经提及的）。

他"将欧莱雅股份货币化"的提议是基于他的一种理念，即股权"不是战略性的，股东应该可以自由选择是投资雀巢还是雀巢和欧莱雅的某种组合"。他最后说，"通过雀巢股票的交换要约的资产剥离……将加快优化其资本归还股东的政策，立即提高公司的净资产收益率，并且从长远来看，能够极大地增加其股票价值，因为在股份数量减少的情况下收益提高了"。很明显，通过处置股权（即减少股本数量）来提高净资产收益率纯粹是表面上的——但有些人又对表面上的变化感兴趣。我们不在其中，如果我像雀巢那样成功收购了世界领先化妆品公司23%的股份，我将需要一些更有力的论据来说服我处置这些股权。

雀巢对第三点基金的第一个回应是在勒布先生发表这封信的两天之后。其中谈到了"价值创造"。但是,它确实包含了一个具体内容,即宣布了一项200亿瑞士法郎的股票回购计划。

雀巢首席执行官马克·施耐德(Mark Schneider)和其他高管们在9月26日的雀巢投资者日上进行了更详细的回应。公司设定了新的正式利润率目标——从2016年的16%提高150—250个基点至2020年的17.5%—18.5%,并表示将加速股票回购活动。该公司还表示,除了已经宣布的为美国糖果业务"探索战略选择"的决定外,它还"正在积极调整其产品组合……正如最近对Blue Bottle Coffee、Sweet Earth和Freshly的投资所表明的那样"。然而,该公司决定维持欧莱雅股权现状。

总的来说,当一家公司宣布新的利润目标、股票回购以及收购和(或)资本处置以回应积极主义股东或收购要约时,我们并不会留下深刻印象。我们脑海中总是浮现出这样一个问题:"如果这些事情是可能的并且是可取的,你为什么不早一步实施呢?"然而,就雀巢而言,首席执行官马克·施奈德可能不应该受到批评,因为这是他的新角色,所以他不能因为过去的反应迟缓而受到指责。

迄今为止,第三点基金对雀巢的收购并未导致需要我们投票的任何事情,这可能是一个不错的结果。

宝洁/Trian基金

Trian是纳尔逊·佩尔茨经营的基金,我在前文中有关百事公司的内容中已经提到过他。虽然我们与这场特殊的战斗没有直接关系,因为我们的投资组合中没有宝洁的股票,但它仍然处于我们可投资的范围之内,因此这是我们经常考虑投资的一只股票。我们卖出了之前持有的宝洁股份,这是出于对宝洁战略的担忧，我们对佩尔茨先生所说的话很感兴趣。

9月6日，Trian详细介绍了为宝洁制订的计划。它呼吁"以促进问责制、更快决策和响应当地偏好的方式管理宝洁"，"确保管理层实现120亿—130亿美元的生产计划"，"修复创新机器"，"通过重组和并购来改善中小型和本地品牌的发展"，"在数字领域取胜"，"解决宝洁的狭隘文化"，"改善公司治理，包括使管理层薪酬与市场份额增长保持一致"。

这些建议之后的页面——即非常重要的部分——详细说明了Trian所"不"（这个词他们用了大写字母进行强调）推荐的事情。这些事情包括——分拆公司，新任首席执行官，更换董事，过度杠杆，削减养老金福利，削减研发、营销或资本支出预算，削减可能影响产品质量的成本，搬离辛辛那提。我们喜欢这种收购建议。下一页提醒我们，Trian所寻求的只是"纳尔逊成为宝洁公司11位（或12位）董事中的一位"，认为他在11位（或12位）董事中占有一席之地会让宝洁"脱轨"的这种想法是荒谬的。

Trian的演示文稿长达93页，全部都围绕着宝洁糟糕的组织结构——"令人窒息的官僚主义和复杂性"——这意味着没有人负责，决策过程冗长，等等。当我们卖出宝洁股票时，吉列[①]是压倒性市场领导者，但在线上剃须俱乐部中排在第50位，这一事实让我们震惊，这说明了佩尔茨先生的观点。

宝洁首席执行官大卫·泰勒在参加吉姆·克莱默的CNBC[②]节目时，曾经称佩尔茨的一些提议"非常危险"。在我看来，这些提议对于泰勒先生来说更危险，而不是对于宝洁的股东。

佩尔茨先生成功地赢得了董事会席位，尽管据说宝洁已花费超过1亿美元的股东资金来阻止这件事。我们祝他一切顺利。他的出现让我们对宝洁更感兴趣。

---

① 吉列于2005年被宝洁收购。
② 美国消费者新闻与商业频道（CNBC）是美国NBC环球集团持有的全球性财经有线电视卫星新闻台。

联合利华/卡夫亨氏

2月17日,爆料称联合利华收到了上市食品公司卡夫亨氏和沃伦·巴菲特的伯克希尔-哈撒韦的收购意向。卡夫亨氏由3G资本控股。3G资本同时控股全球最大啤酒商百威英博和汉堡王。

2月22日,联合利华发布了两份公告,对收购给予立即回应。第一份公告的标题为"联合利华指引更新",其中表示联合利华"现在预计2017年核心营业利润率的改善将达到其40—80个基点的指引上限"。第二份公告称,"联合利华正在全面审查可以加速为股东创造价值从而使我们股东受益的选项。上周的事件凸显了我们需要更快地捕捉我们在联合利华创造的价值。我们预计审查将在4月初完成,之后我们将进一步沟通"。

4月6日,联合利华公布了此次审查的结果。该公司表示:

- 加速其"互联4增长"计划,并"到2020年实现重组前20%的营业利润率";
- 将其食品和茶点单元合并为一个单元,"解锁未来增长和更快的利润增长";
- 将净债务/税息折旧及摊销前利润的目标设定为2倍;
- 启动50亿欧元的股票回购计划;
- 将股息提高12%——大约是最近增长率的两倍。

我们怀疑,当积极股东或收购出现时,管理层会施展从帽子里变兔子的戏法。联合利华的回应,让我们认为我们应该已经看到了兔子,或者至少被告知它们的存在。

我们(希望)明确一点,我们不是卡夫亨氏的支持者。我们从未持有卡夫亨氏或相关公司的任何股票。尽管3G资本成功地以有效率的方式运营了该企业(就像运营百威英博一样),节省了大量成本,从而使2016年的营业利润率达到23%,并为所有者(当然是3G资本和伯克希尔-哈撒韦公司)带来了强劲的收益，但我们从来没有发现过一家企业可以通过削减成本来实现增长。尽管卡夫亨氏管理层在增长方面肯定会受到公司品牌性质的限制，这些品牌大多不属于增长的市场领域，但在强调削减成本的企业文化中，使企业增长所需要的那种管理者和方法往往不会蓬勃发展。

然而，他们的方法与联合利华的方法之间的对比，确实给联合利华的管理层提出了一些仍未得到解决的问题。举个简单的例子，2016年联合利华的收入为527亿欧元，平均拥有169,000名员工，因此平均营运收入约为312,000欧元。卡夫亨氏的销售额为238亿欧元，平均拥有41,500名员工，因此平均营运收入约为574,000欧元。卡夫亨氏的销售额略低于联合利华的一半，但以不到四分之一的员工人数实现了这一目标。你不必是残酷削减成本的支持者，就能看出联合利华在这里有一个问题需要解决。

遗憾的是，我们将不会听到联合利华证明其销售额/员工比率是合理的，因为卡夫亨氏在联合利华对这种收购建议抱有敌意时就退出了。众所周知，沃伦·巴菲特反对敌意收购。

我希望这能让大家深入了解我们如何看待我们投资组合中的公司和我们感兴趣的公司以及其他股东、积极主义股东和收购者，并了解我们如何与之互动。

ESG？SRI？
你的绿色投资组合真的绿色吗

《金融时报》，2018年1月18日

如果你决定购买一辆汽车。你告诉经销商你希望能够环保，并相信他会提供合适的选择。你想买一辆电动车，但他提供了一辆混合动力车。还不错，但是当它送达时，你发现动力系统的内燃机部分是由一家德国制造商提供的柴油机，该制造商曾经在排放方面撒谎。

事情变得更糟。几年过去了，汽车生锈了，你发现没有防腐蚀保护。很快，你的汽车就要进入垃圾堆了。这不太具有可持续性，是吗？

大多数所谓的可持续基金的投资者应该熟悉这种经历。无论你使用哪个术语来描述它们——绿色、可持续、社会责任投资（socially responsible investment，SRI）或环境、社会和治理（environmental, social and governance，ESG）——去年，欧洲投资者投资于采用这些策略的ESG基金的资产总额超过12万亿美元。可持续投资很受欢迎，所以这不足为奇。但投资者得到了什么？

你可能会假设你的可持续基金不包括化石燃料和"罪恶"股票——军火、饮料和烟草等行业。可令人惊讶的是，几乎所有可持续基金都没有排除投资于某些行业的硬性规定。

如果这些可持续基金使用这样一种分析方法，即对行业内的公司进行排名，你会得到意想不到的结果。那是因为使用这种方法的基金可以并且确实投资于许多明显有问题的行业，尽管他们投资于"不良群体中最好的"公司。

例如，标准普尔道琼斯可持续发展指数被许多人认为是ESG投资的最佳基准——但英美烟草集团就在该指数中。基金也是如此。在11月底，先锋SRI欧洲股票基金的石油和天然气行业股票比重为6%。这符合你对ESG/SRI投资的期望吗？

如果你认为自己是负责任的投资者，那么此类违规行为会令你感到震惊。你需要查看你的ESG/SRI基金或指数是否持有酒类、游戏、烟草、石油、天然气、采矿、化石燃料燃烧公用事业或军火公司。

还有一个更深层次的问题。你的ESG/SRI基金经理可能会监控所投企业的以下数据：二氧化碳排放量、危险废物产生量以及劳动力的年龄和福利，但有多少基金经理会监控所投企业基本业务的可持续性，即这家公司在研发上的支出有多少，资本支出有多少？我们很少发现无须更新和扩建实体设施就能繁荣发展的企业。公司从其资本支出中获得多少回报？如果回报不足，就会导致投资失败。

几乎没有可持续基金监控这类可持续发展指标。没有它们，无论二氧化碳排放量有多低，你的可持续投资都将失败。这相当于投资中的"生锈的混合动力汽车"。

由此来看，投资者将会得到的投资结果已经非常明确，而且不会是一个好的结果。

投资协会环保和可持续股票基金板块的平均5年年化回报率为11.9%，而MSCI全球指数为15.5%。我猜想一些投资者可能愿意放弃业绩来确保遵守自己的原则。然而，鉴于缺乏排除某些行业的硬性规定，他们在两个方面都得到了最差结果——糟糕的业绩表现和违反他们的原则。

在全球股票投资组合中加入小盘股可在不增加风险的情况下增加价值

☆ 打破投资的谬论，第1部分，共3部分

《金融时报》，2018年8月31日

如果你是投资者，你可能听到过这两句格言。第一句，高风险才能带来高回报。第二句，资产配置对业绩具有最大贡献。

第一种说法至少听起来像是常识。更正式地说，它被称为资本资产定价模型或简称CAPM。唯一的问题是，它似乎不起作用。

2012年，罗伯特·豪根（Robert Haugen）和纳丁·贝克（Nardin Baker）发表了题为《世界所有可观察市场中，低风险股票表现更好》的研究。如果你还没有读过它，也许是因为它的标题不太引起你的注意。这很遗憾，因为它的结论非常令人吃惊。

引用豪根和贝克的话：

> 低风险股票具有更高的预期回报，这在金融领域是一个值得注意的反常现象。这很值得注意，因为它具有持续性——不仅现在如此，而且可以追溯到我们目光所及的更遥远时期。它适用于世界上所有的股票市场。最后，它很值得注意，还因为它与金融的核心理论相矛盾：所承担的风险会产生一定的回报。

他们的调查结果可以通过下面这张图表来说明，该图表包含了他们的部分数据，涵盖了1990年至2011年的21个发达市场——换句话说，对于世界大部分股票市场来说，这都是一个很长的时期。

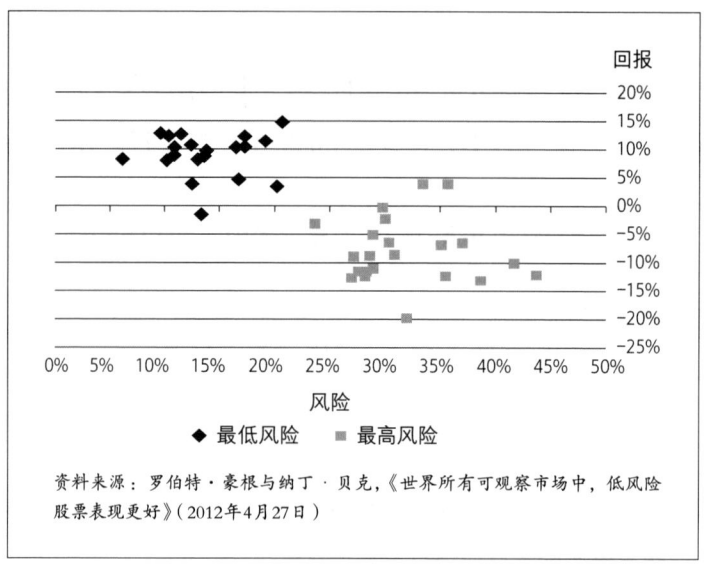

资料来源：罗伯特·豪根与纳丁·贝克，《世界所有可观察市场中，低风险股票表现更好》（2012年4月27日）。

回报与风险
最低风险十分位数和最高风险十分位数
1990—2011年

风险被定义为股价的波动性。

要使CAPM或有关风险与回报的古老格言正确无误，该图表必须使数据点向右上方运行，而不是向右下方运行。高风险股票的回报率低于低风险股票。投资理论的世界似乎有些不对劲。

我们经常听说，为了获得高回报，我们需要找到复杂的、难以理解的、研究不足的、杠杆率高和风险高的股票。这种说法只有一个问题。正如诺贝尔物理学奖获得者理查德·费曼（Richard Feynman）所说："你的理论有多完美并不重要，你有多聪明也不重要。如果它和实验结果不一致，那就是错误的。"

那么资产配置对业绩的贡献程度呢？1986年，布林森（Brinson）、胡德（Hood）和比鲍尔（Beebower）（或业内所称的"BHB"）发表了有关这方面的开创性研究。他们对大型养老金计划的研究，标题为《投资组合业绩的决定因素》，经常被错误地引用为这样一个结论，即资产配置对投资组合回报的贡献高达91.5%。

遗憾的是，这不是BHB论文中的结论。它得出的结论是，资产配置导致了91.5%的回报可变性——而不是回报本身。

然而，这个错误的结论导致大部分投资行业几乎完全专注于资产配置。如果你与投资顾问的会面足够多，你肯定会听到资产配置比个别资产的选择（例如在股票投资组合中选择持有哪些股票）更重要。

这种对资产配置的痴迷的另一种表现是，许多投资顾问专注于股票投资组合中的资产区域配置，而避开对全球基金的投资。然而，由摩根士丹利资本国际全球指数的编制者MSCI于2010年10月发布的一篇研究论文《"新经典"股票配置？》，研究了股票投资组合中的资产配置，并发现了这种方法中的一些明显问题。

其中最明显的问题是，许多商业活动现在在全球范围内进行，而不是在地区或国家范围内进行，这使得区域资产配置无效。在许多情况下，公司成立、总部或上市所在的国家/地区，与其实际的地区业务和风险因素几乎没有关系。结论是，对发达市场股票的投资管理应该在全球范围内进行，而不是区域范围内。

MSCI在研究中发现的另一个问题是"本土偏见"——投资者或投资顾问倾向于在他们居住的国家的股票市场上增加股票配置。在英国，这导致基金不仅将自己与富时100指数进行对比，而且将该指数作为构建投资组合的指南，因为他们希望拥抱该指数。

为什么有人想将他们的投资选择限制在英国经济之内，这超出了我的理解，即使他们在英国定居。此外，富时100指数甚至不能代表英国经济，其成分股四分之三以上的收入来自英国以外。

MSCI的研究提出，应围绕三个独立细分市场构建全球股票配置：发达国家大/中盘股、发达国家小盘股和新兴市场。

它之所以这样细分，是因为小盘股和新兴市场相比全球大盘股具有不同的流动性约束，并且在更大程度上受特定宏观因素和个股风险的影响。

然而，毫无疑问，在投资组合中添加小/中盘股可以实现看似不可能的良好业绩，即在降低风险的同时产生额外回报，如下图所示：

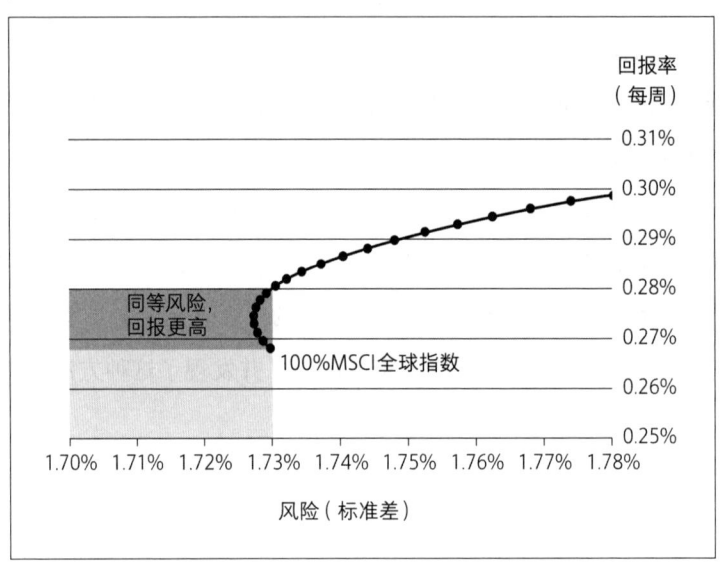

在全球股票投资组合中加入小盘股可以在不增加风险的情况下增加价值

该图显示了投资领域中的术语所说的"有效边界"[①]。它采用过去五年的数据，并显示了如果你将100%的投资组合投资于MSCI全球指数时可以实现的每周回报，以及承担的风险的变化。

每个数据点表示你的投资组合中有5%的资产从MSCI全球指数转换到MSCI全球小盘股指数。它表明，如果你将投资组合的35%（7个数据点）转换为MSCI世界小盘股，你将在相同的风险下获得更高的回报。对于图中所有低于35%的比例，更高的回报将伴随着更低的风险。

我认为费曼先生可能会得出结论，我们都应该在全球范围内管理我们的股票投资组合，并增加小盘股的风险敞口。

---

① 有效边界是在收益—风险约束条件下能够以最小的风险取得最大的收益的各种证券的集合。

谁需要股息收入

税收和更高的市场价格意味着股息再投资并不划算

☆ 打破投资的谬论，第2部分，共3部分

《金融时报》，2018年10月3日

股息收入似乎有一些非常诱人的东西，以至于它似乎经常导致投资者放弃常识，或者被投资行业鼓励这样做。

例如，你有多少次听说股票投资的大部分回报来自股息再投资？这种说法通常伴随着图表说明，这些图表显示了支付股息的指数与股息再投资的指数之间的回报差异。不出所料，后者的回报要高得多。但这与证明大部分回报来自股息再投资是两回事。事实上，它们来自留存利润。

以一家平均水平的标准普尔500指数公司为例。目前，它的股息支付率为52%（换言之，其一半的利润作为股息分配），扣除税后净资产收益率为15%，其股票的交易价格为账面价值（市值除以账面价值）的3.5倍。

那么，哪个能为股东创造更多价值——已支付股息的再投资，还是公司留存利润的再投资？

股息再投资的第一个不利因素是，股息在大多数股东手中是应纳税的。缴税的确切金额将取决于股东的居住地以及他们所处的税级。如果你在英国并且是税率较高的纳税人，股息收入将按32.5%缴税，因此你每1美元的股息中将只剩下67.5美分用于再投资（我使用美元作为示例，因为我选择了标准普尔指数，但对于富时100指数和英镑也是同理）。

第二个不利因素是,你以股票的市场价格进行再投资,考虑到股价与账面价值的比率为3.5倍,这意味着你每再投资1美元,你将只能拥有28.5美分(100÷3.5)的公司资本。每获得1美元的股息,你将获得67.5美分的税后收益,这仅能购买19美分(67.5÷3.5)的公司资本。

这听起来不太划算。相比之下,作为股东,同样属于你的每1美元留存收益则无须缴纳额外税款,并以账面价值再投资于公司资本,因此每留存1美元你将获得100美分的资本。

好像这还不足以成为更喜欢留存收益而不是股息的理由,但公司代表你留存的每1美元都变成了3.50美元的市场价值,因为该公司的股票以3.5倍的账面价值进行交易。

这是复利的算法,也是股票投资者应该寻求捕捉的东西,就像沃伦·巴菲特的伯克希尔-哈撒韦公司那样,自从巴菲特1965年执掌该公司以来,它就没有支付过股息。

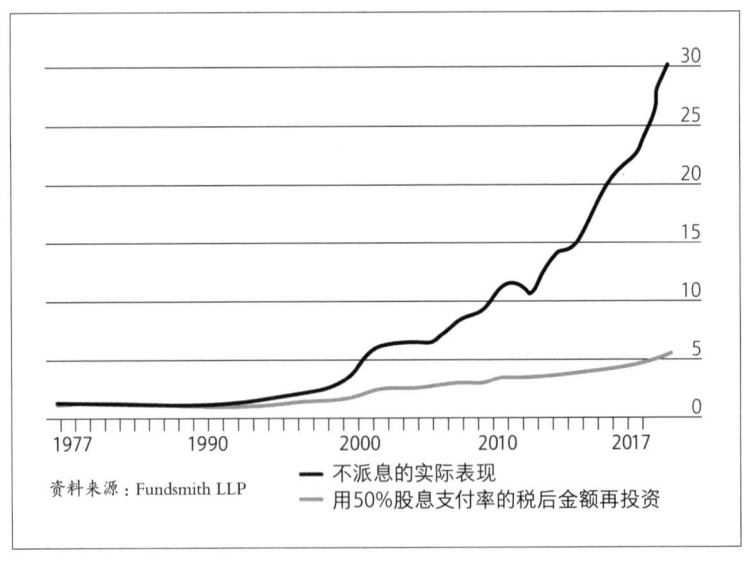

伯克希尔-哈撒韦公司
100股的市值(百万美元)

谁需要股息收入
税收和更高的市场价格意味着股息再投资并不划算

这张图表说明了这一点。它显示了自1977年以来100股伯克希尔-哈撒韦股票的表现（可用于该分析的最早数据）——所有收益都进行了再投资。相对应地，如果将一半的收益支付股息，然后将其税后金额以市场价格进行再投资（估计税率为30%），我们将这种情况下的表现与前者进行了比较。

如图所示，对投资者回报的影响惊人。

伯克希尔-哈撒韦公司的年化复合回报率

伯克希尔将所有净利润再投资	伯克希尔将50%的净利润作为股息支付
19.0%	14.0%

资料来源：Fundsmith LLP

这种权益资产的特征是其他资产类别所不具备的。公司产生的部分回报将被保留并自动代表你进行再投资。这样创造的价值超过了股息再投资所能获得的价值。当然，除非再投资做得不好，在回报率不足时进行投资。

债券或房地产并不具有这种特征。投资者从这些投资中获得利息或租金，不会为你进行再投资。如果你不是投资于平均水平的公司，而是投资于资本回报率高于平均水平的公司，则股票的这种优势会被放大。

有鉴于此，收益型基金的销售额以一定幅度超过了所有其他类型的基金，这似乎是很了不起的一件事。由于这种营销现象，基金希望在其名称中使用"收益"一词，并寻求纳入投资协会股票收益板块。

令人惊讶的是，如果它们在三年滚动期内的收益率超过富时全股指数的收益率，无论实际收益率有多低，它们都可以纳入收益板块，这是一个相当低的门槛。如果基金未通过此测试并被排除在该板块之外，则无须从其基金名称中删除"收益"一词。而投资行业还想知道为什么它的名声不好。

但为什么人们首先想要从股票中获得股息收入呢？退休后需要从投资中获得生活开支是显而易见的。但为什么它必须来自股息呢？当然，正确的方法是通过投资来获得你可以实现的最大总回报,然后赎回一些必要的份额,以满足你的支出需求。

如果你将MSCI全球指数的表现与同一指数中的高收益股票进行比较(详见下表),则这种方法的好处是显而易见的。

指数表现(%)		
期限	MSCI全球指数高收益股票	MSCI全球指数
1年	7.40	13.71
3年	10.67	12.56
5年	8.35	10.84
10年	7.02	7.74

资料来源:Fundsmith LLP,MSCI

该指数的表现优于高收益股票,这种比较低估了避开高收益股票的表现优势,因为它们仍被包含在MSCI全球指数中。投资者可以投资于指数跟踪基金,卖出足够的份额以匹配高收益股票的收益率,并获得比购买高收益指数更多的资本。然而,似乎大多数投资者将这种赎回部分资本以提供收入的想法视为通向毁灭之路。

股票会跑赢债券吗

大多数股票注定令人失望
——你需要找到少数不让你失望的

☆ 打破投资的谬论，第3部分，共3部分

《金融时报》，2018年11月7日

作为一名股票基金经理，对股票跑赢债券这个投资谬论发出质疑，相当于秽语症。这是图雷特综合征的一个偶然特征，患者会不由自主地说出不恰当的社交言论。

我们都知道，从长期来看，股票的表现优于债券，不是吗？它是资本资产定价模型的一个组成部分，在该模型中，理性投资者在股票上承担了比债券更多的风险，因而要求股权风险溢价及相应回报。

这种观点已经在一些著作中得到普及，例如杰里米·西格尔在1994年出版的《股票长线法宝》（Stocks for the Long Run）。主要股票指数的表现明显优于债券。

然而，亨德里克·贝森宾德发表在《金融经济学杂志》9月刊上的一篇研究论文提出了一个问题："股票的表现是否优于短期国债？"对于大多数股票投资者来说，这篇论文得出了一些相当令人担忧的结论。

贝森宾德教授研究了1926年至2016年在纽约证券交易所、美国证券交易所和纳斯达克交易所上市的所有普通股的表现，发现这些股票中只有47.8%的股票的月回报率高于同月的1个月期美国国债的回报率。

标准普尔500指数总回报VS短期国债
经过调整（美元）

当关注股票作为上市实体的整个生命周期的回报时，直到期末或退市——基本上对所有股票采用买入并持有策略，他发现只有42.6%的股票超过了1个月期美国国债的回报率，即使在股息再投资的情况下。

股票指数的回报率超过了美国国债，而其中的大多数股票却没有，这其中的原因真的很简单。少数股票的巨大正回报弥补了绝大多数股票的低回报或负回报。

从某种意义上说，这并不奇怪。该研究涵盖了90年的时间，但很少有公司作为上市实体具有很长的寿命。事实上，在研究涵盖的这一时期内，上市公司的寿命中位数仅为7.5年。上市时间较长的少数股票，具有更多的时间让价值得到复合增长，如果它们作为上市公司存在了几十年，这很有可能是因为它们是相对成功的企业。

尽管如此，回报的集中程度仍然令人吃惊。在研究的25,967家公司中，仅5家公司就创造了过去90年回报的10%，而4%略多一点的公司就创造了所有

股票会跑赢债券吗
大多数股票注定令人失望——你需要找到少数不让你失望的

回报。

但是，一项90年的研究与你的实际投资经验有很大的相关性吗？毕竟，它比人的平均寿命更长，更不用说平均投资寿命了，而且涵盖了很久以前的时期，大多数投资者可能认为是太久远了。然而，由于这些原因而忽视这项研究的启示可能是错误的。

该研究还在每10年的基础上研究了回报率，得出的结论或多或少是相同的：大多数股票的十年回报率低于投资国债所获得的回报。此外，更近期的股票投资者的结果变得更糟。在1947年至1956年间上市的股票中，87%的回报高于美国国债。从1957年到1966年，这一比例下降到了61.5%，而从1977年到1986年，只有31.7%。

最令人担忧的是，自1977年以来上市的表现在中位数的股票不仅表现不如美国国债，而且回报为负。这可能归因于近几十年来上市的公司类型，许多公司的特点是收入增长，但盈利却很差。

我们可以从这一切中得出什么结论呢？股票的总体表现优于债券，但大多数股票却没有，正回报集中在极少数股票上。大多数主动投资者注定不仅会跑输股票指数，而且还会跑输债券。

这一结果在很大程度上归因于费用、其他成本、缺乏技能和隐性的指数化的影响。但这也可能是因为他们的投资组合比指数更集中，但并没有集中于少数具有出色表现的股票。

当然，最后但同样重要的一点是，如果投资者可以选择少数提供正回报的股票，并建立一个集中的投资组合，那么主动选股策略可能会获得很高的回报。但是，如果你不确定可以找出少数几只不仅能跑赢指数而且能跑赢债券的股票，那么只需购买指数。

2018年度致股东的信

Fundsmith，2019年1月

这是写给Fundsmith股票基金投资者的第9封年度信函。下表显示了上一年度的业绩数据，自2010年11月1日基金成立以来的累计收益和年化收益，以及各种比较基准。

总回报（%）	2018年1月1日至12月31日	成立至2018年12月31日	
		累计	年化
Fundsmith股票基金①	+2.2	+269.6	+17.4
股票②	-3.0	+128.4	+10.6
英国债券③	+1.2	+35.7	+3.8
现金④	+0.7	+5.1	+0.6

资料来源：彭博

该表显示了T类累计份额的表现，这是投资者最常持有的类别，也是我投资的类别，在2018年上涨了2.2%，而在股息再投资的情况下，以英镑计价的MSCI全球指数下跌了3.0%。因此，该基金在2018年超越了这一基准，在投资协会全球板块中，自成立以来的业绩，我们的基金仍然排名第一，累计利润比第二位的基金高出13个百分点，比板块平均水平81.9%的回报率高出188个百

---

① T类累计份额（扣除费用），以英国时间午盘定价。
② MSCI全球指数，英镑净值，以美国时间收盘定价。
③ 彭博/巴克莱英国政府5—10年债券指数。
④ 3个月Libor利率（伦敦银行同业拆借利率）。

分点。

但是，我意识到我们的许多或实际上大多数投资者，并未将MSCI全球指数用作其投资的自然基准。居住在英国的投资者可能会将富时100指数视为衡量投资的标准，并且可能持有以该指数为基准并经常拥抱该指数的基金。富时指数在2018年的总回报率为-8.7%，我们基金的表现高出10.9个百分点。

如果有一些投资者担心2018年的回报率，那就不足为奇了，这是我们自成立以来绝对回报最疲软的一年。但是，我认为需要考虑整体背景，不仅要考虑市场指数的表现，而且要考虑其他主动基金的表现。

英国投资协会共有2592只共同基金。2018年，其中2377只或92%的基金产生了负回报。13只基金公布的回报率恰好为0%。只有202只基金取得了正回报。我们的基金处于第四个百分位——只有3%的基金表现更好。具有讽刺意味的是，对于我们的绝对回报而言，2018年并不是很好的一年，但相对于所有投资协会共同基金而言，这实际上是我们第二好的年份。2011年，当市场也下跌时，是我们最好的年份——可能并非巧合。

2018年是我们看到一些市场参与者相当焦虑的一年，其原因是：

- 中美贸易战的威胁
- 英国脱欧
- 美国利率上升
- 美国中期选举
- 意大利的预算争议（意大利是世界第三大政府债券市场）
- 美国政府停摆

对此的反应是一系列的市场下跌。MSCI全球指数（英镑净值）在10月份下跌了5.4%，在反弹之后，12月份又下跌了7.4%。尽管有以"歇斯底里"为标题的头条新闻，但在我看来，这远不及"动荡"更贴切——一个经常被用来描述这些事件的词。

近几十年来，10月对股市来说是出了名的糟糕月份。可以合理地描述为市场动荡的一个例子是所谓的黑色星期一，1987年10月19日，当时道琼斯工业平均指数在一天内下跌了22.6%。那种感觉很戏剧化。我之所以知道，是因为那天我在投资银行巴克莱的交易大厅工作，当我回家时，有一个美国大客户给我打电话，我收到了他的大量卖单。我不得不仔细地把它们写下来，由于上周五的飓风袭击仍未恢复供电，我只能借着烛光进行记录，这大大增加了那天的戏剧效果。

想到一些在10月和12月遭受市场打击的评论员、"投资者"和市场参与者，在1987年10月会是什么样的表现，这让我觉得有点好笑。2018年12月的《金融时报》标题提到了"市场剧烈波动"，作者可能会因为夸张的表述而责备标题的编写者——毕竟他们希望销售更多报纸，一篇文章将道琼斯指数最近一天下跌3.1%描述为"惊人的"。1987年那天的市场下跌幅度是这一天的7倍，他们肯定会用尽所有夸张的词汇。

他们可能会描述为喧嚣的、动荡的或狂暴的黑色星期一，但这真的很重要吗？看看下面的道琼斯指数图表，看看你是否能发现黑色星期一。你需要良好的视力或老花镜才能看到。

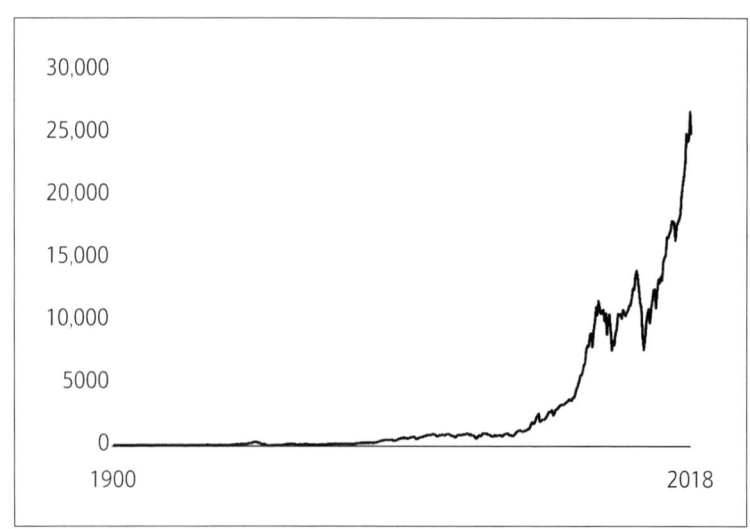

从长远来看，这无关紧要。

然而，这并不能阻止投资顾问和市场评论员预测崩盘和熊市，并建议你采取预防措施——包括减少你的股票持有量、买入或"轮动"到估值较低的所谓"价值"股，抛售所有股票并持有现金以保护你的资产价值或者购买比特币（2018年下跌了80%）。

我处理此类事件和预测的指导原则如下：

1. 没有人能够可靠地预测市场下跌。对市场可能发生的事情的预测，其可靠程度与迈克尔·菲什（Michael Fish）那次臭名昭著的天气预报一样，他在1987年10月15日的BBC天气预报中否认会发生飓风，结果造成了重大损失。

2. 然而，当重复的警告最终被证明是正确的时，预测者将忽略这样一个事实，即如果你听从他们的建议，你将会错过原本可以获得的收益，这将远远超过你在市场下跌时期的亏损。我现在可以追溯六年前的市场评论，这些评论警告说，我们投资的那种股票、我们的策略和我们的基金将表现不佳。在此期间，我们的基金上涨超过185%。如果你听从了他们的建议，你就会错过这些收益，当然，如果或当他们的预测在一段时间内获得了回报，他们就会忘记这一事实。我建议你不要忘记它。

3. 牛市不会因年老而死，因此请忽略诸如"这个牛市已经持续很长时间"之类的警告。他们通常死于某些事件，通常但并不总是因为利率上升。

4. 牛市在担忧之墙上攀登。你所看到的正在发生的令人担忧的事件，很少是导致熊市的真正原因。艾伦·格林斯潘（Alan Greenspan）在1996年已经将市场描述为非理性繁荣，因此我们处于一个虽心怀担忧但发展良好的牛市。紧随其后的是1997年的亚洲金融危机、俄罗斯的违约和1998年美国长期资本管理公司（Long-Term Capital Management）倒闭，这些看起来都很可怕，但具有讽刺意味的是，它们让美联储在加息上犹豫不决，这让牛市有了新一轮的上涨，一直持续到2000年。可能与中国的贸易摩擦和市场紧张局势也会产生类似的影响。

5. 牛市范围不会随着时间推移而扩大——而是缩小。当前的牛市始于2009年，当时的股票不加区别地上涨。然后在发达市场中，美国处于领涨地位。然后是美国的科技行业。然后就是"FAANG"（Facebook，Amazon，Apple，Netflix和Google）。对于这样一种想法，即在牛市后期，投资者可以通过转投那些涨幅落后于市场的股票来获利，这在经验面前显得苍白无力。

6. 至于买入所谓的价值股，如果你想采取这种策略，最好在熊市到来之后，而不是熊市到来之前。如果你能接触到一些著名的价值投资者，并建议他们购买富时100指数中的一些价值股进行价值投资，我想他们会嘲笑你。像帝国烟草这样的"价值"股在2000年底的熊市中处于8.1倍的历史市盈率。它现在处于16.5倍的历史市盈率。价值投资者的目标可能是在收益率高于市盈率的市场下跌时期购买"价值"股。

7. 熊市总会在某个时候发生。我们可能确实已经处在一个熊市之中。最好的立场是忽略它，因为你无法预测熊市，或者无法通过有效地把握市场时机来避免熊市，而如果你不能把握好时机，你会因为错过上涨时的收益而使自己变得贫穷。但是你必须拥有心理和财务上的稳定性才能在熊市发生时坚持这种立场。

回到2018年的事件，MSCI全球指数（英镑净值）下跌了3.0%。所以这是一个糟糕的表现，但它似乎仍然不足以证明投资策略的大规模改变是合理的。我是这样认为的，尽管事实是在股市糟糕的日子里有明显的迹象表明投资者会"轮动"到"价值"股，我在上面的第6点中提到过这一点。

出于多种原因，我经常会在使用"价值"这个词时加上引号：

● 有些人所说的价值是指低估值。如果企业的质量和发展前景不佳，那么这只股票是低估值的股票，但不是代表有良好价值的股票，其内在价值或基本价值低于其较低的估值。

● 许多评论家对成长股投资（或高质量投资）与价值投资的区分，在我看来有些肤浅。引用沃伦·巴菲特的话：

大多数分析师认为他们必须在两种对立的投资方法之间做出选择："价值"与"成长"。事实上，许多投资专业人士将这两个术语的任何混合形式都视为一种可能的投资方法。

我们认为这是模糊的思维（必须承认，我自己几年前就参与了其中）。在我们看来，这两种方法是相辅相成的：增长始终是价值计算的一个组成部分，它构成了一个变量，其重要性可以从忽略不计到非常巨大，其影响可以是消极的也可以是积极的。

大多数投资策略都需要考虑所购买或所持有的股票的估值——即使是像我们这样专注于优质公司的投资策略。一家公司的增长率是其估值的重要组成部分。

● 正如上文第6点所指出的，大多数股票目前的估值都不会吸引经典价值投资者。

真正的价值投资涉及在股票的交易价格远低于你所估计的内在价值或基本面价值时买入，然后等待股价因某些事件的刺激而升至或高于其内在价值——通常是管理层变动、收购、分拆、经济或市场周期的变化，或者只是当它们重新成为投资者的投资热点时。当这种情况发生时，价值投资者寻求实现他的收益，并继续寻找另一只价值股来重复获得这种业绩表现。

近年来，价值投资已经过时，因为持续的低利率已将几乎所有股票的价值推高到了真正的价值投资者无法投资的水平。尽管如此，价值投资仍有其优点，并且那些吸引价值投资者的股票肯定会迎来表现良好的时期。

然而，即使我们可以预见价值投资会在某个时候重新流行起来，它也不是我们将要追求的投资策略。那种以足够低的估值进行交易，并能够以此吸引价值投资者的股票，不太可能是我们所寻求投资的那些企业。我们寻求的企业是具有一定的可预测性，会以现金的形式产生高资本回报率，并且可以将至少部分现金对企业再投资，为其增长提供资金，从而实现价值的复合增长。

我们的策略是寻找此类股票并长期持有它们，这类公司可以从再投资中产生较高的回报率，我们希望以该回报率产生良好的股价表现。与我们的策略不同，价值投资有两个障碍。一个是，虽然价值投资者可以等待一些催化剂事件，将股价推高到估计的内在价值水平，但该公司不太可能像我们所投资的股票那样，以一定方式实现价值的复合增长。事实上，它很可能正在破坏价值。另一个是，这是一种更加主动的策略。即使价值投资者能够成功地从股价上涨中获得收益，并能够反映他所识别的内在价值，他也需要寻找另一只价值股再次进行投资，正如过去几年的事件所表明的那样，这并非易事。此外，这项活动还会产生交易成本。我们的策略具有一项优点，我们能因不主动而受益。如果我们正确识别了好公司，其股票可以实现价值复合增长，那么我们希望无限期地持有它们，并仍然以较低的交易成本从中获得良好的投资业绩。

有几个指数可以告诉你价值股的表现。一个是MSCI欧洲价值指数（英镑净值）。在2007年至2009年的金融危机中，其最大跌幅为52%，比同期MSCI全球指数（英镑净值）的表现低16个百分点。有一种理论认为，价值股在市场下跌时期可以保护你，对于这一理论的正确性，上面的数据已经给出了答案。

正如你已经知道的那样，我们有一个简单的三步投资策略：

1. 购买好公司；
2. 不要支付过高价格；
3. 什么都不做。

我将依次回顾我们的三个投资步骤，检查我们的执行情况如何。

像往常一样，我们希望通过一张表格来说明第一个问题——我们是否持有好公司，我们继续把Fundsmith基金看作一家公司，而不是一家共同基金，并在"透视"的基础上计算其在投资组合中持有的股票业绩，下表显示了其计算结果，并将其与市场基准（在这种情况下是富时100指数和标准普尔500指数）进行比较。

我们不仅向你展示了投资组合与主要指数的比较情况，还向你展示了它是如何随着时间的推移而演变的。

Fundsmith股票基金投资组合									标准普尔500指数	富时100指数
年份	2011年	2012年	2013年	2014年	2015年	2016年	2017年	2018年	2018年	2018年
已动用资本回报率	28%	29%	31%	29%	26%	27%	28%	29%	16%	17%
毛利率	58%	58%	63%	60%	61%	62%	63%	65%	45%	39%
营业利润率	22%	23%	24%	25%	25%	26%	26%	28%	15%	16%
现金转换率	103%	101%	108%	102%	98%	99%	102%	95%	84%	96%
杠杆率	15%	44%	40%	28%	29%	38%	37%	47%	46%	39%
利息覆盖率	27×	18×	16×	15×	16×	17×	17×	17×	7×	9×

资料来源：Fundsmith LLP/彭博。已动用资本回报率、毛利率、营业利润率和现金转换率是Fundsmith股票基金投资的公司的加权平均值，以及富时100指数和标准普尔500指数的平均值。富时100指数和标准普尔500指数不包括金融股。杠杆率和利息覆盖率都是中位数。所有比率均基于截至12月31日并由彭博定义的上一财务年度账目。现金转换率将每股自由现金流与每股净利润进行比较。

如你所见，这些指标并没有太大变化。我建议忽略杠杆率的增加——投资组合公司的债务占其资本的比例。对于这一指标，取我们投资组合公司的算术平均值没有太大意义，因为它会在我们持有净现金的9只股票和杠杆率超过1000%的3只股票（因为它们通过股票回购减少了资本）之间这样一个很广的范围取平均值。即使我们使用的中位数也好不到哪里去——中位数是按杠杆率顺序，排在第14位和第15位股票之间的平均值，但它们的杠杆率差异很大，分别为27%和73%。对于那些难以理解这些统计解释的人来说，你可以认为，这个数字几乎没有告诉你有关企业实际财务特征的任何信息。因此，你可能想知道，我们为什么要包括这些数字，最近我也想到了这个问题，但我不想从我们过去一直提供的表格中删除它们，因为这可能会引起人们对删除原因的猜测（当一切似乎都进展顺利时，很少会省略一些数字）。

利息覆盖率——稳定保持在17倍左右，相当于指数公司平均水平的两倍——是我们投资组合公司的财务稳定性的更好指南。

更有趣的是，我们投资组合公司的资本回报率和利润率继续明显高于指数的平均水平。它们将更多的利润转化为现金，并以至少不超过平均水平公司的杠杆率实现了这一目标。

2018年末我们投资组合公司的平均成立年份为1922年。

持续的高资本回报率是我们在寻找公司进行投资时考虑的一个重要因素。另一个是增长来源——如果企业无法增长，且不能以高回报率配置更多资本，那么高回报率就没有多大用处。那么，在2018年我们的公司在这方面的表现如何呢？2018年加权平均自由现金流（公司在支付除股息以外的所有费用后产生的现金，这是我们更喜欢的衡量标准）增长了8%。鉴于全球经济仍然普遍低迷和不均衡增长，我们认为这是一个非常好的结果。而且事实上，投资组合中的公司在前一年实现了13%的惊人增长，因此2018年的起始比较基数较高。

这就引出了估值问题。投资组合的加权平均自由现金流收益率（公司产生的自由现金流除以其市值）年初为3.7%，年末为4.0%，因此它们变得更便宜或估值更低。虽然从它们的股票或基金的表现来看这不是一件好事，但不可避免的是，我们公司产生的现金流迟早会比它们的股价增长得更快，而不是相反。这远非不健康的发展状态，特别是当我们像大多数人一样通过累计份额对该基金进行更多投资时。

标准普尔500指数的年末自由现金流收益率中位数为4.7%。富时100指数的年末自由现金流收益率中位数为5.2%。我们的股票多数属于标准普尔500指数，我去年就解释过，我为什么认为富时100指数不是投资者使用的合适基准或投资替代品，这里不再重复。从基本面来看，我们投资组合公司比任一指数中的公司都好得多，其估值高于富时100指数公司的平均水平，略高于标准普尔500指数公司的平均水平，但质量明显更高。

2018年对该基金业绩贡献排名前五位的公司分别为：

微软	+1.3%
爱德士	+1.0%
财捷	+1.0%
PayPal	+1.0%
胡椒博士	+0.9%

财捷是美国会计和税务软件领域的领导者，这是我们2017年购买的一只相对较新的股票。PayPal连续第二年出现在榜单中，爱德士继2016年进入前五之后再次回到这个榜单。微软是继2015年、2014年和2013年之后的第四次入榜。从这些公司带来的长期回报来看，兑现利润作为一种策略的优劣，答案已经很明显了。胡椒博士接受了科瑞格绿山公司（Keurig Green Mountain）[①]的收购报价。

2018年，对该基金业绩贡献排名后五位的公司分别为：

菲利普莫里斯	−1.5%
Sage	−0.8%
Facebook	−0.7%
3M	−0.5%
诺和诺德	−0.4%

菲利普莫里斯陷入了由新的降低风险产品——电子烟和加热不燃烧技术——导致的噪声和不确定性之中，菲利普莫里斯在iQOS[②]领域拥有市场领先的产品。我认为我们可以判断该公司走在正确的轨道上，不仅是其推出的产品使吸烟者戒掉普通香烟，使他们的消费更安全，从而为其业务提供新的立足点，而且还包括反对它们的监管者和评论员数量在减少。

财务软件供应商Sage在这一年中遭遇了一次计划外的CEO变动，这一变动的影响还有待观察。

---

① 科瑞格绿山公司隶属于绿山咖啡机集团，是特产咖啡、咖啡壶、茶和其他饮料的领导者。
② 菲利普莫里斯生产的电子烟烟具。

鉴于Facebook的个人数据泄露事件以及某些Facebook用户可能在选举中扮演的角色，购买Facebook的股票无疑是我们更具争议性的决定之一。

正如之前以及在许多其他场合所指出的那样，我们倾向于从公司的财务报告数字中寻找合适的投资。Facebook的历史数字无疑给人留下了深刻印象。它拥有约15亿日活跃用户、约23亿月活跃用户。要知道，Facebook在中国没有业务，所以这些数字表明了它在用户中的普及性。

2017年，Facebook的资本回报率为30%，毛利率为87%，营业利润率为50%。过去五年其年均收入增长率为49%，同期的营业利润以每年106%的速度增长。

当然，Facebook的所有这些报告数字都是过去的，未来可能会有所不同。当我们开始购买其股票时，我们估计其收入增长率将减半至20%左右。在2018年第三季度，它以34%的速度增长，但该公司表示，第四季度的增长率将进一步放缓至20%左右的区间，营业利润率降至42%，这是一个仍然具有吸引力的数字。在媒体对滥用个人数据感到愤怒的背景下，这足以让就Facebook发表评论的一些评论员遭受非常强烈的抨击。

但请记住以下几点：

在成本增加53%之后，第三季度42%的营业利润率带来了13%的利润增长。你可以将其视为一只半满或半空的玻璃杯[①]，但在第三季度，Facebook将研发成本增加了29%，营销和销售成本增加了65%，一般成本和管理成本增加了76%。你可能会认为这样的成本上升是有问题的，但我认为，这是由于Facebook的管理层面临着公众的愤怒，因此决定加大在数据安全和内容控制上的资金投入，以改善用户体验。这样做，一是压低了Facebook的业绩，尽管其仍处于一个非常可接受的水平——在这种监视之下如果业绩很好，这可能会成为一块激怒公牛的红布。二是为竞争对手建立了更大的进入壁垒。具有讽刺意味的

---

① 意思是，这取决于你从积极的还是消极的一面来看待它。

是，对这场公众愤怒的回应，其结果可能只是有利于巩固Facebook的竞争地位。我还注意到，在撰写本文时，Facebook新的政治广告透明度工具显示，英国政府在Facebook广告上花费了96,684英镑，以宣传首相特蕾莎·梅的脱欧协议。Facebook上的政治攻击看起来就像一个连续开火的射击队。

同样，Facebook的资本支出在2018年前九个月翻了一番，达到96亿美元，但第三季度的自由现金流仍比一年前高出16%。

然而，Facebook的历史市盈率为19.7倍——与标准普尔500指数大致相同。除非Facebook的运营业绩恶化程度比我们迄今为止所看到的或合理预期的更严重，否则它的股价对我们来说看起来很便宜。

还要考虑以下几点：

Facebook不从其社交网络用户那里赚钱。它的大部分收入来自在线广告，在这项业务中它与谷歌处于双头垄断地位。

我强烈怀疑大多数人对Facebook的判断是基于他们的个人经验和偏见。但Facebook有69%的日活跃用户和73%的月活跃用户都在美国和欧洲之外。你认为他们会在多大程度上关心在美国大选中滥用数据的指控？我认为并不多，这似乎可以从第三季度日活跃用户数量增长9%和月活跃用户增长10%的事实中得到证实。

Facebook尚未"货币化"WhatsApp①。我发现特别有趣的是，有人使用WhatsApp发送消息询问我们在Facebook中的持股情况。谁说讽刺时代已经结束？

迄今为止，我们持有的Facebook股票已经让我们付出了一些代价，毫无疑问，就媒体关注度而言，它仍将是一只难以持有的股票，但我们经常发现，唯一可以让你以便宜的估值购买伟大企业股票的机会就是当它们出现短暂"失灵"时。

转向我们投资策略的第三步，我们简洁地将其描述为"什么都不做"，最

---

① 一款用于智能手机之间通信的应用程序。

小化投资组合换手率仍然是我们的目标之一，并且在此期间以13.4%的投资组合换手率再次实现了这一目标。这是我们迄今为止最高的年换手率，但与大多数基金相比仍然非常低。此外，该换手率有点夸大了，鉴于市场在今年晚些时候经历了一些疲软，我们的净现金有所减少。如果排除这个影响因素，换手率大约为11%。知道我们在自愿交易上总共只花费了基金平均价值的0.018%（1.8个基点），这可能更有帮助（其中不包括与基金认购和赎回相关的交易成本，因为这些都是非自愿的）。在我们的投资组合中，有11家公司是从2010年该基金成立以来就一直持有的。

为什么这很重要？因为它有助于将成本降至最低，而将投资成本降至最低对于实现投资者满意结果具有重要贡献。投资者、评论员和投资顾问经常关注或在某些情况下痴迷于年度管理费用或持续费用数字，后者包括向基金收取的超出年度管理费用的一些成本。2018年T类累计份额的持续费用数字为1.05%。问题在于，持续费用数字没有包括一个重要的成本要素——交易成本。当基金经理通过买卖股票进行交易时，基金通常会产生支付给经纪人的佣金成本、所交易股票的买卖差价以及在某些情况下的交易税，例如英国的印花税。这会显著增加基金的成本，但它并未包含在持续费用数字当中。

我们提供了自己的总成本版本，这其中包括交易成本，我们将其称为总投资成本。对于2018年的T类累计份额，这相当于1.09%的总投资成本，包括流入和流出该基金的所有交易成本，而不仅仅是我们的自愿交易成本。

我们早就说过，期待着有朝一日可以将我们的总投资成本与其他基金进行比较，而这一天终于到来了。下表显示了英国15家最大的股票基金和总回报基金的总投资成本，以及它们的总投资成本与持续费用数字之间的差异：

2018年度致股东的信

英国15家最大的主动股票和总回报基金

	持续费用数字（%）	交易成本（%）	总投资成本（%）	额外成本（%）
Fundsmith股票基金	1.05	0.04	1.09	4
标准人寿投资GARS	0.89	0.25	1.14	28
景顺全球总回报	0.87	0.40	1.27	46
景顺高收益	0.92	0.10	1.02	11
Stewart Investors亚太地区领导者	0.89	0.13	1.02	15
牛顿实际收益	0.80	0.15	0.95	19
Baillie Gifford多样化增长	0.82	0.63	1.45	77
M&G全球股息	0.91	0.09	1.00	10
Lindsell Train英国股票	0.70	0.13	0.83	19
Artemis收益	0.79	0.13	0.92	16
Jupiter欧洲	1.03	0.09	1.12	9
牛顿全球收益	0.79	0.10	0.89	13
Ruffer绝对回报	1.15	0.20	1.35	17
伍德福德股票收益	0.75	0.27	1.02	36
英杰华多策略目标回报	0.85	0.23	1.08	27
平均值	**0.88**	**0.20**	**1.08**	**23**

资料来源：Financial Express Analytics[①]/Fundsmith基金，截至2019年1月19日，按基金规模降序排列。

我们很高兴地看到，我们的总投资成本在考虑到交易成本时比我们的持续费用数字仅高出4%，而且这是这些基金中增幅最低的。但是，我们警告投资者不要过度沉迷于费用，以至于你无法专注于基金的表现。值得指出的是，这封信开头列出的我们基金的业绩是在扣除了所有费用之后的结果，这应该是主

---

① 英国领先的基金研究、分析和选择在线平台。

要关注点。如果将这15只英国最大的主动股票和总回报基金按其三年业绩进行排名，我们基金的表现会显得尤为明显（如果我们按照五年业绩对它们进行排名，情况不会有太大变化，但有两只基金是最近推出的，它们没有五年的跟踪记录）：

年化业绩	3年（%）	5年（%）
Fundsmith股票基金	16.9	17.9
M&G全球股息	14.0	7.3
Stewart Investors亚太地区领导者	12.7	11.8
牛顿全球收益	11.5	10.7
Jupiter欧洲	10.2	11.8
Lindsell Train英国股票	9.9	9.7
Artemis收益	3.9	4.3
Baillie Gifford多样化增长	2.6	2.9
Ruffer绝对回报	2.2	2.5
牛顿实际收益	2.0	2.1
景顺全球目标回报	0.3	2.1
景顺高收益	-0.9	3.4
标准人寿投资GARS	-2.2	0.3
英杰华多策略目标回报	-2.5	不适用
伍德福德股票收益	-4.6	不适用

资料来源：Financial Express Analytics，截至2018年12月31日。

我认为上面的表格足以说明问题。

我们确实在2018年进行了一些交易活动。特别是我们在这一年卖出了胡椒博士和雀巢。

胡椒博士是我们自成立以来一直持有的股票。我们发现科瑞格绿山的战略

2018年度致股东的信

收购理由难以理解,因此我们决定不再继续持有胡椒博士。评论家们似乎忘记了可口可乐和科瑞格绿山之间尝试过类似的合并,但未能成功并被悄悄地放弃了。

去年,我们提到过雀巢以及其他一些投资组合中的公司吸引了积极主义股东的关注。雀巢宣布了新的利润率和股票回购目标,然后以71.5亿美元收购了星巴克超市咖啡产品,不包括"即饮"咖啡产品。换句话说,收购的是袋装咖啡产品。我们也可以期待它能够收购星巴克的Nespresso胶囊咖啡。但雀巢几乎没有提它将继续支付给星巴克销售这些产品的特许权使用费。我们依靠所投资公司的管理层为我们分配资本,并为我们(投资者)创造价值,而这笔交易似乎不符合这些标准,尽管它似乎确实符合积极主义股东的活动需求,并且对于星巴克来说,这看起来也是一笔不错的交易。

今年我想利用这封信提供的机会来谈谈我们与公司的接触。投资者经常问我们是否会与公司管理层会面以及我们如何与他们进行互动。

答案是我们经常见到他们。我们会拜访希望研究的公司,并在股东会议和行业会议上与他们进行现场或网络会面。我们经常受到董事会薪酬委员会成员的邀请,我们会在股东大会上审查所有决议和委托书并进行投票。我们不会为此雇用任何外部机构。

然而,与管理层会面并不是我们检验一家企业是否优质的主要标准。我们认为好的企业可以从它们产生的财务数字中识别出来。我们也不会与管理层会面,向他们提供关于如何经营企业的看法。如果他们不知道该怎么做,我们就有大麻烦了。

2018年有两个我们在必要时进行更密切接触的例子。

一个是与Sage公司的接触,这是一家财务软件公司,并且是英国最大的上市IT公司。与许多软件提供商一样,Sage正处于从为其产品提供永久软件许可(过去以光盘形式)到提供"软件即服务"(或业内所说的"SaaS")的转变之中,即产品作为订阅服务在线提供。这有许多优势——了解目标客户、提供升级和销售相关产品(如薪酬管理和人力资源服务)以及提供重复收入。但这不是必然会取得成功的，因为传统客户可能不愿意转换，并且转向SaaS可能为颠覆性的竞争对手提供机会。Sage在2018年的几个季度业绩令人失望，当时预计年均收入增长率为8%，而实际看起来可能接近年均6%。虽然这并不理想，但更令人担忧的可能是，产品开发可能达不到目的和（或）在试图达到短期目标时可能忽略基本产品开发。

因此，我们与董事会主席进行了接触，以确保我们的担忧得到理解。在这方面，我们认为可以借鉴我们作为财捷股东的经验，财捷与Sage竞争，并且迄今为止已成功转型为一家SaaS公司。然而，我们并没有要求管理层进行任何改变。尽管如此，董事会随后还是决定与首席执行官分道扬镳。

我们与董事会主席接触，以确保他做出合适的选择。我们借鉴了当时作为微软股东在过渡时期的经验，即从史蒂夫·鲍尔默担任首席执行官到萨蒂亚·纳德拉的过渡期间，这个过渡过程非常顺利。最后，当新的首席执行官被任命时，我们与他进行了会面，并讨论了企业的前进方向。我们竭力强调，我们对以牺牲长期成功为代价的短期修正不感兴趣，他似乎也同意这一点，因为他宣布了6000万英镑的额外支出，其中三分之二用于产品开发。

2018年，除了常规的年度股东大会和薪酬咨询之外，另一项主要的企业接触涉及联合利华，该公司宣布了一项计划，以整合其英荷双股结构，并将总部和上市地点放到荷兰。这将取决于英国公司的股东投票，但这从未发生，大概是因为董事会可以预见该计划即将失败。

与一些投资者不同，转换上市地点不会影响我们继续持有它的股票。我们与董事会主席的接触围绕着这一行动的动机展开。管理层称这一行动的动机是想要简化，从而使联合利华更容易参与涉及股票发行的收购，尤其是在美国。

我们对公司所声明的变革原因持怀疑态度。去年，联合利华曾因卡夫亨氏的收购而濒临绝境。再加上美国化学品公司PPG工业（PPG Industries）[①]收购荷

---

① PPG公司始建于1883年，总部设在美国匹兹堡市，是世界领先的涂料和特种材料供应商。

兰涂料制造商阿克苏诺贝尔（Akzo Nobel）的事件，随后通过信息自由请求，揭露了阿克苏诺贝尔管理层和荷兰政界人士之间共谋以阻挠收购，而你不必成为电视剧里面的荷兰侦探范·德·沃克（Van der Valk）[①]就能明白，这项提议的举动可能还有其他一些动机。

如果你读过我们去年致股东的信就会知道，我们对大多数股东积极主义没有任何兴趣，我们也不是卡夫亨氏的股东或支持者。但我们认为联合利华的管理层有理由回答关于变革的质疑，我们认为抵御敌意收购的能力是确保我们的资产得到妥善管理的重要保证。董事会主席告诉我们，他从不赞成这样的行动，尽管他也同意有些公司确实管理不善。但我们还是有点困惑，如果有必要进行这样的变革，他认为可能会采取什么样的管理机制。我想他对这个问题的回答也许不那么客气。

如果联合利华要对变革决议进行投票，我们不会对我们的投票意图做公开评论。而且，请注意，我们没有在这里透露它们——我们只是对这个事件的发展过程发表了评论。在我们看来，实现对企业良好管理的最好途径并不总是需要通过媒体。

最后，我想讨论关于股票市场前景的问题，这可能会让你感到惊讶，因为我对于这类问题的回答始终是，我不知道，而且没有人知道。

想象一下，一位基金经理向你提出投资建议，让你投资于优质公司的投资组合。你可能非常喜欢该投资策略，但你担心现在是否是投资股票市场的好时机。观察下面的图表，它显示了按市值计算的全球最大指数——标准普尔500指数，其中包含的优质公司数量比任何其他指数都多。

[①] 范·德·沃克是英剧《范·德·沃克》中的主角，这部剧讲述了一位聪明的荷兰侦探在充满活力和神秘的阿姆斯特丹用敏锐的观察和灵感破获犯罪案件。

成长股的投资之道

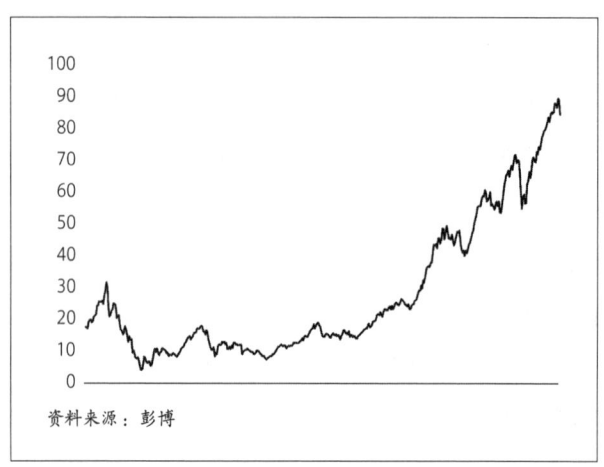

资料来源：彭博

该图看起来就像刚刚过了顶部的过山车一样。如果你现在投资肯定很愚蠢，不管投资策略有多好。最好等到市场适当下跌之后再进行投资。

你可能会注意到，这张标准普尔500指数图表上没有日期。那是因为我想让你假设我指的是当前市场和我们的Fundsmith基金。事实上，上图显示了截至1965年的37年间的走势，而1965年正是沃伦·巴菲特掌管伯克希尔-哈撒韦的那一年。如果你当时决定考虑市场时机并停止投资，你可能会因此错过伯克希尔-哈撒韦自1965年以来每股市值20.9%的复合增长。

"啊，但这不是择时交易的运作方式"，我可以预见有人会这样说，"仅仅因为我没有在1965年6月买入，并不意味着我以后不会在市场下跌之后买入伯克希尔-哈撒韦。"这似乎很有道理，只是市场在1965年剩余的时间内并没有下跌。事实上，标准普尔500指数在1965年下半年进一步上涨了13%。这时你会怎么做？恐慌地买入伯克希尔-哈撒韦股票还是推迟买入？如果你有勇气去做后者，你可能会觉得，当1966年标准普尔500指数一度下跌22%时，证明了自己的做法是正确的。

但是，这里有几个问题。伯克希尔-哈撒韦不是标准普尔500指数。它的股价在1965年上涨了49.5%，在1966年仅下跌了3.4%。所以，你的犹豫不决不会得到回报。此外，到1967年，市场已经复苏并创出新高。

2018年度致股东的信

你是否真的足够聪明,不仅可以1.预测市场下跌,而且还可以;2.弄清楚市场对个股走势的影响;3.把握正确时机,确保你既不会放弃那些远远超过你所避免的亏损的收益,也不会经历一些市场下跌;4.当你对市场下跌的预测成为现实时,有足够灵活的心态和勇气开始买入;5.在交易时能够大致把握市场时机,不会像市场常说的那样"接飞刀",也不会错过部分或全部市场复苏?如果是这样,我怀疑你是在自己的私人岛屿上阅读这封信。最重要的是,我怀疑你是否存在。

公平地说,自1965年以来的50多年间,市场和伯克希尔-哈撒韦公司的股票都出现过大量大幅下跌。伯克希尔-哈撒韦的股票在1973年至1975年、2008年至2009年下跌了50%以上,在1998年至2000年下跌了将近50%,1987年下跌了37%。

这其中的重点不仅在于你不可能总是正确把握市场时机,而是即使你努力做到了这一点,你也可能错过投资巴菲特的伯克希尔-哈撒韦公司的机会,投资伯克希尔-哈撒韦公司的收益远远超过任何择时交易的收益。

那么我们现在处于市场走势的哪个位置?下图是标准普尔500指数从上一张图表末尾的1965年到现在为止的53年间的走势:

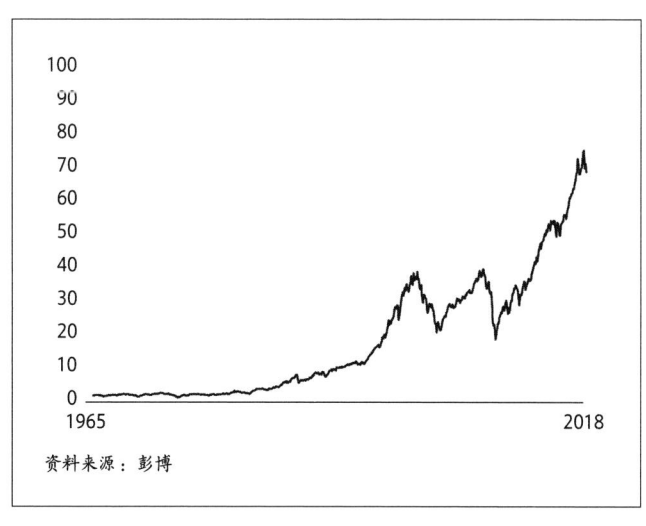

标准普尔500指数

看起来是不是很熟悉？这看上去让人们不愿意进行投资。

"啊"，但我听到有人说，"情况不一样了——1965年的估值比现在低得多。"1965年中期，标准普尔500指数的市盈率为18.6倍。现在它的2019年预测市盈率为17.1倍。没有显著差异，尽管它现在的估值实际上更低。

但是当面对图表上这样的市场走势时，肯定只有傻瓜才会投资于优质公司的投资组合……

正如马克·吐温（Mark Twain）所说，"历史不会重演，但总会惊人地相似"。

基金管理的谬论

《全球金融毛里求斯》，2019年11月

有很多关于基金管理的谬论，在我看来，如果你想了解这个行业，质疑它们而不是盲目地接受它们是明智的。

其中之一是基金经理需要从地理位置上靠近主要金融市场——例如伦敦和纽约。在某种程度上，这个谬论很久以前就已经被这些主要金融中心之外的成功基金经理的强大飞地的发展所揭露了——比如英国的爱丁堡和美国的波士顿。

一些最成功的基金经理更进一步表明，你不仅可以在主要金融中心之外开展业务，而且最好远离伦敦和华尔街的交易中心，从而避免日常事件和交易的"噪声"。最著名的例子就是沃伦·巴菲特——被称为"奥马哈圣人"和过去半个世纪最成功的投资者，他的办公室位于内布拉斯加州的奥马哈。

另一位著名且成功的投资者也证明了这一点，他是在巴哈马拿骚[①]运营基金的约翰·邓普顿爵士。邓普顿是我曾经经营的经纪公司的一位客户，他有一次告诉我们，在巴哈马管理资金的一个好处是报纸会迟到一天（这是在互联网时代之前），所以当他读到一些令人震惊的新闻标题时，恐慌已经太迟了，因为市场已经做出了反应，这就揭露了基金管理的另一个谬论——成功投资与主动交易或快速反应有关。

在数字时代，基金经理可以在宽带运行的任何地方管理资金。随着云计算的发展，你甚至可以在工作时从一个位置移动到另一个位置——无缝地打开你

---

① 拿骚，是巴哈马首都。

的计算机，在线查看彭博资讯并继续工作。

如果是这样，为什么这么多基金经理仍然聚集在伦敦和纽约这样的城市呢？如果你问他们，他们经常说这是因为他们喜欢靠近他们所投资的公司。这当然是无稽之谈——他们投资的公司主要位于遥远的加利福尼亚、中美洲、欧洲或亚洲。现实情况是，他们喜欢靠近为他们提供服务的投资银行，并与同行之间彼此靠近。这当然会导致群体思维并打破了约翰·邓普顿爵士的一条原则："如果你想比大众拥有更好的投资表现，那么你的投资行为必须有别于大众。"这部分解释了为什么他们的大部分表现都是如此之差。在某些情况下，这些基金经理聚集在一起的愿望是如此强烈，以至于我想知道一些对冲基金和私募股权基金是否可以在不使用GPS的情况下离开伦敦W1地区的梅费尔（Mayfair）和SW1地区[①]的圣詹姆斯（St James）。

但大多数基金经理并没有试图做有别于大众的事情：约翰·梅纳德·凯恩斯（John Maynard Keynes）说，"世俗的智慧告诉我们，对于我们的名声来说，遵循传统惯例的失败要好过违背传统惯例的成功"。凯恩斯不仅是著名的经济学家，也是一位成功的基金经理。大多数基金经理并不认为他们职业生涯的最大威胁是相比基准指数表现不佳，而是与基准指数及其基金同行不同。结果，他们成了"指数拥抱者"，他们在作为其业绩基准的市场指数中持有足够多的股票，以确保他们的业绩或多或少与该指数相匹配。但这当然是在扣除费用和其他成本（例如交易成本）之前。不可避免的结果是，大多数主动型基金经理跑输指数。

我同意沃伦·巴菲特和约翰·博格（先锋集团的创始人，世界上最大的指数基金提供商之一）的观点，对大多数投资者来说，投资于低成本的指数基金是更好的选择，这类基金的收费远低于那些只是拥抱指数的"主动"基金经理。

---

① W1和SW1指根据伦敦的邮政编码确定的地区。

基金管理的谬论

试图了解基金管理的局外人面临的问题之一是，一些词语的使用方式往往不同于其通常的含义。拿"主动"（active）这个词来说，它并不表示主动型基金的基金经理从事大量交易活动——相反，它是指那些不严格跟踪指数的基金经理。

沃伦·巴菲特等一些最优秀的基金经理避免拥抱指数，因此经营主动型基金——但也尽可能避免交易活动，因为交易会增加管理资金的成本，从而降低基金的业绩。正如巴菲特所说，"股票市场旨在将资金从活跃的人手中转移到有耐心的人手中"。这也会让一些人感到困惑，因为他们会问"如果基金经理没做多少交易，那我支付费用有什么用"。答案是，你所支付的费用是为了得到好的结果、业绩。这样来看：你愿意向一位交易量巨大但业绩不佳（或者说，"忙碌愚蠢综合征"）的基金经理支付费用吗？我对此表示怀疑。

2019年度致股东的信

Fundsmith,2020年1月

这是写给Fundsmith股票基金投资者的第10封年度信函。下表显示了上一年度的业绩数据,自2010年11月1日基金成立以来的累计收益和年化收益,以及各种比较基准。

总回报(%)	2019年1月1日至12月31日	成立至2019年12月31日 累计	成立至2019年12月31日 年化	夏普比率[5]	索提诺比率[6]
Fundsmith股票基金[①]	+25.6	+364.4	+18.2	1.22	1.22
股票[②]	+22.7	+180.3	+11.9	0.63	0.59
英国债券[③]	+3.8	+40.9	+3.8	不适用	不适用
现金[④]	+0.8	+6.0	+0.6	不适用	不适用

[①]资料来源:Fundsmith LLP,[②③④]资料来源:彭博,[⑤⑥]资料来源:Financial Express Analytics

该表显示了T类累计份额的表现,这是投资者最常持有的类别,也是我投资的类别,在2019年上涨了25.6%,而以英镑计价的MSCI全球指数包括股息再投资上涨了22.7%。因此,该基金在2019年跑赢了比较基准,在投资协会全球板块中,自成立以来的业绩,我们的基金仍然排名第一,累计利润率比该板块

---

① T类累计份额(扣除费用),以英国时间午盘定价。
② MSCI全球指数,英镑净值,以美国时间收盘定价。
③ 彭博/巴克莱英国政府5—10年债券指数。
④ 3个月Libor利率(伦敦银行同业拆借利率)。
⑤ 自2010年11月1日至2019年12月31日即基金成立以来的夏普比率。
⑥ 自2010年11月1日至2019年12月31日即基金成立以来的索提诺比率。

的平均水平131.8%的回报率高出233个百分点。

但是，我意识到我们的许多甚至大多数投资者并没有将它们作为投资的自然比较基准。居住在英国的投资者可能会将富时100指数视为衡量标准，并且可能持有以该指数为基准并经常紧盯该指数的基金。富时100指数在2019年的总回报率为17.3%，因此我们的基金跑赢该指数8.3个百分点。

2019年，对该基金业绩贡献排名前五位的公司分别为：

微软	+2.7%
雅诗兰黛	+2.1%
Facebook	+2.0%
PayPal	+1.8%
菲利普莫里斯	+1.4%

微软第五次排名前五，而PayPal则连续第三年出现在榜单中。有人曾经说过，没有人会因为兑现利润而变得贫穷。这可能是真的，但我怀疑他们是否也能通过这种方法变得非常富有。我们不是那种会宣布胜利的人——我们带着强烈的偏执感进行投资——但我仍然高兴地注意到Facebook对业绩的贡献，这无疑是我们最具争议的股票，我们的一些投资者对这只股票提出了最多质疑（并要求抛售这只股票）。我们在投资微软时也听到了类似的质疑。

2019年，对该基金业绩贡献排名后五位的公司分别为：

3M	−0.2%
高露洁	0.0%
高乐氏	0.0%
百富门（Braun-Forman）[①]	0.0%
利洁时	+0.2%

去年，我们卖掉了3M和高露洁的股份，并开始购买杰克丹尼田纳西州威士

---

① 主要生产、销售、进口以及出口各种各样的酒精饮料。该公司作为一家控股公司在纽约证券交易所上市交易，而布朗家族拥有其大部分投票权的股票。

忌的酿酒商百富门和美国家居产品和个人护理产品公司高乐氏。对于3M，我们对当前管理层的资本分配决策越来越怀疑，而对于高露洁，我们已经厌倦了等待有效增长战略的出现。与往常一样，我们购买百富门恰逢股价疲软时期——这主要是由于欧盟关税对美国烈酒的影响。

今年，我们在业绩表格中加入了我们基金和指数的夏普比率和索提诺比率。我意识到，对于那些非专业的投资者来说，我接下来要提到的内容很可能看起来难以理解。虽然我们基金提供的回报非常重要，但在产生这些回报时承担的风险也非常重要。这些比率就是用来衡量这种风险。

夏普比率利用基金的回报减去所谓的无风险回报（基本上是政府债券的回报率）得到超过无风险利率的超额回报，然后将这一数字除以超额回报的变化（通过其标准差来衡量——我警告过你这很难理解）。得到的结果能告诉你每单位的风险可以获得多少单位的回报，我们的基金自成立以来的夏普比率为1.22，而MSCI全球指数的夏普比率为0.63，该基金每个单位的风险产生的回报约为该指数的两倍。

索提诺比率是对夏普比率的一种调整，在我看来是一种改进。夏普比率通过回报的变化来估计风险，而索提诺比率只考虑下行的变化，因为我们不清楚为什么应该关注上行的波动性（即当我们的基金大幅上涨时），上行的波动性似乎是值得高兴的。自成立以来，我们基金的索提诺比率为1.22，但MSCI全球指数的索提诺比率为0.59，低于其夏普比率。

正如你已经知道的，我们有一个简单的三步投资策略：

1. 购买好公司；

2. 不要支付过高价格；

3. 什么都不做。

我将依次审查我们对每个步骤的执行情况。

像往常一样，我们希望通过一张表格来说明第一个问题——我们是否持有好公司，我们继续把Fundsmith基金看作一家公司，而不是一只共同基金，并在

"透视"的基础上计算其在投资组合中持有的股票业绩，下表显示了其计算结果，并将这一结果与市场（在这种情况下是富时100指数和标准普尔500指数）进行比较。我们不仅向你展示了投资组合与主要指数的比较情况，还展示了它是如何随着时间的推移而演变的。

Fundsmith股票基金投资组合									标准普尔500指数	富时100指数
年份	2012年	2013年	2014年	2015年	2016年	2017年	2018年	2019年	2019年	2019年
已动用资本回报率	29%	31%	29%	26%	27%	28%	29%	29%	17%	17%
毛利率	58%	63%	60%	61%	62%	63%	65%	66%	45%	39%
营业利润率	23%	24%	25%	25%	26%	26%	28%	27%	15%	17%
现金转换率	101%	108%	102%	98%	99%	102%	95%	97%	84%	86%
杠杆率	44%	40%	28%	29%	38%	37%	47%	39%	53%	41%
利息覆盖率	18×	16×	15×	16×	17×	17×	17×	16×	7×	10×

资料来源：Fundsmith LLP/彭博。已动用资本回报率、毛利率、营业利润率和现金转换率，Fundsmith股票基金使用的是所投资公司的加权平均值，富时100指数和标准普尔500指数使用的是平均值。富时100指数和标准普尔500指数不包括金融股。杠杆率和利息覆盖率都是中位数。所有比率均基于截至12月31日并由彭博定义的上一财务年度账目。现金转换率将每股自由现金流与每股净利润进行比较。

如你所见，没有太大变化，这就是我们喜欢它的地方。我们投资组合中的公司在回报、盈利能力、现金流或资产负债表实力等财务指标方面均优于主要指数中的公司。

正如我们去年指出的那样，我们将在未来从表格中删除杠杆率的计算，因为它可能几乎毫无意义。如你所见，我们不是因为它看起来很糟糕而计划将其删除。相反，今年我们基金的投资组合杠杆率为39%，而标准普尔500指数为53%，富时100指数为41%。但它给人的感觉是它的意义并不大，因为投资组合公司的杠杆率中位数分别为26%和53%。平均值的意义也不是很大，因为投资组合中有8只股票的资产负债表上有净现金。

2019年末我们投资组合公司的平均成立年份为1925年。

持续的高资本回报率是我们在寻找投资目标时的一个标志。另一个是增长来源——如业务无法增长，且不能以高回报率配置更多资本，那么高回报率就没有多大用处。那么，2019年我们的公司在这方面的表现如何呢？2019年加权平均自由现金流（公司在支付除股息以外的所有费用后产生的现金，这是我们更喜欢的衡量指标）增长了9%。

这就引出了估值问题。投资组合的加权平均自由现金流收益率（公司产生的自由现金流除以其市值）年初为4.0%，年末为3.4%，因此它们的估值变得更高。虽然从它们的股票和基金的表现来看这是一件好事，但它让我们感到紧张，因为估值的变化是有限且可逆的，尽管很难在近期看到最有可能导致这种逆转的原因（利率升高）出现。

标准普尔500指数自由现金流收益率的年末中位数为4.2%。富时100指数自由现金流收益率的年末中位数为5.5%。我们在前者中的股票数量多于后者，关于我为什么认为富时100指数不是适合我们投资者使用的基准或投资替代品，我已经在2017年致股东的信中给出了解释，在这里不再重复。从基本面上来看，我们的投资组合公司远好于任一指数的平均水平，估值高于富时100指数公司的平均水平，略高于标准普尔500指数公司的平均水平，但我们的公司质量明显更高。明智的投资者应该记住，高估值并不等于价格昂贵，正如低估值并不等于价格便宜一样。

转向我们策略的第三步，我们简洁地将其描述为"什么都不做"，最小化投资组合换手率仍然是我们的目标之一，并且2019年的投资组合换手率为负值，再次实现了这一目标。知道我们在一年中总共仅花费了基金平均价值的0.005%（0.5个基点）用于自愿交易，这可能更有帮助（不包括与基金认购和赎回相关的交易成本，因为这些都是非自愿的）。在我们的投资组合中，有10家公司是从2010年该基金成立以来就一直持有的。

为什么这很重要？它有助于将成本降至最低，而将投资成本降至最低对实现投资者满意结果有着重要贡献。投资者、评论员和投资顾问经常关注或在某些情况下痴迷于年度管理费用或持续费用数字，后者包括向基金收取的超出年度管理费用的一些成本。2019年T类累计份额的持续费用数字为1.05%。问题在于，持续费用数字没有包括一个重要的成本要素——交易成本。当基金经理通过买卖进行交易时，基金通常会产生支付给经纪人的佣金成本、所交易股票的买卖差价以及在某些情况下的交易税，例如英国的印花税。这会显著增加基金的成本，但它并未包含在持续费用数字中。

我们提供了自己的总成本版本，这其中包括交易成本，我们将其称为总投资成本。对于2019年的T类累计份额，这相当于1.06%的总投资成本，包括流入和流出基金的所有交易成本，而不仅仅是我们的自愿交易成本。下表显示了英国15家最大的股票和总回报基金的总投资成本，以及它们的总投资成本与持续费用数字之间的差异：

	持续费用数字（%）	交易成本（%）	总投资成本（%）	额外成本（%）
Fundsmith股票基金	1.05	0.01	1.06	1
景顺全球目标回报	0.87	0.43	1.30	49
Baillie Gifford多样化增长	0.77	0.50	1.27	65
Lindsell Train英国股票	0.65	0.09	0.74	14
Stewart Investors亚太地区领导者	0.88	0.16	1.04	18
BNY Mellon实际回报	0.80	0.20	1.00	25
景顺高收益	0.92	0.15	1.07	16
BNY Mellon全球收益	0.80	0.07	0.87	9
Liontrust特殊情况	0.89	0.18	1.07	20
Artemis收益	0.80	0.12	0.92	15
ASI全球绝对回报策略	0.90	0.15	1.05	17

续表

	持续费用数字（%）	交易成本（%）	总投资成本（%）	额外成本（%）
Jupiter欧洲	1.02	0.06	1.08	6
LF Ruffer绝对回报	1.22	0.35	1.57	29
Baillie Gifford管理	0.42	0.05	0.47	12
Threadneedle英国股票收益	0.82	0.05	0.87	6
平均值	0.85	0.17	1.03	20

资料来源：Financial Express Analytics/Fundsmith，截至2020年6月1日，基金按规模降序排列。

我们很高兴地看到，我们的总投资成本在考虑到交易成本时比我们的持续费用数字仅高出1%，而且这是这些基金当中增幅最低的。但是，我们再次警告投资者不要过度沉迷于费用，以至于你无法专注于基金的表现。值得指出的是，这封信开头列出的我们基金的业绩是在扣除了所有费用后的结果，这应该是主要关注点。如果将这15家英国最大的主动股票和总回报基金按其三年业绩进行排名，我们基金的表现就会显得尤为明显（如果我们按照五年业绩对它们进行排名，情况不会有太大变化）。

	截至去年年末的3年累计业绩%	截至去年年末的5年累计业绩%
Fundsmith股票基金	56.6	132.2
Jupiter欧洲	53.5	98.4
Lindsell Train英国股票	46.6	81.9
Liontrust特殊情况	39.0	83.3
Baillie Gifford管理	35.8	70.3
BNY Mellon全球收益	30.5	85.9
Artemis收益	25.0	45.3
Stewart Investors亚太地区领导者	24.1	51.3

续表

	截至去年年末的3年累计业绩%	截至去年年末的5年累计业绩%
Threadneedle英国股票收益	21.0	43.8
BNY Mellon实际回报	14.8	20.8
Baillie Gifford多样化增长	13.9	23.4
ASI全球绝对回报策略	2.8	2.9
LF Ruffer绝对回报	2.5	16.0
景顺全球目标回报	0.6	5.7
景顺高收益	−0.5	13.7

资料来源：Financial Express Analytics/Fundsmith，截至2020年6月1日

我认为上面的表格足以说明我们基金的相对表现，因此你不仅可以查看费用和成本，还可以查看你获得的回报——业绩。

该基金今年的业绩受到9月和10月表现不佳的不利影响，导致该基金损失了约6%。这是由两个因素造成的：1. 英镑汇率从2016年英国脱欧公投结果后触及的近期低点反弹，以及随后对英国脱欧的严重担忧；2. 市场风格轮动，从我们基金持有的那种高质量和相对高估值的股票"轮动"到低质量和低估值的"价值"股。

如果你在不了解我们基金的实际表现的情况下，阅读了大部分媒体对此令人窒息的评论，你可能会惊讶地发现，尽管发生了这些事件，但我们的基金在年底仍然上涨了25.6%，这是我们自基金成立以来表现第二好的年份，跑赢MSCI全球指数2.9%。

依次考虑这些影响业绩的因素，货币走势显然会对我们的投资组合产生一些影响。我们超过60%的投资组合投资于在美国上市的公司。我们投资组合公司有大约40%的收入产生于美国，这些收入会受到美元的实际风险以及英镑/美元汇率的影响。然而，我们认为货币走势或对冲是不可预测的——它们似乎具

有与《蛇与梯子》①游戏相同的可预测性，因而也无法对冲。

我建议这样来看待这个问题：想象一下，我们正在与那些在过去九年中为我们带来丰厚回报的公司（或者那些在未来九年中可能会产生这种高回报的公司）进行讨论，我们要求他们说出成功的前三个因素。你认为他们说出"货币风险和汇率"的可能性有多大？我认为他们会将产品创新和研发、强势品牌、分销控制、市场份额、客户关系、设备或软件的安装基础、管理、成功的资本支出和收购列为更重要的因素。因此，我们认为最好忽略货币走势。

我们再来讨论第二个因素——所谓的价值股轮动。我不是一个园丁，但我相信这在逐渐成为园丁所说的"耐寒多年生植物"，因为它每年都会长出来。引用《投资顾问》（*Investment Adviser*）的话说，"从市盈率来看，有大量证据表明，从相对角度来看，今天优质股票可能被认为是昂贵的"。这一说法的有趣之处在于，它发表于2012年8月13日。

在随后的七年里，那些据称价格昂贵的股票获得了大量卓越的回报。

这个论点可以概括为：我们基金持有的那种股票和该基金一样表现出色，但这一切即将结束，甚至已经结束，所谓的"价值投资"——买入被市场低估的股票——正在卷土重来，而采用价值投资策略的基金的表现将超过我们。

价值投资作为一种策略有其缺陷。市场并不完美，但也并非完全没有效率，大多数股票之所以具有能够吸引价值投资者的估值，是因为它们不是好企业。这意味着购买其中一家公司（这些公司的估值确实很低，但很少或从未产生足够的资本回报率）的价值投资者正面临着逆风。这家公司的内在价值不会增长（除非公司有新的资本，投资者允许公司留存更多盈余，或认购公司以某种形式发行的股票），甚至随着时间的推移而受到侵蚀，而价值投资者则在等待低估值得到市场认可，以及股价上涨以反映这一点。

此外，即使价值投资者做对了并且股价也的确上涨了，他们也需要卖出已

---

① 《蛇与梯子》是一款有趣的小桌游，游戏玩法类似大富翁，玩家双方以掷色子的方式前进，遇到梯子就可以抄近道迅速上升，遇到小蛇就会倒退下降，谁先到100谁就取得了胜利。

经实现这一目标的股票并找到另一只被低估的股票，重新开始。这种交易活动显然会产生交易成本。价值投资不是可以通过"买入并持有"策略来进行的。在投资中，"你会成为你所吃的"，因为从长远来看，任何采用这种方法的投资组合，它的回报都将倾向于回归到公司本身产生的回报水平，大多数价值股票的回报水平都是较低的。正如沃伦·巴菲特的商业伙伴查理·芒格所说：

> 从长期来看，从一只股票上获得的回报率很难高于该企业的资本回报率。如果该企业在40年内的资本回报率为6%，并且你持有它40年，那么你将会获得与6%相差无几的回报率——即使你最初以巨大的折扣价格购买了这只股票。相反，如果一家企业在20年或30年内获得18%的资本回报率，即使你付出了看似昂贵的价格，最终也会获得不错的结果。

芒格先生不是在提出一种理论或意见——他所说的是数学上的一种确定性。唯一的不确定性与我们预测远期回报的能力有关，这就是我们更愿意投资于相对可预测的企业的原因。

价值投资的最大缺陷是它没有利用股票的一种独特特征。股票是唯一一种可以将你的部分回报自动进行再投资的资产。支付股息后的留存收益（或自由现金流，如果你更喜欢这种衡量方式的话，就像我们一样）被再投资于该企业。这不会发生在房地产上——你得到的是租金，而不是对房产的进一步投资；也不会发生在债券上——你得到的是利息，但不是更多的债券。

这种可用于再投资的留存收益可以形成强大的复合收益机制。标准普尔500指数在20世纪的大约80%的收益不是来自估值变化，而是来自公司的收益和留存资本的再投资。如果你是一位伟大的（而且是长寿的）价值投资者，在1917年美国进入第一次世界大战时以5.3倍市盈率的低估值买入标准普尔500指数，然后在1999年以34倍市盈率的高估值卖出，在此期间，如果包括股息再投资，你的年回报率为11.6%，但每年只有2.3%来自市盈率的大幅增长，其中9.3%（11.6%的80%）来自公司的收益和留存收益的再投资。

上面这个标准普尔的例子是针对500家大型公司的平均水平。当你投资于留存资本回报率高于平均水平的好公司时，你从公司再投资活动中获得的回报比例甚至更高。

沃伦·巴菲特说："以合理的价格购买一家好公司，远比以好的价格购买一家普通的公司要好得多。"

他从传统价值投资者转变成了一个高质量投资者，起初他在本杰明·格雷厄姆（《聪明的投资者》和《证券分析》的作者）的指导下成了价值投资者，后来由于受到菲利普·费雪（《怎样选择成长股》的作者）的教导和查理·芒格的影响，他开始寻找可以实现价值复合增长的公司。

以下是巴菲特在1989年致伯克希尔-哈撒韦股东的信中对这一转变的解释：

> 最初的"便宜"价格最终可能被证明并非那么便宜。在处境艰难的企业中，一个问题刚得到解决，另一个问题很快就会浮出水面——厨房里永远不会只有一只蟑螂。（另外，）你获得的初始低价优势都将很快被企业的低回报所侵蚀。例如，如果你以800万美元的价格购买一家企业，它可以以1000万美元出售或清算，如果你立即采取其中一种处置方法，你都可以获得高回报。但是，如果该企业在十年内以1000万美元的价格出售，并且在此期间每年的回报和股息只有资本成本的百分之几，那么这项投资将令人失望。时间是伟大企业的朋友，是平庸企业的敌人。

等待价值投资产生回报的问题可以从MSCI全球价值指数（美元）的表现中看出，该指数在2007年10月下旬触及6570点，并在2016年2月下旬低于此水平。2019年12月31日它为9812点，仅比2007年的峰值高出49%。

对比标准普尔500指数（美元），该指数于2007年10月9日见顶，但到2013年又回到了2007年的高点，截至2019年12月31日上涨了189%。

啊，但我能听到价值投资者的塞壬的歌声，他们会以这个数据为证，说他们早就预测到了价值投资的复苏即将开始。正如一句老话所说:"拿着锤子的人,看什么都像钉子。"

该策略的表现落后于市场的时间越长,投资者被侵蚀掉的资金就越多,塞壬的歌声就越响亮。迟早他们会是对的。但是1. 他们不知道复苏会何时发生(请注意上面引用的《投资顾问》在2012年的评论);2. 如果你到目前为止遵循了他们的建议,则需要巨大的业绩逆转才能弥补之前放弃的收益;3. 在未来一段时间内,情况可能会继续如此。

最后,有一些评论员表示,解决这个问题的一种方法是将你的投资组合分别投资于这两种策略——质量与成长策略和价值策略。我认为沃伦·巴菲特相当彻底地反驳了认为这种多样化方法没有害处的观点,但他知道什么? 也许我们应该这样看待价值投资策略与质量与成长投资策略的争论:你愿意支持哪一方,a. 大部分的英国金融媒体和为了获得报酬或曝光度而提供建议的投资顾问;b. 沃伦·巴菲特、查理·芒格(伯克希尔-哈撒韦)、比尔·盖茨(微软)、贝当古家族(欧莱雅)、布朗家族(百富门)、沃尔顿家族(沃尔玛)和伯纳德·阿诺特(路易威登),a还是b? 后者似乎都变得异常富有,因为他们将投资集中在一个高质量的企业上,并且无论估值如何也没有交易。对于投资策略多样化没有害处的争论结果已经很明显了。

如果不提及伍德福德这个名字,就不可能对2019年英国股票投资的发展发表评论。在其主要的LF伍德福德股票收益基金暂停基金赎回后,伍德福德投资管理公司倒闭,这无疑是去年该行业的主要新闻。

我们不希望对此事进行一般性评论,也不想表现出不体面的幸灾乐祸。我们早就看出伍德福德正在酝酿的问题,但我们就此事保留了自己的意见。你可以从我们那里找到的唯一提到伍德福德的评论就是,在我们的年会上回答了投资者关于伍德福德的一些直接提问。我们认为评论我们的竞争对手缺乏专业上的礼貌,除非我们的投资者要求我们这样做。我们只希望业内其他人士能够保持同样的立场。

然而，我们现在可以更自由地对伍德福德发表评论，因为这很难使局面恶化，而且我觉得我们需要这样做，因为伍德福德的溃败已经提出了有关该行业的一些重要问题，我们也要面临其中的一些问题，我觉得投资者应该知道我们的反应。

伍德福德最明显的问题在于，每日交易的开放式基金与大量未上市公司的股份以及流动性非常有限的小型上市公司的大量股份的致命组合。虽然这显然是一个非常糟糕的主意，但伍德福德并不是唯一遇到这个问题的基金。出于同样的原因，英国脱欧公投后，大量英国房地产基金暂停基金赎回，最近的M&G①房地产投资组合基金也是如此。开放式每日交易基金显然不是持有此类资产的合适工具。每日交易和开放式结构给投资者一种流动性的错觉，但当大量投资者同时赎回时，其效果类似于在拥挤的剧院里高喊"着火了"。

评论员似乎没有意识到的一个原因是，投资平台的兴起对基金管理行业这个领域及其他领域产生的影响。现在的情况是，除非是每日交易基金，否则在主要投资平台上很难有效推销开放式基金。散户投资者和理财经理通过投资平台管理投资。由于这些平台都不会纳入开放式基金，除非它允许每日交易，因此基金经理才会使用完全不适合这种产品结构的投资策略。

Fundsmith股票基金对此有何看法呢？我们一直将流动性视为一个重要问题。作为证据，我们自2012年以来一直在我们的基金概况说明书上公布流动性衡量标准。同样，我们只投资于大型公司。截至2019年12月31日，我们基金中的公司的平均市值为1140亿英镑，我们估计可以在7天内清算基金的57%。

现实情况是，唯一可以保证100%按需流动性的基金是现金基金，我想这不是你希望我们投资的品种。但你会发现很难找到比我们更具流动性的股票基金。我们持有的流动性最低的一些股票是富时100指数公司、洲际酒店、天祥（Intertek）②和Sage，你能从中得到很多关于我们基金流动性的信息。

---

① M&G是英国规模最大、历史最悠久的投资公司之一，拥有超过85年的经验。
② 世界上规模最大的消费品测试、检验和认证公司之一。

伍德福德事件引发的另一个问题是，对所谓的"明星"基金经理的质疑，媒体似乎对明星经理这个标签很着迷。我不能说自己喜欢这个词；在我看来，它与选择专业顾问时使用"选美"（beauty parade）一样不合适，其中许多人看上去似乎没有明显的上镜素质。

我认为这种关注点集中了在错误的问题上。我认为回避由"明星"基金经理管理的基金，并不比因为有明星球员而回避支持球队更有意义。问题的出现不是因为球队拥有明星球员，而是因为明星球员试图踢一场不同于他们曾经表现出色的比赛。如果克里斯蒂亚诺·罗纳尔多（Cristiano Ronaldo）担任守门员①，尤文图斯（Juventus）也会有很好的表现吗？尤塞恩·博尔特（Usain Bolt）②的足球运动员生涯结果怎样？

尼尔·伍德福德凭借他成功的收益基金成为景顺基金的明星基金经理。在此过程中，他有两次引人注目的避免持有某些板块的投资行为。在2000年互联网泡沫破灭之前，他似乎已经看到了即将发生的事情，并避免了科技、媒体和电信股票，这是他取得的重大成功。他还将它们与一些旧经济中被忽视的股票相比较，这些股票在互联网热潮中得到贬值。同样，在信贷危机前夕，他决定不持有银行股。

然而，当他开设自己的基金管理业务时，他在范围广泛的公司中都有持仓——美国铝业、阿斯利康、凯德（Capita）③、帝国烟草、Provident Financial④和Stobart⑤就是一些例子。我发现这些公司没有共同的主题，除了它们后来都表现不佳这一事实。此外，他还投资了大量未上市的初创公司和生物技术公司。我的看法是，问题出在尼尔·伍德福德改变了他的投资策略。用行业的技术术

---

① 克里斯蒂亚诺·罗纳尔多，葡萄牙职业足球运动员，司职边锋/中锋，2018年转会至意甲尤文图斯足球俱乐部，并随队夺得2018—2019赛季、2019—2020赛季意大利足球甲级联赛冠军。2020—2021赛季，C罗代表尤文图斯在意甲出场33次，进29球，个人荣膺赛季意甲最佳前锋、意甲金靴，成为历史上第一位同时拥有英超、西甲和意甲金靴的球员。
② 博尔特，牙买加短跑名将，男子100米、200米世界纪录保持者，共获得8枚奥运会金牌，2017年8月从田径赛场退役，2018年2月开启足球生涯，2019年1月宣布告别足坛。
③ 一家英国国际化业务流程外包和专业服务公司。
④ 一家致力于为南加州内陆帝国地区的消费者和中小型企业提供服务的金融服务公司。
⑤ 一家在英国和欧洲提供供应链运输和物流的公司。

语来说，他出现了"风格漂移"。问题不在于他被视为明星，而在于他改变了比赛方式。这种风格漂移实际上在他还在景顺时就开始了，因为他的收益基金开始在小型缺乏流动性的公司和未上市公司中积累大量持股，但一旦他拥有了自己的公司，这种风格漂移就更进一步了。

Fundsmith基金是否有可能出现风格漂移或类似的策略变化呢？我觉得不会。我们在一开始就发布了一份股东手册，其中描述了我们的投资策略，在这些年度信函中，分析了我们在实施投资策略方面的进展情况，并且我们是英国唯一一家举行年会的共同基金，我们的投资者可以在年会上提出疑问并得到公开的回答。因此，如果我们能够在你不注意的情况下改变投资策略，那将是很难做到的事情。

此外，我们无意改变我们的投资策略。我们相信，它可以长期提供卓越的回报。下面我要提出一个不同的问题，它能将伍德福德事件的讨论与早先关于从优质股"轮动"到价值股的讨论联系起来。如果你预计这样的"轮动"会在某个时候发生，并且价值股会有一段时期的良好表现，你是否愿意我们尝试这种预测，并转向主要或完全基于股票估值的价值投资方法？还是你宁愿我们坚持现有的买入并持有高质量企业的方法？我认为后一种方法可能更好，这就是我们正在采用的投资策略。Fundsmith基金不会有风格漂移。

疫情期间致股东的一封信

Fundsmith，2020年3月31日

保守地说，这是一个多事之秋的开始，所以我想应该借此机会向你介绍我们在新冠肺炎疫情环境中的表现。

首先，Fundsmith股票基金继续运营。我们可以为其定价，人们可以进行交易，并且我们能够在需要时提供流动性。

我知道你通常只看价格而不担心此类问题，但我们需要你知道，你可以联系我们，你需要的任何信息我们都会提供，你给我们的任何交易指令都将被执行。这个很重要。如果我们在其中的一个或多个方面失败了，我们也不必担心接下来会发生什么。里克·米尔斯（Rick Mears）是四次赢得印第安纳波利斯500英里比赛的仅有的三位车手之一，就像他说的："要想第一个到达终点，你必须首先完成比赛。"

其次，我们基金的表现正如我们所期望、希望和预计的那样。如果你接受这样一种观点，即在熊市中估值有所下降是不可避免的，我甚至会说这是令人满意的业绩表现。

变化（%）	2020年初至今
Fundsmith股票基金[1]	−7.9
MSCI全球指数[2]	−15.7

[1] T类份额，扣除费用，以英国时间午盘定价。资料来源：Fundsmith LLP。
[2] MSCI指数，英镑净值，以美国市场收盘定价。资料来源：彭博。

续表

变化（%）	2020年初至今
MSCI全球价值指数①	−22.0
富时100指数②	−23.8

Fundsmith股票基金今年迄今为止已下跌7.9%，跑赢MSCI全球指数近8%，跑赢富时100指数近16%，跑赢MSCI全球价值指数14%以上。

在最近的反弹之前，从市场的高点跌至低点，它的表现也明显优于所有这些指数。请记住，MSCI全球指数和富时100指数均受益于纳入我们所持有的公司。我们不持有的公司的整体表现比指数更差。

如你所知，我对一种观点非常怀疑，即所谓的价值股可以在经济低迷时期保护你。我从来不相信"价值"投资会在经济和市场低迷时期表现良好或保护你的投资这种投资理念。估值低的股票大多有充分的理由——因为它们的企业周期性强、杠杆率高、资本回报率低和（或）面临其他结构性或管理问题。这些听起来不太可能在困难时期保护该企业和你的投资，而且迄今为止已经证明了这一点。

我们最受疫情影响的公司——艾玛迪斯和洲际酒店属于机票预订和酒店行业——正在明智地采取削减成本和现金节约措施并确保流动性，这使它们能够在未来18个月左右的时间内保持生存，并且基本没有收入。在我们看来，这比猜测它们所在的行业在疫情之后的前景更有用。它们必须活下来才能知道答案（参考之前提到的米尔斯先生的观点）。如果我们在两家公司中的股票都蒸发了，我们将损失目前投资组合的5%左右。虽然我不会对此感到满意，但如果这是发生的最糟糕的事情，我认为我们可以接受它。虽然我们有各种股票要面临旅游零售领域的连锁反应——例如化妆品和饮料——以及投资组合中其他

---

① MSCI指数，英镑净值，以美国市场收盘定价。资料来源：彭博。
② 富时100指数，英镑，总回报，以英国市场收盘定价。资料来源：彭博。

公司的供应链问题，但如果我们必须要猜测的话，我们认为投资组合的三分之一将在今年增加收入：例如，微软、支付处理商、高乐氏和利洁时。

俗话说，每片乌云背后都有一线光芒，我们确实发现了机会。我们购买了两只新的股票，我们已经关注了一段时间。由于其在中国的敞口以及经典的市场"失灵"，它们在市场上遭受了沉重打击。

我怀疑当前市场对疫情的反应可以通过一个与病毒本身相关的简单类比来解释。新冠病毒对绝大多数人来说并不致命。然而，当它遇到免疫系统因年龄和（或）先前存在的疾病而减弱的人群时，它似乎是致命的。

这次病毒，或者说是为了应付病毒而采取的措施，对经济及市场的影响更甚，是因为当前存在着同样免疫系统虚弱的结构性问题。2008年至2009年采取的大多数紧急措施——赤字支出、低利率或零利率和量化宽松——在经济危机10年后仍然存在，这表明，病毒来袭时，患者（在这种情况下是全球经济）并没有恢复到健康状态。这为引起市场恐慌留下了隐患。

当前的灾难状态会如何发展？我们中有多少人会生病或更糟？我们什么时候可以再次被允许出行？我们会像过去一样经常旅行吗？政府为维持经济而采取的极端措施会导致通货膨胀吗？我不知道。就像我们最钦佩的一些公司一样，我尽量少花时间考虑我既无法预测也无法控制的事情，而是专注于我可以影响的事情。因此，在Fundsmith基金，我们的重点将是让我们为投资者提供的服务充分发挥作用，然后寻求抓住任何因动荡而出现的新投资机会——同时确保我们的同事、家人、朋友以及我们可以联系到的所有其他人都能得到他们需要的任何帮助以及我们能够提供的帮助。

我希望并期待我们只投资于优秀企业的策略，将继续让我们的基金在这些艰难时期免受影响并继续取得良好业绩。

永远不要浪费一场危机

《金融时报》，2020年4月30日

由于对新冠肺炎疫情的反应，我们现在面临着一场全面的经济危机。在投资方面你应该怎样做呢？

我强烈建议避免使用许多投资顾问或分析师的方法。他们花时间猜测会发生什么。封锁何时结束？旅游和酒店业会受什么影响？什么时候会有疫苗？（我怀疑这个问题应该是"会有一种有效的疫苗吗"）哪些公司将成为赢家——消毒液和口罩制造商？医药公司？电商？食品配送商？

在我看来，所有这些猜测都是没用的。因为没人知道答案。它与所有公司按要求制作的、显示它们已经评估了其业务主要风险的"风险登记册"一样。在这些事件发生之前，你认为其中有多少公司将"疫情"列入"风险登记册"？同样，将来有多少公司会忽略它呢？并不是只有将军希望用上一场战役的经验来打赢目前的战役。

迄今为止，如果能为分析师颁发一个最愚蠢问题奖的话，我将授予下面这位提问者，他问一家发布季度业绩的美国公司："在第二季度什么会导致你的设备销量下降？"（这不是我编造的。）

但正如一句老话所说，"永远不要浪费一场危机"。你应该始终将危机视为机遇。

我们已经可以看到有人遵循了这个建议。投资协会已暂停其股票收益要求12个月。这对想要获得股息收入的投资者来说是个坏消息。这些要求本来从一开始就不那么严格。

要符合纳入投资协会英国股票收益（IA UK Equity Income）板块的资格，

基金所要做的就是每年超过富时全股指数收益率的90%（不是错误输入——是的，基金收益率比指数收益率低近10%这符合收益基金要求）并在三年滚动基础上超过该指数收益率。

这可以称得上一种荒谬的欺骗，我怀疑这在任何其他产品中都不会被允许，一只基金即使失去了纳入投资协会收益板块的资格，仍然可以在其名称中保留"收益"一词。套用一句俗语，"罐头里面的东西不会像罐头标签上说的那样"。

在某种程度上，投资协会只是承认现实而已。到4月中旬，斯托克欧洲600指数（Stoxx Europe 600 Index）中四分之一的股票已暂停派息。

然而，我怀疑对股票收益投资者来说真正的坏消息尚未浮出水面。截至4月中旬，富时100指数中股息收益率最高的前20只股票的股息覆盖率仅为1.3倍。对于英国排名前20的绝对派息股票，股息覆盖率为1.1倍——净利润仅比股息高出10%。

在这场危机中，投资者和其他人一直在问的一个更加荒谬的问题是："你认为什么时候会恢复正常？"这忽略了这样一个事实，即危机之前的状态可能并不正常。随着时间的推移，大多数企业的股息覆盖率无法维持在1.1—1.3倍，因为它们中的大多数为了增长而需要留存收益。平均股息覆盖率在2倍更正常。我怀疑已经通过股息派发决议的公司董事会确实不会让一场危机白白浪费掉，而是会以更小、更可持续的股息作为回报，这将意味着对于寻求股息收入的投资者来说，他们的收益率要低得多。

我早就说过，没有人应该为了股息收入而投资股票。如果你在过去五年投资于投资协会英国股票收益板块，你平均每年会亏损将近1.3%。解决这个问题的最佳方法是，以能够实现的尽可能高的总回报率进行投资，并卖出一些股票或基金份额来为你提供所需的现金。但是，我意识到对于许多投资者来说，将部分资本变现以提供收入的想法是令人厌恶的。那么该怎么办呢？

如果你坚持为了股息收入而进行投资，请考虑与创建并控股上市公司的家族一起进行投资。在受"家族影响"的斯托克欧洲600指数的47只股票中,只有三只取消或推迟了派息。这些大家族往往是企业创始人的后裔,他们依靠家族企业的股息收入生活。

我们在Fundsmith基金投资的一家家族控股公司的首席执行官说,家族创始人给他的第一条建议是永远不要削减股息。与他们一起投资也有助于保持你的收入,在这种市场环境中,你可能会获得一些有吸引力的投资机会。

市场中只有两种投资者

《金融时报》，2020年7月2日

我上一次写关于所谓的择时交易问题是在2013年（《择时交易：不要尝试》，第93—95页）。

随着新冠肺炎疫情占据新闻头条，以及最近世界各国股市的震荡，你可能再次听说了很多关于择时交易的讨论。

投资顾问和财经评论员可能不会使用该术语。他们谈论的将是，由于新型冠状病毒的经济影响以及随后对市场的影响，你是否应该卖出部分或全部股票投资。

所有这些就是投资交易行话中的"择时交易"——当你预期市场会下跌时，将退出投资或将部分或全部资金撤出市场。

"预期"一词是这种方法暗含的第一个问题。我遇到的大多数人都在市场下跌时或下跌之后撤出了资金——就像他们在3月份所做的那样。他们正在做的事情相当于在开车时看后视镜（或者充其量是从汽车的侧窗向外看）。你需要从挡风玻璃向外看，以获得安全驾驶的最佳机会。在股市这样做的问题在于能见度通常很差，感觉就像在雾中行驶。

这种投资方式几乎是徒劳的。市场是二阶系统。这意味着，为了成功执行这种择时交易策略，你不仅必须能够预测事件——利率上升、战争、油价冲击、新型冠状病毒的影响、选举和公投的结果——你还需要了解市场的预期以及它将如何反应，并把握正确的市场时机。做到这些是相当困难的。

然而，市场下跌的时间很长，需要很长时间才能重新回到之前的高点。我们如何判断你是否应该尝试利用这一点获利呢？

以1970年至2020年的市场为例（我们将使用道琼斯工业平均指数——道琼斯指数，因为YCharts①提供了有关该策略的数据）。这是一个跨越通货膨胀和通货紧缩循环的50年，经历了几次经济危机、崩盘以及牛市。这似乎是一个足够长且合理的样本时期。

想象一下，在这50年的时间里，有两种相互竞争的投资策略。一种是在整个期间的每个交易日投资相等的金额，而不管市场状况如何——所谓的英镑（或美元）成本平均法，许多投资者通过定期向养老金、个人储蓄账户或定期储蓄计划投资来执行该策略。

另一种策略需要足够的远见，投资者每天投资相同的金额，但在市场下跌时停止投资并持有现金。这笔资金仅在道琼斯指数创出新的底部时，即在任何下跌周期创出新低时，再进行投资（因此被称为"绝对底部买入策略"）。

在我看来，这是运用远见的策略更现实的做法，而不是假设你能准确预测市场未来走势，在市场下跌之前卖出所有股票，然后在市场达到底部时再买回股票，并衡量会取得什么结果。

在50年的时间里，第二种策略产生的回报比第一种高22%。这听起来令人印象深刻——当你把它平均为每年超出市场0.4%的回报时，可能印象就没那么深刻了。但是想想你需要花费多少时间和精力来监控市场才能让这些交易时机恰到好处。

我们将这两种策略应用于自2013年3月我上次讨论该主题以来的市场上涨区间进行比较。道琼斯指数总共上涨超过了150%，平均每年上涨13.3%。想象一下，如果你因市场恐慌而采取行动并将资金从股票中撤出，或者在市场达到该涨幅之前停止投资。你是否应该冒险放弃大部分收益以获得每年超出市场0.4%的回报呢？

实际上，尝试执行第二种策略几乎肯定会损害你的净资产，因为没有人具

---

① 一家提供金融服务的公司。

有完美的远见。为了把握市场时机，你将停止投资，或者更糟的是，当你预计市场下跌时，你卖出并撤出资金，但实际上市场上涨了。

  回想一下英国脱欧和特朗普当选。大多数评论员告诉我们，它们不会发生，但如果发生，市场将会暴跌。他们不仅在事件的结果上预测错误，而且在市场对事件的反应上也预测错误。结果是市场飙升。

  说到所谓的择时交易，市场中只有两种人：做不到的人和知道自己做不到的人。进入后一个阵营更安全，更有利可图。

为了第一个到达终点

《全球金融毛里求斯》，2020年8月

经济学家加尔布雷思曾经说过："经济预测的唯一功能是让占星术看起来值得尊敬。"我遇到的人显然不同意甚至不熟悉他的观点，他们认为从新冠肺炎疫情和经济停摆中的复苏有可能走出V字型、U字型、W字型、浴缸型或耐克"对勾"标志型。

疫情还导致人们提出了许多假设，其中许多是错误的或者至少是值得商榷的：

1. "何时有疫苗"的表述或许应该是"如果有疫苗的话"。毕竟，没有针对其他病毒感染的疫苗，例如普通感冒和艾滋病毒。

2. "你认为什么时候会恢复正常？"提问者凭什么认为疫情之前的状态是正常的？也许长途旅游和通勤上班不正常。

3. "这是前所未有的情况"。大多数人都听说过1918年至1919年的西班牙流感，我们在下面列出了过去130年的大流行病：

大流行病	年份	估计死亡人数（百万）
俄罗斯流感	1889—1890	1
第三次鼠疫大流行	1894—1922	12
西班牙流感	1918—1919	50
亚洲流感	1957—1958	2—5
猪流感	2009—2010	0.5

新冠肺炎疫情并非史无前例。

4. 许多听说过西班牙流感的人都认为这是有史以来最严重的流行病。查士丁尼瘟疫或欧洲中世纪大瘟疫如何呢？这两次大流行病估计均造成40%的受影响人口死亡。

5. 会不会像西班牙流感那样出现第二波疫情？我们不知道新冠肺炎是否是季节性的，在温暖的气候中传染性是否更低，并且是否会在北方冬季回归时重新出现。MSCI全球指数从3月份的低点反弹可能为时过早，尤其是在如果出现第二波疫情和封锁的情况下。

关于新冠肺炎疫情有哪些事情是比较确定的

这种市场反应可能表明两件事。一是政府在"休假"和医疗保健方面的财政和货币刺激政策的规模，以及量化宽松政策——"印刷"（当然是电子方式）货币以购买资产。刺激资产价格比刺激经济更容易。

另一个是封锁是供应方面的冲击。经济活动下降的原因不是需求下降，而是因为政府停止了被认为非必要的经济活动。由于实物资产仍然存在，很容易假设这些企业可以在允许的情况下重新开业，并且由于需求不受影响而急剧复苏。但对它们中的许多企业来说，封锁可能暴露了它们的脆弱性，导致一波破产潮和需求下降，因为休假变成了长期失业。但即使这是真的，它也可能无助于预测市场紧缩。以衰退告终的唯一市场类型是熊市——市场是前瞻性的贴现机制。

但是，通过所有这些近期和遥远过去的大流行病例子，我们能够就新冠肺炎的某些可能结果得出一些结论吗？回顾过去，包括大流行病在内的危机似乎加速了一些现有的经济趋势。一个例子就是用于大规模生产的流水装配线。它在西班牙流感之前就存在了——福特T型车于1913年采用流水装配线，但大流行病死亡率导致的劳动力减少可能加速了它的采用。

对新冠肺炎的反应可能会加速哪些社会趋势？我们列出了以下这些：

- 居家办公和远程办公
- 电子商务
- 数字支付
- 食物配送
- 家庭烹饪
- 社交媒体
- 远程医疗
- 在线教育
- 宠物
- 自动化

更高"效率"的危险

当然，也不全是好消息。新冠肺炎疫情将减缓或破坏先前的一些趋势。航空旅行是一个明显的受害者，折扣航空旅行尤其如此。酒店业将陷入困境。大多数餐馆在社交距离缩小之前几乎无法生存。提供写字楼或购物中心的房地产企业明显受到了挑战。变得更加"高效"的企业现在可能需要节省开支。从快时尚到汽车行业，依赖全球供应链"及时"供应商品和零部件的制造商，现在可能需要缩短这些供应线并保持库存"以防万一"。结果很可能是更高的库存和成本，以及更低的回报率。那些在财务上变得更有效率的企业也可能会受到影响。对于美国最大的五家航空公司，估计它们可能需要500亿美元才能生存，它们肯定会后悔在过去十年中回购了470亿美元的股票。

正如4次赢得印第安纳波利斯500英里比赛冠军的车手里克·米尔斯所说："要想第一个到达终点，你必须首先完成比赛。"骑得太快以至于撞车是没有意义的，有一些公司听了投资银行家的"塞壬的歌声"，准备回购股票并变得"高效"，他们也许会明白这个道理。